编辑小组

刘玉才　陈红彦　李燕晖　刘波

讲座丛书

第二编

文化论衡

中国典籍与文化系列讲座十年选萃

◎国家图书馆古籍馆
◎《中国典籍与文化》编辑部 编

国家图书馆出版社

图书在版编目（CIP）数据

文化论衡——中国典籍与文化系列讲座十年选萃／国家图书馆古籍馆《中国典籍与文化》编辑部编．—北京：国家图书馆出版社，2012. 3
ISBN 978－7－5013－4722－3

Ⅰ. ①文…　Ⅱ. ①国…　Ⅲ. ①中华文化—文集　Ⅳ. ①K203－53

中国版本图书馆 CIP 数据核字（2012）第 015284 号

书名　文化论衡——中国典籍与文化系列讲座十年选萃
著者　国家图书馆古籍馆《中国典籍与文化》编辑部　编

出版　国家图书馆出版社（100034　北京市西城区文津街 7 号）
（原北京图书馆出版社）
发行　010-66139745　66175620　66126153
66174391（传真），66126156（门市部）
E-mail　btsfxb@ nlc. gov. cn（邮购）
Website　www. nlcpress. com → 投稿中心
经销　新华书店
印刷　北京华正印刷有限公司

开本　787 × 1092（毫米）　1/16
印张　16. 5
版次　2012 年 3 月第 1 版　2012 年 3 月第 1 次印刷
印数　1—2000 册

书号　ISBN 978－7－5013－4722－3
定价　45. 00 元

序一

周和平

由国家图书馆古籍馆与全国高等院校古籍整理研究工作委员会《中国典籍与文化》编辑部联合主办的“中国典籍与文化”系列讲座，创始于2001年，十年来已成功举办230余期，在专家学者与社会公众之间搭建了一个传播知识、交流思想的平台。受邀登台演讲的嘉宾，既有启功、朱家溍等老一辈文史大家，也有李福清、崔溶澈等海外知名汉学家，更有不少崭露头角的中青年专家。这一系列讲座以中国传统典籍为中心，引导公众从典籍出发认识中国传统文化，选题新颖，内容丰富，专业性强，吸引了广大读者，特别是思想活跃的青年学子的积极参与，获得了良好的社会反响。

党的十七届六中全会审议通过了《中共中央关于深化文化体制改革、推动社会主义文化大发展大繁荣若干重大问题的决定》，提出要“推进社会主义核心价值体系建设，巩固全党全国各族人民团结奋斗的共同思想道德基础”，并将“人民思想道德素质和科学文化素质全面提高”作为建设社会主义文化强国的总体要求之一。提高全民族素质，学校教育固然重要，但社会教育与文化传播机构的努力不可或缺，甚至在一定程度上更具“润物细无声”的“春雨”功效。图书馆是社会教育的学校，终身学习的场所，以提高人的素质为目的的文化教育功能，是图书馆最重要的社会职能，举办各类型学术讲座则是图书馆实现这一职能的有效方式之一。

国家图书馆历来非常重视讲座工作。50年代，在文津街七号，一流学者的公益性学术讲座，启迪众多的年轻学子走上学术研究道路，直到现在，一些在各行各业取得不菲成就的老学者，还常常回忆起当时的情景，对被他们称为“老北图”的文津街50年代的讲座感念不已。如今，“部级领导干部历史文化讲座”、“文津讲坛”、“中国典籍与文化系列讲座”等均已经成为深受各界群众欢迎的文化大餐。

讲座是主讲人多年潜心研究的高度凝练,将其内容整理出版,对于社会公众进一步研究与学习具有重要的参考价值。同时,国家图书馆作为社会教育的最高学府,还要积极总结自身举办讲座的经验,引领和指导全国各级公共图书馆进一步办好讲座。为此,在"中国典籍与文化"系列讲座举办十周年之际,我们精选了《中国典籍与文化系列讲座》中的上乘佳作结集出版,一方面旨在为社会公众提供高质量的学习与研究参考资料,另一方面旨在总结经验,分析不足,力争将国家图书馆的各类讲座办得更好,同时也为各地公共图书馆开展讲座活动提供参考借鉴。

党的十七届六中全会提出"要全面认识祖国传统文化,取其精华、去其糟粕,古为今用、推陈出新,坚持保护利用、普及弘扬并重,加强对优秀传统文化思想价值的挖掘和阐发,维护民族文化基本元素,使优秀传统文化成为新时代鼓舞人民前进的精神力量"。这一论述是指导未来一段时期传统文化传承事业的重要方针,也指明了我国图书馆古籍保护与文化推广工作的发展方向。在此要求的指引下,未来"中国典籍与文化系列讲座"还应重点做好几个方面的工作:

首先,要建设一支优秀的主讲人队伍。选题、内容、主讲人是讲座的三要素,其中最重要的是主讲人。主讲人队伍的建设,是一个讲座是否有影响、能否吸引听众的重要因素。我们不仅要邀请文史学界的知名专家,也要邀请学有专长的中青年专家;不仅要邀请在京或国内的专家,也要积极创造条件、抓住机会,邀请海外汉学专家前来讲座。

其次,要吸引更多读者聆听讲座。要注意应用各种媒体,特别是手机平台、互联网,发布讲座预告和介绍。利用新兴媒体扩大宣传,从而让更多的人了解讲座信息,走进讲堂,学习知识,感受文化,充实心灵。

再次,要加大讲座资源的传播力度。一次讲座往往是主讲人长期研究的结晶,是非常珍贵的文化资源,我们要把它们记录下来,传播出去,让更多不能亲临讲堂的读者能够分享,充分发挥讲座的社会教育功能。在征得主讲人授权的基础上,将讲座内容整理出版,不断扩大讲座的社会效应。要积极利用国家数字图书馆平台,使讲座资源得到更广泛、更充分的利用。

今天的图书馆已不仅仅是文献信息资源的收藏和保存机构，同时更是一个开放的思想交流环境，一所没有围墙的大学，在公众的精神文化生活中发挥着越来越重要的作用。希望各级各类图书馆都能够继续充分发挥社会教育职能，大力开展讲座、展览、培训、阅读推广等丰富多彩的活动，将图书馆建设成为有吸引力的社会公共文化空间，不断丰富社会公众的精神文化生活，为提高人民思想道德素质和科学文化素质，普及与弘扬中华民族优秀传统文化，推动中华文化的伟大复兴做出更大的贡献。

序二

安平秋

由中国国家图书馆古籍馆(原善本特藏部)和全国高等院校古籍整理研究工作委员会《中国典籍与文化》编辑部联合主办的“中国典籍与文化系列讲座”,自 2001 年开讲以来,已经走过了十个春秋,目前已成功举办了200 多场演讲。讲座所产生的影响和其受欢迎的程度,可以说是主办者始料不及的。这种有意义的活动,我们今后还要继续办下去。

“中国典籍与文化系列讲座”这个名字,与我们高校古委会主办的《中国典籍与文化》杂志同名。我们的刊物办到今年恰好满二十年,参与组织讲座则已经十年——其实不论是办刊物,还是做讲座,我们一直都秉承这样一种理念:为了不让古书在书架上蒙尘,我们搞专业的人不仅要进行提高性的研究,同时也有必要把自己的研究成果与心得用当代人能接受的语言写出来或讲出来,争取能做一点“文化科普”的工作。

近几年来,由于新技术的发展突飞猛进,加上网络等现代媒介的推波助澜,“科普”在年轻人当中又重新热了起来。过去谈到“科普”,一般人会联想起“扫盲”、“送书下乡”这些活动;而现在无论是“科普”还是“被科普”的主体都已经转变为有比较高学历的年轻人,从内容层次上看,提高和普及也结合得越来越紧密。“科普”已经成为一种很时尚的活动。新知识、新技术需要“科普”;人文学科也需要“科普”,而且我还认为,从某种程度上说,人文学科更要注重普及,而且越高端的、越冷门的学科,越是要“科普”。

可是现有的文科领域中的一些普及工作,门槛已经够低,时尚也已经够时尚,但是我总觉得有些时髦的做法和我们想象中的“文化科普”还是不太一样。比如在机场的书店里,大家总可以看到,电视里循环播放着用老、庄、孙子包装过的生意经;在企事业单位举办的跨界演讲里，儒、释、道也都变为成功人士的文化包装。对这些机场里的教授和职场上人生导师，你不能不佩服他们传经布道一样的演说能力及其所产生的煽情轰动的社会效果；可是这样的普及，好比孩子们爱吃的麦当劳，热量是够高了，可究竟又能有多少营养呢？

而在图书馆里办讲座，那感觉就不一样了。

我们能和国家图书馆合作，而且合作得很愉快，一合作就是十年，直接的原因当然是因为大家是专业非常接近的同行和朋友，根本的原因则在于：第一，文化普及活动是公益性的事业，而图书馆也是带公益性质的机构，具体到操持这个系列讲座的古籍馆的同仁们，他们完全是出于对工作的热爱而义务性地为大家服务。第二，图书馆本身是信息的中心和文化交流与传播的基地，从向社会辐射这个角度上说，在图书馆里办讲座，效果可能要比在高校里更好。第三，更重要的是，来图书馆看书，特别是到古籍馆来的读者，一定是醉心于古典学术与古代文化的人。从讲座的组织者，到讲者，再到听者，大家完全是"因书而结缘"，因此我们相信，通过这个系列讲座一定能找到相互的知音。

最精彩的讲演其实很难用文字来记录，甚至说录音和镜头也未必就能捕捉到现场的独有气氛；而现在这份《十年选萃》所收录的讲稿，从比例上说还不及全部讲座的百分之一，我想《十年选萃》的初衷还是以纪念性为主吧。借此机会，我谨代表合作单位向所有主讲的专家学者、向国家图书馆古籍馆的同仁和出版社的编辑们表示衷心的感谢。由于他们的努力与付出，我们才听到精彩的演讲，看到精美的《讲座丛书》。当然，最需要感谢的还是十年以来一直关注与支持这项活动的听众与读者，没有大家的参与，讲座就不可能办得这么成功。

序三

詹福瑞

善本阅览室平时是个安静的图书室。星期六,这里常有老人和学生进来,静静地坐在红木椅子上听某位学人说古论今。学人不必名气大,有真知灼见、成一家之言即可;说古论今也不必侈谈玄言,针对某部典籍,谈谈其中蕴涵的文化即可。听讲者半为常客,因为这里从没要过一分钱进门费,很满足了听痴们的愿望。红木高座听客常满,散座折椅则可自取,随便得很。讲演者有时还向外赶人,白化文先生讲敦煌目录学,讲前申明,这个课非常枯燥,耐不住的请离席回家,省得课间走人。这样一说,反而没人敢走,耐不住的也都耐住听完了讲。讲演者说得花团锦簇之时,主办者还往往"添花"。戴逸先生讲乾隆,说到十全老人之功,主办者小心翼翼地捧出一册文津阁《四库全书》,观书架上一展,朱墨粲然!席下一片惊叹。戴逸先生却自顾自地翻了几页,笑道,搞了一辈子清史,还没有见过真《四库》呢。黄永年先生用江阴味的普通话说版本学:什么是宋版呢?就是宋朝小学生书包里背的书;什么是善本呢?就是这部书在箱子里放上五百年,就成了善本。通俗易懂,听者大乐。讲演席上时有外国人士,李福清讲自费欧游访中国小说,颇有玄奘取经的味道;巴比耶讲欧洲印刷史,让你深切感受什么是"世界文明之母";甚至从一位年纪很轻的日本敦煌学者荒见太史那里,你都能体会到严谨的治学精神。讲座每月举办,如春风化雨,润物无声。文化的力量不是呼啸的海潮,而是点点渗出的甘泉,入乎神,变乎形,影响人于举手投足之间,主办者的深意在焉。

我曾经听李致忠先生讲过,过去老北图上世纪50年代就开讲座。年轻学子拿到票,风尘仆仆赶赴北海之滨。讲座很影响了一些人,如李先生自己,就是听刘国钧讲书籍史,来了兴趣,退而结网,硕果累累。教书育人,本是学者之职。梁任公言:"战士死于沙场,学者死于讲座。”并没有说学者死于书斋。书斋学人,以著作醒世固然重要,但在快节奏、书籍爆炸的今天,撮其精华以讲之,做一名对社会有改变的学者,同样重要。图书馆高轩广厦,每天读者万计,正是宣讲文化、进行公民教育的好场所。这个讲座起名叫“中国典籍与文化”,非常贴切,用典籍谈文化,是图书馆的正业;研究典籍与文化,教育大众后学,则是高校的正业。老子立言,孔子立行。老子为周守藏吏,相当于今国家图书馆馆长,孔子为古籍整理者和教育家,他们理论的结合就是中国文化的传统。“中国典籍与文化”讲座也是图书馆和高校催生的婴儿,她走过10年230余讲的历程,如今已是亭亭玉立。国图和高校古委会并未投入巨资,靠着善本部和古委会几位年轻学人勤勉努力,撑起这片文化的天空,令人感佩鼓舞,也预示着我们国家文化光明的未来。

目录

来新夏

藏书·读书·治学

一

藏书是关于一个人文化素养的问题，也是一个人读书、治学的发轫点。宋朝藏书家晁公武曾论及汉王粲、宋宋绶之能称一代博学者，就因为他们"自少时已得先达所藏故也"。此可见藏书之能涵育人才。当然藏书之功尚不仅于此，其更重要之作用乃在于保存、传递一国、一民族之文化，使之世代相传弗替，为立国之基。"藏书"一词可能最早见于《韩非子·喻老》，文中说有一名徐冯者，曾告人说"智者不藏书"，这当然是指私藏而言。"藏书"既已成为专有名词，则藏书的事实当已较为普遍了。

中国最早的正式藏书是官藏，始于周秦。它与公藏、私藏，并称中国藏书事业的三大系统，而私藏历来备受学者注意。私藏与私学兴起有关，私学的兴盛使图书开始由官藏传入民间，一些"士"为了谋求利禄，到处发表政见以取悦国君，因而需用大量图书来丰富和充实自己的论点，如苏秦在各国游说失败后回家，受到冷遇，于是"陈箧数十"，发奋读书，说明苏秦有几十箱私藏。名学家惠施有简书五车，成为"学富五车"成语的原始。自此以后，历朝学者几乎都有相当数量的藏书，流传着许多动人的故事。

中国的私藏事业一直贯穿着"仁人爱物"的精神，虽然以藏为主，但不少藏家都愿意其藏书为人所用。如东汉的蔡邕因爱王粲之才而举所藏相赠。南齐崔慰祖聚书万卷，邻里少年来家借书，他都"亲自取与，未尝为辞"。晋范蔚藏书七千余卷，远近来读者常有百余人，他不仅允许借阅，还为读者"置办衣食"。这种慷慨借阅的观念一直存在于不少藏书家头脑中，明末有一位藏书家李如一就持一种"天下好书当与天下读书人共之"的态度。所以他"每得一秘书遗册，必遗书相闻；有所求借，则朝发而夕至"。当然在当代，我们的仁人精神已不仅局限于"当与天下读书人共读之"，而是有"当与天下人共读之"的气概。清末绍兴人徐树兰父子建古越藏书楼，出家藏向社会公开借阅，开藏书楼走向现代图书馆的先声。至于对书的“爱物”，从汉以来就有文献可稽。汉代已开始用竹制小箱子（簏）分类置放图书，以免图书受损。魏晋有一个叫曹曾的人修了一个石窟藏书，命名为曹氏书仓。隋炀帝是为后世所非议的皇帝，但他对图书的爱物之心，却极为后世所称道。如《旧唐志》即盛称“炀帝好学，喜聚异书”，并创制了多种图书储存设备。明代范钦建天一阁藏书楼，对防火、防蠹、防潮和防散失都有相应的措施。有的学者为了访求有价值的书，不惜纡尊降贵，亲到书市去搜寻图书，如清初的王士祯就按期在书市出没，把许多有价值的图书收藏、保护起来。正由于我国对图书有这样一种仁人爱物的人文精神，才使中国成为世界上一个善于保护图书文献的国家。

清朝学者好藏书，但在认识上却有藏书家藏书与读书家藏书之分。如钱曾、黄丕烈以“佞宋”，即专一注重宋版书为藏书的宗旨，视书如古董。孙从添则以藏书为个人癖好，用做鉴赏，这些似非藏书正道。更有以藏书做市易以谋生者，则更无足与论了。我认为只有读书家才是真正有意义的藏书家，清代中叶江阴有一位藏书家名承应韶者，藏书极丰，“广求佳本，必依次读终卷”，这是为读书而藏书的藏书家。另一位著名的藏书家张金吾对藏书与读书有着很精辟的论述。他说：“欲致力于学者，必先读书，欲读书者，必先藏书。藏书者，诵读之资，而学问之本也”；又说“藏书而不知读书，犹弗藏也”，“读书必藏书，藏书为读书，乃历代藏书家之宗旨”。这些论述把藏书与读书的关系说得很透彻。所以说，藏书的主要目的是为读书。

二

读书是藏书的主要目的，而读书是为了做学问，也就是为了治学。但并不是所有读书的人都做学问。有的读书只为消遣和享受，一目十行，匆匆而过，凭自己的兴趣，愿看就看，甚至废寝忘食地看；不爱看则或加浏览，或翻不数页就掩卷而眠，这些人即使读书破万卷，也如烟云过目，一纵即逝，最多留下点模糊的“书影”而已。另一种人很明白怎样读书，也知道如何读书才能有得；但只进不出，吞噬着别人的成果，以填塞自己的知识空白。这类既不像牛那样，吃草出奶；也不像春蚕那样，啮食桑叶而吐丝不止，直到献出自己的生命。这类人可能博览群书，满腹经纶，却就是不出奶吐丝，不再创造新的知识，不使旁人受益，还自鸣为“述而不作”。这类人不是怕别人看透自己腹笥深浅的懦夫，便是自私者、守财奴。明明是掠取前人的精神财富，偏偏要深藏不露，自以为独得之秘，不愿有益社会，宁肯烂在肚里，最终与自己共化灰烬。我鄙视这两种人。却敬重另一类读书人，他们不放弃吮吸一切可取的知识，不吝惜自己的精力，焚膏继晷地反复咀嚼，像蜜蜂酿蜜一样，创造出有用的知识，贡献自己的成果，济世利人，其中更有一些人，甚至把读书方法和窍要都毫无保留地对后学倾囊相授，他们是值得尊敬的真正读书人。

谈到读书，必须先知道读什么书？当然要读好书，但也不能采取封闭性的态度，而应比较广泛地读书。不要视离经叛道之作如洪水猛兽，避之唯恐不及，成为新道学先生，而应在博览群书的基础上，吮吸精华，排除糟粕。这样的长期积累，读书必能有得。对于反面的图书，只要能善于分辨，又何所畏惧？如果这部书持之有故，言之成理，也可能得到某些启示。至于对那些低级、鄙俗，甚至淫秽下流的书，还是节约点生命为好，不做无谓的牺牲。读书要由浅及深，循序渐进。不要贪多务得，而要不断回味咀嚼，创造新知识。

凡读书要先读序或前言，这一点常被人忽略，但它却是非常重要而必须养成的一种习惯。因为书的序或前言是严肃的作者对全书写作缘起、目的和主要内容的概述，是为让读者对自己的著作有一种轮廓性了解。当你读完作者的序或前言，你就会抓住全书的纲。至于他人所写的序，有的人严肃认真地写序，对全书进行评论，则应一读以帮助对本书的阅读与理解。而某些捧场敷衍的序则大可弃置若粪土，无须为之消耗精力。其次是从头到尾地读一下目录，就可以知道这本书的主要内容与篇章结构，一位负责任的作者所写的目录，往往是各篇章的提要。读了这些再去读全书，就比较容易通贯了。

在通读全书时，不要羡慕古人所说的“一目十行”，那是“英雄欺人”的骗人鬼话。读书不要一掠而过，而应该“十目一行”地去读，即精神贯注地认真阅读，养成一种“好学”的学习态度。这是读书的基本出发点。努力多读些书叫“博观”。“博观”是为扩大知识面的基础。但是,仅仅“好学”与“博观”是不够的。而是要再经过“深思”来“约取”才行。如果不把“博观约取”与“好学深思”紧密结合好,即使读书破万卷,也如入宝山,空手而归。如果把前二者结合得好,那就为做学问提供了广袤的用武之地了。

三

读书不是为读书而读书,而是为了能掌握更多的知识和资料,做有益于社会的学问,也就是人们所说的“治学”。“治学”不是读几天书就能一蹴而就的,它需要有一个艰苦的积累过程。在积累过程中,既会有“目轮火暴,肩山石压”的苦状,也会有“时或得之,瞿然则喜”的乐趣。但在走了一段路后,回头检阅所得,往往感到所积累的资料有许多是无用而嗒然若失,甚至认为自己干了蠢事,实际不然,因为当初在读书中所积累的资料绝对认为是有用的,只是由于现在眼光水平有所提高,所以才有“觉今是而昨非”的感觉。因为有了这些“无用”的基础,才能锻炼出抉取“有用”的能力,而且这些“无用”是否真的“无用”,也许是水平所限,未能看出其有用的内涵,也许虽不能当正面材料用,还可用做旁证或背景材料,所以在“治学”的起始,应审慎地对待“无用”。

在“治学”上,务必尽量求读原著。清初的大学者顾炎武曾说过这样一段话:“尝谓今人纂辑之书,正如今人之铸钱。古人采铜于山,今人则买旧钱,名之曰废铜,以充铜而已。”有位学术前辈曾告诫我说:“‘采铜于山’与‘废铜铸钱’确是亭林不磨之论。但难被放言空论者所接受,甚或被嗤为舍近求远。”他还说:“挑水者,用桶从源源不断的河里挑水,用完再挑,水无穷尽;倒水者,则由别人从河里挑来的水桶中倒水,虽云轻而易举,但倒水时洒一些,势所难免,一如资料一转再转而走样。一旦别人之桶空,则不知别人桶中之水从何而来,只能‘望桶兴叹’,继而环顾四周,是否有挑好水之水桶等人来倒,如一生中只知倒别人桶内的现成水喝,而不论清水浑水,只要是水就行,其后果实不忍设想。”我静聆教诲,不禁叹服前辈功底之厚,见解之深,能以浅近语言阐明深刻至理。

治学的基本点是勤奋坚韧。勤的要求是四勤:勤听、勤读、勤思和勤写,而其根本在勤读,勤读方能博涉,博涉方能使知识源源输入，方能逐渐走向专精。在读的过程中要善于发现问题，即所谓“致疑”。有疑就要不断寻根究底，即所谓“勤思”。疑而后思，思而后得。思而不得，就一面再去涉猎，一面就要勤问、勤听，不仅要听前辈、同辈的高见，更要听后辈的新说。只要有一得之见，就要吸取，一字可以为师。四勤的最后是落实到“勤写”。“勤写”说起来容易，做起来则比较难，特别在青年时期，常因贪多求快，自恃记忆力强而忽略记写资料与思想，但岁月推移，读书所得的痕迹日见淡薄，似是而非，终而等于白读。如果随读随写，日积月累，自然成一文章仓库，随时取用，得心应手，由片段成整篇，由多篇成专著。这不仅只是积累，而且还是一种磨砺。一般情况下，勤是治学的不二法门，但人的一生不可能永远一帆风顺，遇到点挫折与逆境，往往消沉、颓废、懒散、嗟叹，以至把一二十年的岁月都在无形中蹉跎和荒废掉而追悔莫及。越是挫折，越应该以韧相待而勤读多读，一以解挫折的抑郁，一以充实腹笥，等待“用世”的机遇。

治学要冷而不能躁，冷能冷静地搜集资料，构思撰写，不是闹哄哄地赶时髦，发高论，迎世媚俗，写空洞无物的文章。这正是历史学家范文澜教授所说“板凳宁坐十年冷，文章不写半句空”的真谛所在。成文之后，也不要急于发表，因为这时最容易昏头昏脑地自我陶醉，而应先冷处理。请水平比自己高的、与自己水平不相上下的以及稍逊于自己的三类人看，集思广益，然后静下心来，反三复四地思考、修改，直至定稿。待文章或著作问世后，更不能热气腾腾，不可一世，而要冷静地听取意见，增订纠谬。如此，才有可能慢慢地走近大学问家的座位。

四

最近几年，我对藏书、读书与治学诸问题曾写过一些片段小文，也常和一些年轻朋友谈过这些方面的内容。为了把我对这些方面关系的看法和想法连贯成一体，遂从一些小文和谈话记录中摘引部分资料，草成本文，以表述个人的见解，那就是：藏书是中国有悠久历史的传统文化现象，不是单纯为收藏和鉴赏而藏，更主要是为读书人读书创造条件。读书也不是为读书而读书，而是从读书中撷取精华，形成思想观点，为治学奠定基础。至于治学必须要恪守“立足于勤，持之以韧，植根于博，专务乎精”的规则。这些见解，纯为愚者一得，仅供参考。是否有当，至祈指正。

原载《中国典籍与文化》第三辑

黄永年

古籍版本漫谈

一

今天讲的是对中国古籍的版本鉴别。此外,上世纪的出版物以及外文原版书也都有版本问题,要另请高明。

我基本上是自学出身。除抗战后期上高中二年级时听了吕诚之(思勉)师的“国文”、“本国史”、“中国文化史”、“国学概论”四门课真正得益外,向顾颉刚师、童丕绳(书业)师学习也只是读了他们的著作,而且他们都不以藏书著称。诚之师所藏尽是常用书,颉刚师藏书多,也懂版本,但仍是实用的,连明版都很少。所以我在版本上更是全无师承,这里只讲我自己如何自行学习、自行摸索而掌握了这门学问。对大家是否都适用我不敢说,只能说是可供参考吧!

二

过去我常说懂版本能鉴别的有两种人,一种是卖书的,一种是买书的,当然这书都是指的线装古籍。最近想到还得加一种人,即在图书馆工作的人。老一辈有赵斐云(万里)先生、顾起潜(廷龙)先生,同一辈比我稍年长的有冀淑英大姐,他们自己虽不藏书而成为版本专家,可惜他们都没有把经验写下来。

卖书的,我主要是指旧社会自己开旧书铺的。他们一般没有上过正规学校,学历大概相当于小学最多初中吧,十几岁时到旧书铺当学徒,老板也就是师傅教他们背《书目答问》,慢慢地训练他们收书卖书,学徒期满后有的留下来当伙计,有的自行开店经营。不论老板、学徒,都必须迫使自己学好这套鉴别本领,否则把明版书当宋版收进,宋版书当明版卖出,不到一年半载就得关门,学徒就卷铺盖。新中国成立后不久旧书业合营国营,有一段情况似不甚理想,因为工资反正一个月就那么多,不钻研也可混日子。

直到改革开放后才有变化，现在又在出人才了。这是大好事，否则经营古籍讲版本后继无人，可不得了！

再讲买书的，这是指我这种买书的，过去有些大富翁怕不行。他们是大资本家或大地主，钱多，买书即使贵了也无所谓，自己不懂还可请行家替他鉴定，自己的鉴别能力当然提不高。只有我们这种钱不多又爱书的人，总想用很少的钱买到很好很名贵的书，这样鉴别版本的本领就越练越高强。有时买起来像和书铺斗法似的，铺里没有看准，把好书当普通本子标了低价，我就不声不响地买下来，用书铺的行话讲他们就是“卖漏了”。类似情况近年来也有，当然也不是经常的。北京有人说凡是被我看上了的书，售价都该比原标的翻一番，那是夸大了的。

三

买书必须要真爱书，真爱书必须多少懂点书的内容，由爱其内容然后进而讲求版本。我是 1925 年出生在江苏常州的，从幼稚园、小学上到初中二年级“抗战”爆发，逃难到老家附近江阴利港镇上读了半年《孟子》和几篇古文，对古书开始有兴趣。不久沦陷的常州城区秩序稍微平静，我曾约了同镇的一位中学生进城买点古书过瘾，其中有一部会文堂影印的胡克家仿宋本《文选》，字体很好看，使我开始注意版本的好丑。所以我买书最初是先着眼于内容同时兼讲版本，进而先讲版本但也要看内容行不行。结果是经史子集四部都有一点，和专收某一类的做法不太一样。

不论专收某一类，或四部兼顾，对四部书的基本知识总都得有一些。当年我是先看吕诚之师的《经子解题》，这是 1939 年我回常州城后在地摊上花几分钱买到的，是引导我步入文史领域的入门书。稍后买了张之洞的《书目答问》，还是常州旧书店传古斋的人向我推荐的，这书在今天当然不尽适用了，可还没有人编一部新的来代替它，因为要编得真正文史兼通，而这样的人今天太少了。以后我还看过梁启超的《国学入门书及其读法》、《中国近三百年学术史》，后者是把清代学者对经史子集的研究成果告诉我们，读起来很有兴趣。这些对我后来研究学问有用，当时对买书也很有用。否则连这点基本知识都不具备，就颇有点像去买礼服却连毛料、布料都分不清，什么流行什么过时也不知道，岂不叫人笑话。

四

上面这些只介绍书名，讲点内容，进一步还得见见原书。我是从当年商务印书馆编印的《四部丛刊》下手的。这是一部专收四部要籍的大丛书，而且都是选用较好较旧的本子影印的。因为要用旧本，因而清人的经子新注没有收，《二十四史》，以后另出了一套《百衲本二十四史》，《十三经》也只印古注不收《十三经注疏》，因为暂时没有更好的本子来替代通行附阮元主撰校勘记的本子，改为搜寻传世的单疏本印在《丛刊》的续编、三编里，还有大部头的类书等当然也无法收，此外四部要籍的较好较旧的本子大体都收在里面。我起初还见不到全部的《丛刊》，好在旧书店里多少有些零种，还弄到一本注有版本的《四部丛刊书录》。当时我是十四五岁，记忆力好，加之是影印，可以见到原书的真面目，形象化的东西更加记得牢，这样我就把四部要籍加上重要的好版本包括若干宋元明本都大体掌握了。

附带说一下，当年中华书局为了和商务印书馆竞争，用所谓仿宋的铅字排印了一部《四部备要》。大概主持者对版本不很内行，又为了节省成本，不去访求旧刻本好版本，尽用当时通行廉价的局刻本以至石印本，清人著作也常用翻刻本，多年前我的一位研究生曾写过《四部备要版本勘对表》，发表在陕西师范大学的《古代文献研究集林》第一集上，勘对出这《备要》自云用什么版本和实际所用的版本多不相符。不过当时的中华并不完全等同于今之中华，今之中华书局是合新中国成立前商务、中华两家的古代文史部分组建的，请中华的同行听了我对《备要》的批评不要介意。

五

《四部丛刊》只能说帮我打了基本功。继续修炼提高，我大体是从一多看原书和书影，二多看讲有关版本的书，三看注出版本的四库书目这几方面着手。

这里先讲多看原书和书影。如今经营线装古书的架上最早只有清初刻本了，明版书已不往外边放，可我年轻时明版书还很多。解放初期一部白棉纸嘉靖本不过几元新人民币，许自昌刻后印本《杜诗》当时称之为“烂明版”，标一元钱都无人问津。即使宋元本也偶尔可遇到，小部头标几十元，残本一册一元到两元，大部头南宋建本《两汉书》在上海修文堂也只标五百元。当然熟悉宋元本还得多看书影，书影是将若干种宋元本书每种影印一两页，今通称之为图录。我在“抗战”胜利前买到编印南京国学图书馆原八千卷楼所藏宋元本的《盋山书影》，解放初又在苏州以廉价买到《铁琴铜剑楼书影》、在修文堂买到陶湘印的《涉园所见宋板书影》，都看得很熟。至于明版则从开明书店买到顾起潜和潘景郑（承弼）两位先生编的《明代版本图录初编》，不过其中大多数都先后见过原书，清刻本如今也成为爱书者搜求的对象，所以前些年我和贾二强同学又编了一部《清代版本图录》，由浙江人民出版社出版问世。

事物一般都有其发展规律，雕版印刷何能例外，所以每一时期的刻本都有其特定的风格，早期在宋元时还有地域的差异。对此前人以至近人讲版本的书里都不曾讲或讲不清楚，我是多看原书以及书影后自行摸索出来的。大约在 20 岁前后，就知道这是宋浙本，那是宋建本，那是元浙本，明初黑口本、嘉靖本、万历本以及活字本等更分别得一清二楚。

1978 年陕西省办了个古籍版本讲习班，要我去讲，我就开始把版本如何演变、各个时期以至地域的特点写进讲义里，稍后几经增改作为古文献专业的版本学教材。其简本是为邓广铭先生主编的《中国历史研究知识手册》撰写的，作为“版本”一章，1990 年河南人民出版社出版，流传不广，且有错字，今又收入我的《古文献学四讲》中，今年鹭江出版社应出版。至于详细的，1985 年在北京大学古文献专业讲课时编印了半部《古籍版本学》，全部在前几年写成后交江苏教育出版社待出版。

六

为了扩大知识面，还要多看讲版本的书。这不是指有些图书馆专业用的今人写的教材之类，而是指真正行家的著述。最基本的当然是叶德辉的《书林清话》和叶昌炽的《藏书纪事诗》。前者虽有不是之处仍大体可看,后者是讲历代藏书家尤详明清两代,很有用。叶昌炽还有一部日记叫《缘督庐日记》,前些年已用手稿全部影印,但我十几岁时买到摘要石印的《缘督庐日记钞》就够用了,因为已把他一生买书买碑刻拓本的经历都抄了出来,看起来极有趣味。

更多讲版本的书是清人以至民国时人撰写的藏书记或题跋的汇编。我最感兴趣的,有汇编嘉道时大藏书家黄丕烈题跋的《士礼居藏书题跋记》和《荛圃藏书题识》,有民国时大藏书家傅增湘的《藏园群书题记》。这《题记》我最初看的是"抗战"前大公报馆印的平装四薄册,稍后见到仿宋字印的线装本《续集》和《初集》,1989 年上海古籍出版社出版了其孙傅熹年先生的整理本,加入了《三编》及有关著述,更为完备。此前 1983 年中华书局还出了傅熹年先生整理的《藏园群书经眼录》。此外可看的还有清末民国时藏书家缪荃孙的文集里的题跋文章和他别具一格的《艺风藏书记》、《续记》,以及叶德辉的《郎园读书志》,潘景郑先生的《著砚楼书跋》。总之这些书使我大为得益。《艺风藏书记》、《续记》还有缪荃孙自己在晚年批上价钱准备出售用的,我见过三部,一部当年在修文堂,一部没有《续记》在苏州某店,我都没有买,一部是谢刚主(国桢)先生的,他晚年送我了。从这本书上所批的可知民国初年的书价,稍后京沪各大旧书店所出书目也都有售价,嘉道时的书价则可看黄丕烈的题跋。

七

在上述几方面下了十来年工夫,再经常翻看以记版本为主的书目,就可以做到常见的古书都能讲出有哪些主要的版本。

要看这种书目,《书目答问》还不够格,一则它讲到的书不够多,所记版本也多属清代刊刻通行常用的,明本就很少,宋元更不记。所以要用在《四库全书简明目录》上批注版本的,一共有邵懿辰、莫友芝、朱学勤三家。

最早我十几岁时买到的是莫友芝的《郘亭知见传本书目》,郘亭是他的别号,是据傅增湘排印本影印成四册小本线装书。邵懿辰的《四库简明目录标注》其孙邵章清末刊行,但价高难得,新中国成立后邵章之子邵友诚又将邵章所批作为"续录"增入,由中华书局上海编辑所出版,已颇便使用。傅增湘又在莫友芝书上做了大量增补,经傅熹年先生整理,于 1993 年由中华书局出版了四册《藏园订补郘亭知见传本书目》,其详备又更在邵目之上。至于朱学勤批的,向未刊印公世,去年北京图书馆出版社才借了我收藏的光绪时管礼耕抄本影印精装一厚册,题曰《朱修伯批本四库简明目录》问世,这"修伯"是朱学勤的字,所批颇可补邵、莫两家之不足。

《四库全书》纂修在乾隆时,所以查看清人著作及其版本要用孙殿起的《贩书偶记》和《续编》。修《四库》时查禁了不少书,1957 年商务印书馆把姚觐元的《禁毁书目》加上"补遗",和孙殿起的《清代禁书知见录》合成一厚册出精装本,也便于使用。《四库》不收话本和章回小说,可用孙楷第先生的《中国通俗小说书目》和《日本东京所见小说书目》,都有人民文学出版社的修订本,柳存仁先生的《伦敦所见中国小说书目提要》,有书目文献出版社本。

近年来有一种传说,说我黄永年有这样的本领,线装书在架子上不用取下来,更不需打开看,就知道是什么版本,这岂不是说我有什么特异功能?其实世上哪有什么特异功能,我无非是记住了什么书有哪几种版本,再从书根的新旧颜色来推测判断。

八

刻本以外还有抄本、稿本、批校本,鉴别起来需要更多的知识和学问。记得上世纪 50 年代前期上海修文堂老板孙实君对我说,他们看刻本书还可以,要鉴别抄本、稿本、批校本就困难了。孙实君当时已 50 多岁,是旧书业的老前辈,可说的确实是真话。

抄本关系到纸张,关系到用不用印格,稿本要买名家的、有学术价值或史料价值的,还要区别是手稿本或清稿本,是否手稿还得认识作者的字,用什么样的印格,此外字体还有时代性。

批校本一要看据校的本子和批的内容,再得认识那些名人的字,看是真迹还是出于后人过录的。单靠看题跋还不够,因为保不定会做假。所以有时虽无题跋,单凭字迹、内容我也可以断定是哪位名人的批校。

九

如今图书馆多编印善本书目，买书的、藏书的也自夸买了、藏了若干善本书。究竟什么样的书才能叫善本，有时并不一定弄得清楚，为此我在所写的教材《古籍整理概论》里专设了一节来讲述。《概论》1985年陕西人民出版社初版，去年上海书店出版社又出了增订本，有兴趣者可以找来看。这里为时间所限，只能简单说几句。

“善本”这个名称大约北宋时才开始使用，本是指校勘得好的本子。由于自然损耗，加上天灾人祸，宋元旧本日渐稀少，到清人就把宋元本以至其他稀有的旧本书也称之为善本了，这样就混淆了善本的概念。因此，我认为实际上是有两种性质的善本，一种是校勘性的善本，一种是文物性的善本。前者和时代和稀有与否没有关系，譬如南宋的建阳坊刻错字多就不是善本，今天中华书局高质量的点校本就是善本。后者则掌握一个“物以稀为贵”的原则，譬如南宋时小学生书包里也尽是建阳坊本，有什么文物性？到明清时南宋建阳坊本稀罕了，就为文物性善本了，所以这文物性善本的范围会随着时代的推移而逐渐扩大。宋元刻本、明嘉靖以前刻本、明活字本、明抄本、清前期旧抄本和有价值的稿本、批校本，清人视为善本，今天则扩大到凡是明刻本、清代以至民国时少见的或特别精美的刻本、活字本、有价值的抄本、稿本、批校本，也都算是善本了。当然这些文物性善本中有好些在校勘上也做得很有价值，则可说是兼具校勘文物两性的善本。至于我们爱书买书讲究版本者所搜求的善本，一般都是文物性的，很少从校勘上考虑，这和专做学问不讲版本的人不一样。

有所谓“三性”、“九条”之说，是上世纪70年代后期要编《全国善本书总目》时提出过的，说善本要具有历史文物性、学术资料性、艺术代表性，叫“三性”。但今天中华书局出的书难道没有学术资料性，荣宝斋出的难道没有艺术代表性？所以这后两性根本不能成立。“九条”中问题也不少，如把乾隆及乾隆以前流传较少的印本、抄本作为善本，以乾隆时作为善不善的界限，就明显有问题。因为清刻本中堪称文物的一部分书在清初，多缘涉及怀念故明而遭禁，一部分在道光、咸丰时，则缘书版及印本在太平天国以及捻军的战事中被毁，而乾隆时刻版虽也被毁，但印本流传已多，往往并不难得，所以用乾隆时期来划界限是错误的。

十

最后讲点题外话。

一是买书要量力而行。买到好书善本书是高兴事情，心情为之舒畅，对正经工作包括正经的教学科研等都有益无损。但如好书价太贵，那也只好割爱，不必多方借贷，为买书背上一笔重债，反而弄得不愉快。要知道天下好书尽多，只祝愿它保存人间不受损伤，何必一定归我。有时看到好书，也买得起，可被人捷足先得，也当如此达观，不必懊丧。

再者买到了好书，要爱护书。如果旧装典雅且大体完好，就不必改装成金镶玉之类。如已破烂不堪，或本来就装得不雅，可改装，用古色或磁青色封面，双丝线订。我当年遇到纸张没发脆、不需大修补的，要改装都自己动手。

可以加盖藏书印，但必须刻得真正好的，印泥用略带黄色的西泠印社潜泉印泥之类，漳州印泥就不免太油。千万不能盖上恶劣印章和蓝色橡皮图章。

可以写题跋，但要用毛笔，而且字也须过得去。否则，可用单张的荣宝斋信笺之类写了夹在书里，后人认为你是名家，会给珍藏起来或加裱装。一定要写在书上，也只能写在前后空白页即所谓护叶、看叶上。有位藏书的老是喜欢紧写在正文或目录之后，还为了要收集名人的藏书印记，用刀片将书上的名人藏印割下来，就实在说不过去了。

原载《中国典籍与文化》第一辑

李致忠

古籍版本鉴定知识浅谈

版本之学是一门老学问，一般地说领域很窄很冷，没有多少人涉及、喜欢这门学问。我是因为一毕业分到图书馆来搞善本古籍考订著录的，不得不坐冷板凳。

搞中国传统学问的，作为一种侧面的知识也可以多少涉猎一点，搞传统文化或者传统学问研究的大概都需要懂一点版本方面的知识，否则拿起一部书就用，不知道真伪，也不知道这部书的版本优劣，就常常出问题。最近有两篇文章，是谈印刷术发明的。中国印刷术，雕版印刷术、套版印刷术、活字印刷术的发明是中华民族对全人类作出的贡献。现在这件事情在国际上起了争议，特别是韩国，从佛寺塔里出了一部《无垢净光陀罗尼经》，是武则天时期的，因此就说这个是世界上现存最早的印刷品。他说“最早的”目的是说这不是我们刻的，是他那儿刻印的，不是中国传过去的。这件事情从 1966 年韩国地震后修这个塔时发现此经书后开始，当时中国正在搞“文化大革命”，没有人注意这个问题，韩国就一个劲儿地拿这件事做文章，证明韩国发明了雕版印刷术，然后再争活字印刷术发明权。活字印刷术不争别的，争金属活字，就是铜活字印刷术，这个是可以讨论的，雕版印刷术没有讨论的余地，它牵扯到我们古老的知识产权。我们中国的四大发明，是早就被世界公认的，现在既然有人提出，也没拿出什么证据，所以现在这个事情有点热。

这几年拍卖市场引起了一些人的兴趣，有不少人，有退休的，有年轻的，也有博士，涉足拍卖市场，所以就涉及鉴定问题。现在人们对古籍的价值越来越看重，哪怕是一个乡村野老，只要书的纸有点发黄，再是个线装的，他就认为是个宝。然后想方设法托人转几个弯，找一个人给看看，常常是抱着希望而来，多数是扫兴而去。一看那些东西根本就不值钱，拿到中国书店根本没人要，这样的事情一年里头也不少。我想开头谈一点这方面情况，表明掌握一点版本知识还是有用的。

我刚才说到版本，我现在只举一个例子，隋朝有一个叫卢太翼的人，很聪明，到中年以后双目失明了，是一个很有天资的人。《隋书》上有他的传记，传记里讲，他中年以后目盲，双目失明了，年青时候读书很多，失明之后看不见字，用手摸，“以手摸书而知字”。他能这样，当然有点言过其实了。中国的史书有点文学色彩，夸张。可是有一个本子，“而知字”的“而”字错成了“面”，就变成了“以手摸书面知字”。我们的学界抓住这句话，认为“以手摸书面知字”不可能，因为印刷的东西是光的，又不是盲文，怎么摸呢？摸书面不会是摸纸的书面，一定是摸雕版的版面，由这个版面又推测出来，版面不应该是正字，正字印出来就是反字了，它应该是反字。拿这一条证据，证明中国隋朝出现了雕版印刷术。一个很有影响的人物拿这个当一个证据，然后影响到别人写一篇文章。这个就有点问题，我托我们在座的一个同志，帮我查了查，他给我查了《隋书》的十个版本，都是“以手摸书而知字”，没有一个是“以手摸书面知字”的，可见版本问题非常重要。一字之差，关键的地方，这就出了歧义了，出了歧义之后就容易引起笑话。前边说的那篇文章，我想作者其心也善，可是，将这么一个证据拿出来，还不如不说，一说，别人拿别的版本一对，就能找到错误所在。退一万步说，即便是个“面”字，你怎么就知道摸的不是纸面，非得是版面呢？哪里能找出证据来？找不出证据来嘛。所以一字之差，可以导出一个科学结论，也可以导出一个笑话。所以懂得一些版本的知识，关键时刻能用得上。

版本鉴定谈起来比较麻烦，原因是它没有什么规律，实际上是对一个人的知识的检验，古书的知识越多，进行鉴定的途径也越多。现在咱们叫古书版本鉴定，我的书的名字也叫“鉴定”。其实长期以来我都想舍去这个词，不想用“鉴定”这个词。大家知道，大概至少是从清朝中叶以后，我们的版本学就往偏处走，偏到不讲学问了，搞版本学的人不是认认真真去考定，而是拿着书找灵丹妙药，可是实际上谁也没有抓住这个灵丹妙药。近几十年来，我们相当一部分人在努力扭转这种风气，反对靠纸墨行款，观风望气来确定版本。所以我较长时间不想用“鉴定”这个词，因为“鉴定”这个词容易让人误以为只凭眼睛看，但实际上这是一门老老实实的辅助科学，不经过考定实际上说不出准确的版本。可是话又得说回来，既然版本鉴定有这么长的历史，大家都很注意从古籍风格特点上来鉴定版本的途径，也有它存在的一定道理。所以今天我就结合个人实践，结合前人的经验，谈一谈版本鉴定问题。

我曾经归纳了 15 个途径，就是说，遇到一部书可以从 15 个方面下手来考订这部书是一个什么版本。考订就要有根据，根据都摆在那儿，你看到了，拿来用了，这个事也就解决了。如果不是去考订，只是凭眼睛看，我敢说历来凭眼睛看的没有一个不出毛病的，再大的学问家，经验再丰富也会出毛病。举一个例子，比如说张元济老先生，应该说他是我国近现代文化史上非常重要的人物。他是传统的科第出身，功底比较好，又一辈子搞古籍鉴定，潘氏宝礼堂的善本书目是张元济先生编的，应该说没有问题。可是里面有一部书，《黄氏补千家注杜工部诗史》，张先生鉴定它为宋版。这部书进到国家图书馆以后，张先生鉴定的意见已经上了书目，馆里也就不敢再鉴定了，一直到国家图书馆 1959 年出的善本书目，它仍然被著录是宋版。可是在“文化大革命”当中，在武英殿搞过一个展览，有几部书出自朱檀墓，朱檀是朱元璋的儿子，鲁荒王，活了二十几岁死了。这个人荒唐得很，十几岁就想长生不老，信道，服道家的药把眼睛都搞坏了，死得很早。死后礼部给上谥号的时候没法上，最后朱元璋亲自给他定谥号“荒”，就是说鲁荒王荒唐。从他的墓里出了几本书，其中就有《杜工部诗史》。这部《杜工部诗史》，跟我们国家图书馆藏的宝礼堂这部完全相同，是一个版本，可是这里头有一个牌记，在卷三十二卷之后有一个牌记，这个牌记是“至元丁亥武夷詹光祖重刊于月厓书堂”，再打开我们这部书相同的地方一看，牌记已经被剜去了。元初和宋末风格上没多大区别，尤其是詹光祖这样的刻书家，生活的时代虽是从宋末过渡到元朝，但他一直在刻书，风格没多大变化，所以要确定版本时代还要抓住其他证据。

我今天在这里不可能把鉴定版本的 15 个途径每个都讲一遍，我想重点谈谈从历代刻书的风格特点来初步鉴定版本。

所谓“初步”，就是指一部书拿到手，一看大概就能判断是什么时代的，然后你再具体细看，甚至于离开这部书，去查找其他有关的资料，最后经过考订之后，再得出结论。可是就这么一拿，第一眼的功夫你得有。我虽然反对以这个来作为一个主要的途径来鉴定版本，但作为我们搞版本的人，又不能不具备这个基本功。在座的各位我不知道有没有爱好参与拍卖市场的，这还得有一点基本功夫。有时候时代比较早的东西,可能头尾都没有,那你可怎么办呢? 什么其他条件都没有,考证也无法考证,只好凭风格特点做一个大致判断。在版本鉴定中,这种事太多了。我想重点从不同时代不同风格特点来初步鉴定版本谈起。

唐代刻书,流传下来的没有多少,因此唐代刻书极难用几句话归纳它的风格特点。唐五代都是这样,大概合起来唐五代印刷品传世的一共也就 20 件左右吧。所以谈版本鉴定更多地从宋代开始。版本鉴定是古书版本学的核心内容,是古书版本学在实际操作中的一个最重要的实践。版本学的内容不仅仅是版本鉴定,但它是版本学中的核心内容,也是这门学问作为实际操作当中必须完成的一个环节。就是不管你说对说错,最后你总得说出一个自己的结论。至于对错,那就看本事了。就像我们搞这行的,最后你再怎么着也得说出自己的意见,所以它非常重要。不管是搞图书馆工作的也好,藏书家也好,书贾也好,乃至于玩书的——现在也有玩书的,山南海北去买,隔一段时间又出手了,过去老百姓的话叫玩书的——最终都要得出某一部书到底是什么本子,没有这个结论,拍卖市场也没法商量。从这个意义上说,版本鉴定又可以说是版本学当中最终的一个归宿,最后的落脚点。下面我想就历代刻书的特点谈一谈个人的看法。

先谈宋代刻书。宋代刻书的特点从版式上讲大概是:前期多白口,四周单边。线装书的书口,因为是合叶装订,形成上一个半版下一个半版中间折行的中缝线,这就是书口。书口这个地方,是白口是黑口就体现出时代特点。宋代刻书特别是前期刻书的书口多为白口。白口是什么意思呢,就是这个地方的板面,必须挖去,这个书口才成为白的,这是宋代刻书尤其是前期刻书很重要一个的特点。从刻书的版框看,四周单边者多,这是前期。宋代刻书的后期仍然是书口多白口,但变成了左右双边,前期多四周单边,后期变成了左右双边,就是在边框的左边的竖边栏和右边的竖边栏的里边又有一道线,实际上就是第一格的细黑线,形成了左右双边。四周双边也有,但是不多。到了南宋中晚期,书口出现了细黑口,细黑口也称为线黑口,就是在上半版下半版中间的隔行中上鱼尾上、下鱼尾下又刻一道线,这一道线,要印出来就是一道黑线,这就是所谓的细黑口,也称为线黑口。古书的书口也有象鼻子的说法,有人说在上鱼尾的上边一直到上边栏的这块一寸左右大的地方,围绕版心的中缝线左右两边各刻一道黑线,一直通到上边栏。这两道线连着鱼尾,因为它是叉尾,结合起来一道看,像是垂下来的一个象鼻子,所以这个地方有人就称为象鼻。也有人说,从上边栏到鱼尾这块地方就像象鼻的形状,不一定非得左右有两道线。上下鱼尾之间镌刻简化了的书名、卷数和页码。宋代刻书就是这么个样子。下鱼尾的下方镌刻刻工姓名,有时候是一个姓,有时候是一个名,有时候姓名是全的。前期刻书卷端首行,特别是北宋,仍然有小题在上大题在下,序文、目录、正文相互连属而不分开的。官刻书常常在卷末镌刻校刊官衔名。私宅坊刻多在卷末镌刻刻书题记或者牌记。从版式上看宋代刻书大概就是这样。所以,宋版书的特点是,前期多白口四周单边,到了后期仍然是白口,变成左右双边者多,少数的四周单边。到了南宋中晚期之后,在版心常常出现线黑口,也称为细黑口。宋版书小题在上大题在下的这种特点,现在见不到几种书是这样了。如果我们见到宋刻版的书,它是小题在上大题在下,那就非常珍贵了。小题在上大题在下这种风格,应该说在中国书籍发展史上是一种继承性的现象。我们知道,在中国书史上,曾经很长时间是用竹木简来书写的。经考证,我国古代用纸来写书,大概已经到了西汉末年或东汉初,真正发展起来应该是从蔡伦造纸以后。蔡伦改进造纸技术以后,纸作为书籍的制作材料才真正地兴盛起来。在纸书以前,在相当长的历史时间里,流传的是竹木简的书,或者是用丝织品的缣帛来做书籍的制作材料。用竹木简写书的时候,由于一根简写不了多少字,一部书就要写很多根简,每到一个阶段的时候,比如一篇完了,编起来之后,就要卷起来,以便收藏。因此在竹木简制作书籍的时代,篇就特别重要,如《论语》二十篇、《孟子》七篇等等,都分篇。因此在用竹木简制作书籍的时候,在最前边要加一根赘简,没有字的赘简,等简册的书卷到最前头之后,一打捆的时候,正好赘简的反面朝着人。读书人要查验什么东西,首先要找篇,篇一找到了,再看看底下,就知道这一篇属于哪本书了。因此出现了一种篇名在上,书名在下,也就是后来所说的小题在上大题在下的版式。到了宋代特别是北宋刻书还有这种风格,它是继承了书籍发展的这种特点。我们现在见到的就非常少了,如果我们真见到了这种版式,再考查一下其他方面,就可假定它是宋版书。对这种版式一定要重视,因为太难得了。关于版式特点我想就谈这么多。

关于宋代刻书的字体，古人有几种说法，一个是明代的张应文，他说："宋代刻书大都书写肥瘦有则，佳者决有欧柳笔法。"欧，指欧阳询，柳，指柳公权。明朝谢肇淛也有一个说法，他说："宋刻有肥瘦两种，肥者学颜，瘦者学欧。"颜，指颜真卿，我们看到的颜体字，笔画比较黑又厚重；欧，指欧阳询。明代的高濂高深甫，在他的《遵生八笺》里面也谈到宋人的刻书："宋人刻书，纸坚刻软，字画如写。"我们国家图书馆的宋版书，可以说藏了天下大半以上，我们把宋版书字体的风格加以概括，大概是这样：宋代的四川刻书，从风格特点来说，比较喜欢学颜真卿的字，这是蜀刻。宋代的蜀刻本，大概一直到南宋的初年，这种风格还比较明显。两浙刻书比较崇欧，崇尚欧阳询的字，所以浙刻本比较秀气。福建刻书就学柳，宋代福建刻的书，有柳公权字的风格特点，棱角俏厉。江西是兼而有之。早先讲宋代有三大刻书中心，四川、浙江、福建。实际上搞版本的过去比较忽略的是江西、江苏、安徽。江西这个地方不可小看。江西刻了很多很好的书，江西产的纸也好。这些就是宋代刻书的字体风格。

我现在讲宋代刻书用纸的特点。如果按传统的说法，主要有白麻纸、黄麻纸，还有竹纸。经过与真正研究造纸的人一道来考察这件事，实际上到了宋代的时候，刻书的用纸大多是皮纸。我们看到的敦煌遗书，全世界还有4万多件。这4万多件里头可以说百分之八十多的材料都是麻纸，还有一部分是皮纸，这是五代以前的事情。到了宋代雕版印刷术盛行之后，书籍的印刷出版量大了，还用麻纸过于昂贵，只好多用皮纸了。所谓白麻纸、黄麻纸，是从它的纤维像麻讲的，事实上并不是麻纸，是皮纸。我们不管纸的名目有多少，就从造纸原料上去抓，比较好归纳。因此我们说，到了宋代雕版印书盛行之后，皮纸是供不应求的，成了宋代印书的主要的用纸。皮纸也有多种，主要是桑树皮纸和楮树皮纸。南方是桑蚕之乡，桑条一年一割，明年再长出来，皮可以造纸。楮树也是产在南方，北方北京也有，楮树叶有点类似桑树叶子，皮的颜色也像桑树。后来我们有时候形容某一部书是"楮墨精良"，什么叫"楮墨精良"，实际上是楮树皮造的纸，"楮墨精良"实际上指的是纸墨精良。宋代印纸币，叫会子，也叫楮币，也是这个意思。但怎么能一见到就能判断出它就是皮纸呢？这个也不难，因为我们长期以来都是手工造纸，跟现在机械造纸不一样。机械造纸是用机器将树皮、树干、树枝一下全都卷进去，全能化成浆。那个时候不行，那个时候得用树皮，用皮就得泡，不泡外边的老皮下不去。将里边的韧皮捣成纤维，捣成纸浆，才能造纸。古时候手工造纸泡、蒸、煮、沤这几个环节做了之后，仍然有些外面的老皮，没有去掉，总会在造纸的纸浆里留有一些残痕，在抄纸的时候，这个残迹还是浮在纸面上，你看书就找这种东西，不能说都很明显，但没有一部书是完全找不出这种痕迹的，总会在哪儿残存这么一段，没有捣碎的桑树皮你还看得清清楚楚，颜色都还看得清清楚楚，你就可以判断它是皮纸。宋代刻书还有一大用纸是竹纸，特别是福建刻书用竹纸者多，因为武夷山盛产竹子，就地取材来造纸印书它就便宜，所以福建刻书行销天下。当然宋代刻书用竹纸一定是在南宋之后。竹纸早就产生了，不是说到宋代才会生产竹纸。但是竹纸的流通要到南宋。宋朝人喜欢竹纸，是从王安石开始的，王安石给他的朋友写信就愿意用竹造的信笺纸。王安石之后竹纸才开始慢慢兴起来，宋代刻书的用纸大概是这么个特点吧。用竹纸来印的书大体上是福建刻的书。

宋代刻书的第四个特点是有避讳的字。我们中国避讳的习俗比较早，大约是起自周成于秦盛于唐。宋朝人的避讳尤其严格，有一段文字原文是："本朝尚文之习大盛，故礼官讨论每欲其多，庙讳遂有五十四者，举场试卷，小涉疑似，士人皆不敢用。"谈宋朝的避讳之严格。那么避讳有几种？一种是宋远祖讳要避。比如说宋代赵匡胤做了皇帝之后，就往上推。封建开国的皇帝要维持自己的地位总要找点根据，赵匡胤用兵变的方式登上帝位，要解释自己做皇帝的合理性就上推，推出他们家的始祖就是轩辕氏。表明自己就是有来历的，本来就应该坐天下。这无非就是一种舆论。因此，这个"玄"字宋代就避。所以我们看版本书的时候，千万不能一看书中避玄字，就认为是避康熙的讳，那不对，宋朝人就回避这个字。一个是皇帝的御名得回避。还有一个是嫌名也得回避。什么叫嫌名？与皇帝御名同音的字就叫嫌名，这个字也讳。宋代的嫌名讳特别多，南宋高宗赵构，跟构字同音的就多了。我们做皇帝避名的讳字索引，列出一大串字来都要讳避。从避讳的特点来说，宋朝的避讳尤其的多。恰恰我们刻书的盛行也是始自两宋。所以，两宋刻的书中的讳字一定得注意，它常常给我们提供一个判断版本时代的比较有力的证据。当然避讳的运用靠我们每个人的脑子去记，谁也记不了那么多，但是对搞版本的人来说，宋朝的讳字得记，如果你不记，看到这个字，还得去查，这就比较麻烦。我们中国人做学问讲究博闻强记，虽然现在计算机网络十分发达，但如果用多了计算机，人的思维就受到了限制。所以像讳字，靠我们全都记住不可能，可是全不记，也有问题。我们搞古籍的人，得把宋元明清皇帝的位序记下来，年号的顺序记下来，这就是最基本的知识。我们搞版本的人糊涂不行，比如十六国是什么时候的，跟东晋同时的北方有十六国，东晋结束了，十六国也结束了，进入南北朝，大的历史阶段说不清楚，清朝的十个皇帝说不清楚，这就有点问题了。搞我们这行的就得硬记，特别是明清两代皇帝基本上每人只用一个年号。明代除了明英宗用了两个年号之外，其余都是一个年号，因为朱元璋明令禁止随意更改年号。像这种比较好记的，就得熟记于心。包括避讳，特别是宋朝的讳，主要的几个时期的讳字都得记。70 年代我们编了一个帝讳索引，没有正式出版，虽然不是很全面，但是我们自己用是可以的。

再讲书籍的装帧。从装帧的特点来说，两宋和元代都是蝴蝶装，南宋后期出现了包背装，但主要流行的是蝴蝶装。蝴蝶装的特点，是书叶上下两个半版对折，上半版下半版字对字地折，折完之后是背面向人，然后以折边向右，若干页为一叠，然后形成书脊，每叶和每叶之间用糨糊或黏合剂粘起来，在外面包一张整纸，作为书衣，这就是蝴蝶装。蝴蝶装的概念是什么？就是你拿着书脊打开，书叶的两边翻开就像蝴蝶张开两个翅膀，所以叫它蝴蝶装。宋元刻书为什么要采取这种装帧？为什么不取唐五代流行的卷轴装？原因就是雕版印书是以一版为单位，跟写书的时代不同。写书的纸多长，先粘好一个卷子连着写下去就是了。刻书不一样，刻书以一版为单位，印好的书叶，没有必要把一叶一叶再粘接起来，于是出现一种新的装帧形式。可是宋代书籍放在书架上的时候，还是取卷轴装的插架方式。“邺侯家多书，插架三万轴”。我们写文章时也常常说这是谁谁的插架之物，“插架”这个词是怎么来的，是因为唐以前的卷轴装的书就是插进去，书名写在轴头签标上，到宋代，书的存放方式，还是取卷轴装的插架方式，是把书口挨着架面插进去，这样插进去拿出来，就磨损书口这。蝴蝶装的形式等于把版面内框护住了，框外余幅作为书口，这样抽来插去就不磨损版框里面的文字。所以到清朝编《明史·艺文志》的时候，其序里面就有这么几句话："秘阁书籍皆宋元所遗，装用倒折，无不精美，虽虫鼠不能损。"蝴蝶装的优点是天头地脚和书口朝外，虫鼠不能损。即使老鼠来嗑，也就吃点书边，伤不着文字。现在宋元遗留下来的刻本书中，装帧保持原装无几了，都被后来改装成线装了。对于这部分书就要看看它的书口的地方，有没有原装是蝴蝶装的痕迹。假如是宋代的书，找到这一些痕迹，从它的版式从它的字体从它的用纸从它的讳字从它的装帧的特点这几个方面去下手去考察它，可以得出一点考订证据。我说从风格特点来初步鉴定版本，就是这个意思。

我现在谈谈元代刻书的特点。元代承南宋的遗风，所以元初的某些刻书，特别是某些私宅坊肆刻的书，由于大部分刻书的老板和刻字工人是由旧朝步入新朝，旧业重操，所以与南宋的风格没有多大的差异。纵观整个元代刻书的特点大体上可以用八个字来概括，即"黑口赵字无讳多简"。我下面做一点解释：首先，所谓的黑口指的是每版中缝线的上下两端或者称为版口的地方，有墨印的黑条子，就是上版下版中间的隔行的地方，折叶装把这里称为书口。书口这地方上边下边，印出来的黑印呈一黑条子状，不像宋代刻书是白口。宋版书要把这黑条子挖去，挖的同时要在此刻字，上鱼尾的上边要刻本版的大小字数，下鱼尾的下边要刻刊工的姓名。刻工的时代、地域的特点，也是我们考订版本的一个方面。在此刻刻工姓名没有更多的其他的意思，说穿了就是计件工资责任制。宋版书每一版上鱼尾的上边都要刻本版大小字数，大字是多少，小字是多少，这样开工资的时候好计算。下鱼尾下要注刻工的姓名，好知道这一版是谁刻的。这为我们考订版本留下了痕迹。一个人大约从十五六岁开始从事刻字，干到五十几岁，六十来岁，能有四十多年。古人到五十几岁就算到老人了，黄宗羲四十几岁便自称是"梨洲老人"。到了元朝，虽然刻书继续在发展，但是元朝毕竟是蒙古族进入中原之后掌握政权的，有一段时间对经济破坏很大。但从刻书的角度来看，元朝还是有它的特点的。元朝人也有重视文化的一面，大概历代的书院，没有比元代的书院更优越的了。元代的书院教授是中央政府派的五品官，每个书院都有学田，专门给拨地，而且规定地方官吏不能用任何借口来侵占书院财物。我有一个统计,包括对当年元朝书院有多少棵树,甚至有多少棵柴树,有多少棵果树都有统计。但元朝毕竟是游牧民族入主中原,在初级阶段确实对经济有破坏,确实把一些良田曾经变成牧场,这个也是事实。因此反映在刻书上工艺就比较简略,就是省工省钱了。同样刻一部书,每一版的书口不再挖去,版木仍留在那儿,一个书口上边一块下边一块,先省两块工,要是一个大部头的书呢,能省多少工！元朝刻书普遍是粗黑口就是这么出来的。这是刻书比较粗略的一种表现,这个表现跟它的经济是有关系的,经济状况好,刻书讲究,肯定就不是黑口,黑口是省事了,这是元代刻书在版式上一个比较普遍的变化。当然不是说元代刻书就没有白口,白口的也不少,特别是从宋金之后,南宋末年的刻书人进入元朝后,朝代变了,人可没变,人还做原来的事,风格还带着南宋的风格,所以我们鉴定版本的困难常在两个朝代交替的时候,这时的风格特点很难把握。我们馆早先比较慎重,明明这书可以定为元刻本的,宁可往下定为明初,比较慎重。当然慎重比较好,就是在学问上少出毛病。我们20 世纪 80 年代重编《北京图书馆古籍善本书目》的时候,就有几种书上升了,为什么,就是有了实际的证据,升到元版了,它不是明初的。这说明什么呢？表明元末明初是非常难把握的,宋末元初这一段也是非常难把握的。所谓元代刻书的大黑口粗黑口,是它版式上的一个特点,这个也只能说是就一般而论,并不能概括所有的书。

第二,元代刻书的字体普遍模仿赵孟頫。赵孟頫的字为什么在元代乃至于明初都有影响？赵孟頫其人是宋朝的宗室,我们知道他的书画很有成就,他的字可以说是集历代当家之大成,他可以把他以前的著名的书家长处集中掌握。赵孟頫的政治才干和声誉更多的是被他书画的才干给掩盖了,其实赵孟頫不只在书画上造诣深,政治地位也很高,当然社会上的人就要学他,反映到刻书上的字体也模仿他。所以元朝刻书的特点第一个是黑口,第二个是赵字。这世只是一般而言,不能概括所有。

第三,元朝刻书的第三个特点是无讳字。元朝刻的书我们还没有发现有讳字。不是元朝人自己不想讳,而是蒙古人的名字是译名,翻译成汉文就难说了。那时只要是同音的字,就可以翻译,没有现在我们译名这么规范。皇帝御名本来是蒙古族的名字,翻译过来一大长串,你用这个字我用那个字,没有统一的译法,因此礼部议论来议论去,议论的结论是什么呢?凡是士子们考科第,答卷或者是印书时遇到和皇帝的御名完全一样,这个时候才回避,那一长串全名一般遇不到。因此反映到刻书上,元朝的刻书就没有讳字。

还有就是多简,就是多简体字。元朝刻书特别是书铺刻的书用简体字比较多,我们看看元朝刻书的简体字,再看看我们现在的简化字,就是第一批公布的简化字,没有多大区别。我们再往前看,看唐人写经,甚至再往前看南北朝时的文献,就是敦煌遗书里出的文献,简体字也不少。元朝刻书简体字是比较多的时代,它之前之后都不是这样。所以我们抓住这个特点。所以我认为元代刻书的主要特点可以用"黑口赵字无讳多简"来概括。

下面简单说说明代刻书的特点。明代刻书的风格特点,应该分成早中晚三个时期。明朝初期应该是"黑口赵字继元",特别是明初这一段,刻书的风格特点黑口者为多,还是模仿赵孟頫的字,继承元代刻书的风格特点。明朝中期,就是正德到万历这一段时间里,大概是"白口方字仿宋"。晚期从天启到崇祯大概 20 多年,崇祯占 17 年,天启是 7 年,是"白口长字有讳"。我们知道,明朝前期是一个高度中央集权的历史时期,这首先表现在朱元璋做皇帝之后,建立了高度中央集权的政治制度。这种制度容易形成凝固的特点,它表现在文化上容易形成一种风格。跟高度中央集权相适应的,朱元璋还有很多很别致的政策。表现在刻书上也是这样,从内府到民间全是一样,前期刻书仍然是大黑口的多,而且字也还是继续仿赵孟頫,这种局面维持了一百多年。到了正德的后几年,特别是嘉靖时期,以李梦阳和何景明等前七子为首的,开展了一场文学复古运动,矛头所向就是针对前期这种凝固的社会风气来的。首先从文学上来,文必西汉,诗必盛唐。他们打着"复古"的旗号,实际上是希望言之有物,一时间由于文学复古运动,造成一种社会风潮,大家都复古,方方面面都复古。反映到刻书上,到明代中期也出现了这种复古风气。明代中期刻书的复古,就出现了一种复宋的风气,因此到这个时候仿宋字也就产生了。大概从正德的后二三年一直到万历大约半个世纪,形成了一套特殊的风格。我们鉴定明版书这个时期的特点最明显,一看就能知道是这个时期的。由文学上的复古运动带出来的刻书上的复宋之古,那就是仿宋字,仿宋字就出现在这个时候。本来宋朝字是横平竖直的方方正正的字,手写的字比较好看,它有韵味在里头,这个时候仿的就成了棍棍棒棒的一种字,当然刻出来的也很漂亮。大概明代刻书特点最明显的是这一时期。而且不管是内府还是外府,几乎都形成一个风格,个别的例外也有,这个时期形成一种所谓“白口方字仿宋”的特点,又出现了白口,又形成了方方正正的仿宋字,仿宋代刻书的风格。用纸通常说是白棉纸、黄棉纸,实际上也是皮纸,就是白皮纸、黄皮纸。嘉靖皇帝在位45 年,他后面是隆庆六年,中间有一个泰昌,泰昌占了几个月。现在要是见到有泰昌年款的刻本,要知道是可贵的。我们国家图书馆、美国哈佛燕京图书馆有泰昌刻本的书(大连图书馆有建文帝时候的书,建文也没有在位几年)。然后到了万历,万历占 48 年,就是明神宗。万历皇帝十岁登基,三朝元老张居正是他的老师,张居正是嘉靖、隆庆、万历三朝元老,由于张居正推行“一条鞭法”,对经济起到了刺激作用,所以到了万历初期,明代的经济有一段恢复,就是所谓的小中兴,资本主义萌芽也在这个时期产生,经济上恢复反映在刻书上就铺陈,所以现在我们见到的万历时刻的书特别是前期刻的书,包括县志都比较铺陈,就是开本大,行疏字大。这个也比较好看,一看便知是万历时候的。我们把这一段可以看做一个时期,就是嘉靖隆庆时期,当然隆庆只占 6 年,嘉靖四十五年刻的书和隆庆六年刻的书不十分一样,政治经济上的变化在刻书上的反映特别明显。但是万历后期由于整个政治形势、经济形势都变化了,所以到天启至崇祯的这 20 多年里,又变成了另一种刻书的风格,就是“白口长字有讳”。仍然是白口,但是字跟万历时候的铺陈,行格疏朗,字大如钱就不一样了,一下从方方正正的字变成狭长,狭行细字。避讳反映一种尊严,皇权比较强的时候用不着什么避讳、什么尊严。明朝前期没有什么讳,到了万历后期农民起义已经是风起云涌了,政治、经济、军事形势都不行。为维护皇权,避讳严格了。我们看明末又有避讳了,避讳也不多,就几个字。

清朝刻书没有更多的特点,清朝前期刻书,继续保持明末的风格。清初的内府刻书,到了康雍乾这三朝,形成了自己的特点。康熙是一个多才多艺的皇帝,他首先不喜欢明代的方方正正的仿宋字,他管那叫硬字,就是硬体字。我们看看嘉靖时代刻的书,字都非常整齐，但是确实有一点硬，康熙皇帝就不喜欢这种字。他自己写的字也不是这种字。因此在南巡过程中他挑了五六十位写字好的人，来内廷供奉。皇帝一提倡哪一种字，接着就影响刻书。清朝历科的状元，先不说你的答卷怎么样，字如果差了首先就当不了状元。所以从康熙起对字就加以改变，逐渐形成了新的馆阁体，也就是所谓的软体。这种软体字影响到整个康雍乾三朝的刻书，叫软体写刻。清初的软体写刻是非常漂亮的，这一段出的书家也不少，专门写书样上版的也是这样一种字体。我们现在看到的清朝的皇帝，从康熙往后这几个皇帝的字也基本上是这种风格，包括溥杰写的字，也是软软的这种字。康雍乾这三朝应该说是盛世，盛世刻书很讲究，字很漂亮，纸也好。康雍乾这一百多年软体写刻有非常明显的特点，一看就能看出来。乾隆后期已经积弊不少了，嘉庆一登基就赶快调整政策，但是调整不过来，经济也不行，嘉庆时候刻的书，字体就变成了攒头攒脑。经济上一出问题，马上在刻书上就表现出来，特别是民间刻书。内府武英殿刻书还有一点连贯性。

我们假定说能掌握一点历代刻书的风格特点，来作为初步鉴定的一个途径，也是基本功。我反对只说这个不说别的，只说这个纸墨行款观风望气，早先有人说鉴定敦煌遗书用鼻子闻就行，我坚决反对，本来是老老实实的一门学问，是一门考订之学，非要庸俗化，神秘化，我不赞成。但搞这行必须要具备这基本功，我们做这个工作的人，常常出去给人看一点书，或者出去采访，或者参与拍卖，什么证据也没有，只能凭你的经验，这个时候就起了作用。掌握这么一些特点，将来看书也许多少有一点用处。

本来我应该讲 15 个方面，包括序跋、牌记、印章、著录、讳字、刻工、内容等等，从多种方面下手，来判断一部书。但由于时间关系，只能讲到这里。我认为搞古籍鉴定必须遵循的一条原则就是实事求是，相信科学。事情本身是怎么样的，就怎么样。特别应该掌握规律、注重实践，这样才能提高对古籍版本的认识水平。耽误各位不少时间，抱歉。

原载《中国典籍与文化》第一辑

冯其庸

怎样读《红楼梦》

各位先生、各位女士、各位老朋友，我讲的题目是：怎样读《红楼梦》。怎样读《红楼梦》呢？我以前写过两篇文章，都收在《红楼梦概论》里头。主要是应一些朋友的邀请，为青年读者写的这两篇文章。但我现在讲的，在这两篇文章以外又增加了一部分内容，因为这两篇文章写的时间已经过了好几年了，我觉得我又有些新的体会，所以就综合在今天的讲座里头，概括地给大家介绍一下。

《红楼梦》我觉得确实是一部很难读的书，要读懂它，读明白它，不是像一般的书一样打开来看看就明白了，像读《水浒传》、读《三国演义》，都不会有这个问题，读《西游记》也不会有这个问题，书里讲什么就是什么。唯独《红楼梦》，它讲的字面的意思和里头隐藏的意思不完全一样，有的可以说是完全不一样。由于这个原因，读起《红楼梦》来就非常费劲，也是由于这个原因，历来对《红楼梦》有许多误解、误导。从清代的评点派到近现代的许多红学方面的著作，比如《红楼梦》的索隐派等等，都有差误，都有误导。因此怎样读《红楼梦》，就是一个首先值得大家研究的问题。

我个人对《红楼梦》既读又研究，一晃也是二三十年了，有关《红楼梦》的书也写了好多种。我是先从曹雪芹家世研究起，接着又研究了《红楼梦》的早期——乾隆时期的一些抄本，然后再进入《红楼梦》思想的研究、艺术的研究。回顾我自己走过的路程，我觉得是走得比较有效的。因此我今天讲的，大部分也是这方面的感受。

我觉得阅读《红楼梦》，起码要注意三个方面的问题：一个是《红楼梦》的时代，也就是作者的时代。作者的时代包括作者外部的世界和国内内部的世界，这个时代和作者的家世是必须要了解的。不了解这个作者出生在什么年代、他那个时代社会状况怎么样、政治状况怎么样，社会的风俗习惯、生活习惯怎么样，那你来读他的书，就会有些莫名其妙了，所以必须要了解作者的时代和作者自己的身世、家世，他是怎么一个经历。因为任何一个作者的作品，总会跟他自身的经历有关。即使那些历史小说，不好直接把作者自己的经验写进去，但是也总是免不了有他自己的痕迹，何况是以自己家族的命运为主要材料的一部书。那么不了解作者的家庭、身世，你要来了解这部《红楼梦》也就困难了。所以这是第一部分需要了解的，就是作者的时代、家世。

第二部分就是应该了解《红楼梦》的版本。《红楼梦》的版本是一个大问题，这个讲座安排的由杜春耕先生来专门讲《红楼梦》的版本，我今天讲的这个《红楼梦》的版本不是杜先生要讲的《红楼梦》那些从乾隆时期抄本到嘉庆时期评本等各式各样的比较复杂的本子。我只是讲今天我们读者来选择《红楼梦》读本的时候，有哪些《红楼梦》的本子可以推荐给读者作为选择。第二部分我还要讲一下，除了选择《红楼梦》的本子以外，在读《红楼梦》、研究《红楼梦》过程中间，还必须排除很多误解、误导和干扰。因为红学的说法太多了，如果样样都看起来，一辈子都读不完，而且要走到迷魂阵里去。比如说《红楼梦》的作者曹雪芹跟他的情妇一起把雍正皇帝给杀了什么的，如果走进这个死胡同里去以后，你永远也出不来了，这是一个误导，而且不是一个小的误导。所以，读《红楼梦》的时候，必须选择一个好的本子，必须排除种种稀奇古怪的误导，这样才能使你认识《红楼梦》本来的意义。

第三部分我想讲讲《红楼梦》的思想。因为读一部书，最根本的目的是要了解它的思想，它是讲什么，它给我们讲的什么内容。仅仅是一个爱情悲剧吗？还是在这里头还包含着更深刻的意思？仅仅是一个家庭败落的过程吗？是不是还有别的方面的意思？我们读书的最后的结果，是要求了解这个，所以我想第三个问题讲讲《红楼梦》的思想。

一、《红楼梦》的时代和作者的家世

现在我就先讲第一个问题，就是《红楼梦》的时代和作者的身世。曹雪芹大概生于1715（康熙五十四）年，但是这不是定论，因为没有确切的史料来证明曹雪芹究竟生于哪一年。甚至从曹雪芹死在乾隆二十七年壬午（1762）除夕往上推也没有个确数，因为他究竟活了多少岁——有的说他活了40岁，这是他的一个朋友在悼念他的诗里说的；曹雪芹的另外一个朋友张宜泉，又说他活了不到50岁，“年未五旬而卒”；敦敏写的诗是“四十萧然太瘦生”，那么就是说他只活了40岁。你如果要往上推呢，照40岁的推，就是另外一个出生年月。照不到50岁，那么究竟不到多少呢，也是一个难题。所以《红楼梦》本身确实是问题很多。有人曾经问我，《红楼梦》究竟有哪些问题，我只好笼统地回答说“《红楼梦》满身都是问题”，没办法说有哪些问题，这就是问题之一。我们现在选择康熙五十四年，就是从乾隆二十七年上推，到48岁的时候，也就是康熙五十四年的那一年，1715年的时候，曹雪芹出生的可能、条件，都好像比较好一点，但是也可能是五十三年，也可能是五十五年，总之是在这个上下之间。那么要说《红楼梦》的时代，也就是曹雪芹的时代上限就是1715年，18世纪初，下限就明确了，因为关于曹雪芹的卒年有脂批，“壬午除夕，书未成，芹为泪尽而逝”，他死于乾隆二十七年。后来又出现了张家湾的关于曹雪芹的墓石，上面也有“壬午”二字，还有另外一个本子——夕葵书屋的本子上面也有一条“壬午除夕芹为泪尽而逝”'的脂批，是脂批的另外一个抄本。由于有这些可靠的旁证，我们基本上就以乾隆二十七年作为他去世的年份，以此往上推，就推到康熙五十四年，下限就是乾隆二十七年，1763年2月12日，就是18世纪中期。

我们大体弄清楚了曹雪芹生活的时代，那么这个时代的外部世界，在国外，在欧洲来讲，14、15、16世纪的文艺复兴早已结束，已经过了一个17世纪了，到18世纪初，英国的工业革命已经发展起来了。尤其到了曹雪芹的时代，英国的工业革命进入了高潮，大机器已经投入生产，瓦特发明蒸汽机并且投入生产的年代就是18世纪60年代，是我们大清王朝乾隆二十五年，也就是庚辰年，《红楼梦》不是有一个本子叫庚辰本吗，就是庚辰年抄下来的。我们这边是大清王朝的封建时代，在国外已经是轰轰烈烈的工业革命的时代了。

这样两相对照，可以看到，外部世界已经进入工业革命的时代，而我们的内部世界呢，中国从明代后期到明代末年，经过一场清兵的入关、激烈的战争，还有李自成的起义，这一场大战，生产破坏得非常厉害，从明后期发展起来的资本主义萌芽的经济当然也同样遭到破坏。但是从清兵入关以后，顺治元年在北京定鼎，到乾隆时代又过了将近100年，清朝开始采取了一系列的措施恢复生产、安定生活，稳定国家的统治，各方面做了种种的改革，从顺治到康熙后期，社会经济已经恢复而且超过了明朝最繁荣的时期。再经过雍正到乾隆年间，社会又大大发展，最主要的标志是资本主义萌芽也就是手工业工场性质的经济普遍发展，全国的大城市林立，当时的北京、武汉、杭州、苏州、南京，都是有名的商业城市，人口也大幅度增加，耕地面积大大地扩大，当时的耕地面积比顺治初年的时候增加了一倍以上，尤其是人口，人口从最少的时候到乾隆时期已经到了两亿多，康熙五十年就下了一个命令，就是康熙五十年以后出生的人丁就不再收税了，叫做"盛世滋生人丁"，因为国家当时比较富裕了，不收税也足够了，苏州博物馆还藏有一个"盛世繁华图"长卷，现在也印出来了。人口的增加、耕地面积的增加证明了国家的安定和发展，证明了国库的充足，证明了社会大大往前发展了。也就是从中国内部自身发展的规律来看，封建社会内部也产生了资本主义经济因素，而且在不断地扩大、不断地发展。中国的封建社会如果继续下去，它也会自己按照这个社会发展规律进入资本主义的，但是后来，因为我们发展得比较晚了，不等我们向资本主义发展，帝国主义就打进来了。

为什么要讲这两方面的情况呢？因为从外部来讲，世界的历史已经进入到工业发展的时代了；从内部的历史来说，我们的社会经济已经超过了以前，阔步地在发展了。这样，带有资产阶级民主性质的思想，在我们国内就有了土壤。有人问我，如果这样，曹雪芹的这种民主思想是不是从外部传进来的？这一点不能误解，我讲这个主要是讲整个历史环境、历史进程到什么程度。从我们现在研究《红楼梦》的思想来看，曹雪芹的思想纯粹是我们自身的一种带有新的性质的民主思想，不是封建的民主思想，也不是外来的思想，不是传播进来的思想，这一点要加以说明。因为弄清楚了《红楼梦》的思想性质，我们来读《红楼梦》才能够明白贾宝玉所代表的主要思想是什么意思，它具有怎么样的一个性质。

其次，就是《红楼梦》作者曹雪芹的家世。曹雪芹的家世，从天命六年(1621)曹家归附后金到败落，整整有107年。如果从顺治元年(1644)算起到曹家败落,雍正五年(1727)底抄家,第二年年初曹家正式抄没回北京,是84年,所以曹家是一个真正的百年望族。这个家庭是靠军功起家的,所以《红楼梦》里有许多有意思的事情,曹雪芹在不知不觉之间就把自己家庭的历史渗透到这本书里头去了。秦可卿给王熙凤托梦说你怎么还睡呢,我要跟你告别了,我有几件事要嘱咐你,我们的家赫赫扬扬已经100岁了,但总归有一天要出问题的,你早点想法子做准备。这个100岁她不是随便讲的,这是曹雪芹很自然地、不露痕迹地把他自己家庭的历史记载进去了。还有第五回,警幻仙姑带着贾宝玉,路上遇到宁荣二公之灵,宁荣二公也跟她讲:我们家这些人都不成材,唯一的希望是贾宝玉,希望你好好引导他,我们家庭已经赫赫扬扬,已历百岁,这是第二次讲这个100年的家世,这也是暗喻着曹家自己的历史在里头。还有焦大醉骂,说你们现在这些不长进的东西,你们知道你们太爷、爷爷怎么出生入死把这个家业挣下来的?当初怎么怎么,后来尤氏还做了一些解释。他为什么这么敢骂呢?主要是当初立了大功,在战场上把老太爷、太爷背回来了,等等。这也是曹雪芹家庭早期历史的一个影子。因为曹家天命六年(1621)归附到后金以后就参加过当时的大凌河之战,就是在沈阳附近。接着就跟着多尔衮打进山海关,然后进了北京以后又打到大同,平大同姜镶之乱。最近在大同发现了一块关于曹振彦的碑,上面有很长的文字,大同的朋友告诉过几天他要寄图片给我看,具体内容他没有说,但是曹振彦这个名字是一点没有问题的,是一块有关曹振彦的碑,在大同发现了。这跟曹振彦打到大同、在大同做官这个历史密切相关。所以,凡是符合历史真实的事情,就不断地会有所发现,不断地得到实物的证实。

我觉得曹家发迹有几个重要的机遇。一个是在辽阳,被俘的时候被佟养性管着,佟养性是后金的驸马,他的任务是总管当时被俘虏过去的、投降过去的汉人,当时曹振彦归佟养性管,有碑刻记载着这件事情。佟养性死了以后,曹振彦又归到了多尔衮,在天聪八年的《清实录》里记载着:"墨勒根戴青贝勒多尔衮属下旗鼓牛录章京曹振彦因有功,加半个前程。"可见他是多尔衮的部下。一个是驸马,一个是皇子,都是非常有实力的,曹家依靠着这两个人以后,一直跟着他们打到关内,所以曹家的发迹跟满人的发迹是同步的。满人往前发展了,曹家也飞黄腾达了。到了北京,曹家又跟顺治靠上了关系。之后曹振彦的儿媳妇、曹玺的妻子,又当了康熙皇帝的奶妈。这样,曹家就一直跟最上层的人在一起。所以康熙 8 岁登基以后,就很快让曹玺到南京做江宁织造。康熙二十三年(1684),曹玺去世,康熙又让曹寅——曹玺的儿子去接任江宁织造,这以后一直到康熙五十一年曹寅去世。去世之后,康熙还让他儿子曹颙继任江宁织造,曹颙继任三年又去世了,康熙又命令曹寅弟弟曹宣的第四子曹頫继任江宁织造,一直到败落,整整一个百年官僚世家,从飞黄腾达到彻底败落。当时的江宁织造从品位来讲不算高,是内务府的;从权力来讲非常大,因为他是皇帝派出去办事的,在南京设立了机构,他可以直接给康熙写奏折,他的奏折可以直接送到康熙手里,而其他督抚大臣的奏折都要经过转送的。而且康熙还经常给他一些秘密的指示,你要帮我做什么事,要注意什么问题,现在这些奏折都在故宫保留着,张书才先生就在清理过这些奏折,他们出的那本《关于江宁织造曹家档案史料》是非常有价值的,是他们清理出来的一个很大的成果。所以曹寅的权力很大,当时他的影响也很大。曹家就在这么几代人的手里形成了一个轰轰烈烈的官僚世家,也是书香世家。因为曹寅本身文采很好,琴棋书画样样都会,是一个全面的人才。现在留下来他的剧本,留下来他的诗集、词集,留下来他的许多书画墨迹,留下来他的棋谱——他能下围棋,留下来他的画,数量不多,但是已经见过好几次,还有留下来他编的《楝亭十二种》等。所以从曹玺到曹寅应该说是形成了曹家这个真正的书香门第。现在国家图书馆还藏有曹家藏书的书目、抄本,当年没放到善本里头去,我还借到家里去看过。这个本子的夹页里头还塞了一个条:某某人抄第几页到第几页,付钱多少。一个账单在里头,这个很有意思,你看到那个书目,好像刚刚抄完似的。

由于这样一个原因,曹家就形成了这样一个轰轰烈烈的世家大族。到雍正五年底最后是败落了,败落的原因当然也有几种看法了。从正式的文献资料来讲,当然是曹家亏空很大,亏了国库很多银子,雍正上台要清理国库,清理旧欠,铁面无私,很多大臣都遭到了抄家败落,像李煦,那是雍正元年就被抄败落的,罪名也是亏欠国帑。也有人认为,曹家的被抄还有政治因素,这个问题当然是学术界大家商榷的问题。从现存的文献资料来看,雍正根据当时的政策，清理许多大臣们的亏空，败了很多家，也不光是曹家一家，这是客观事实。我是无锡人，我们老家有一部书，叫《锡金识小录》，作者叫黄印，他就讲到雍正上台以后为了清理旧欠，凡是世家大族几乎全部败落了，书上记得很清楚，这已经记到无锡一带了，那北京城里就更可想而知，所以也是一次很大的波动。二月河的《雍正王朝》里头不是也有这一大段描写吗，这也是有史料依据的，曹家就是这么败落了。败落是什么概念呢？当时的败落是惨不忍睹的。因为像李煦，家产被抄没，家属被标价发卖，在苏州卖不出去又押到了北京，在崇文门那里发卖，没有人敢买啊，这是康熙朝大臣的家属，万一他们再起来那还得了？没人买，最后雍正给指派，这个给谁家做奴隶，那个给谁家做奴隶，这样这个家就彻底完了，李煦本人被充军到东北，73 岁的老人，到东北最后冻饿而死。所以说抄家，就是整个家庭彻底败落。那么曹家，没有看到把人口发卖这些，但是曹家回来的时候江宁织造隋赫德有个奏折，讲到了曹家要回来了，没房子住，雍正曾有过指示，给他稍留一点房子，这还算好的，曹家抄家时，有人口 114 口，这些人的下落一直没有交代。在另外一个刑部致内务府的“移会”里说到“隋赫德见曹寅之妻孀妇无力，不能度日，将赏伊之家产人口内，于京城崇文门外蒜市口地方房十七间半、家仆三对，给与曹寅之妻孀妇度命”。所以现在我们知道在崇文门外蒜市口有曹家的十七间半房子，曹寅的继妻李氏和三对家仆一同住在这里，那么少年的曹雪芹一定跟着他祖母也住在蒜市口。也使我们知道少年的曹雪芹回到北京的时候曾经一度住过崇文门蒜市口那个地方。而曹頫则还戴着 25 斤重的刑架在监狱里被枷号。整个曹家的家世，简要说来大概就是这样。一两百口人的大户人家，当然他亲戚朋友很多了，家族人口很多了。《红楼梦》开头曹雪芹写的一大段“忽念及当日所有之女子”这么一大段，我想都是当时的实情。就以李煦来讲，李煦家 300 余口全部落败，就流散了，难道其中就没有一些优秀的、真正有文采的、有思想的、有才能的人？当然会有，所以曹雪芹想到这些就念念不忘，在《红楼梦》一开头就写了一大段。所以《红楼梦》这部书的创作跟曹雪芹的家世确实是不可分的。

但是这几年来，我在研究《红楼梦》过程中感觉到，研究《红楼梦》除了注意曹家的家世、李煦家的家世以外，也不能完全限制在这两家的家世上，应该看到当时清代的社会，看到当时清代社会的意识形态的斗争、思想上的斗争，尤其是程朱理学和反程朱理学的斗争。康熙上台以后非常强调程朱理学，认为朱熹到康熙时期500年来，其所注释的孔孟的书、儒家的书，没有一个字是可以更动的，这是康熙皇帝亲自讲的。所以家家户户，读书人都应该信奉程朱理学，应该读朱熹注的四书五经，这是当时以朝廷的政治压力这样灌输下去的。但是自程朱以来，特别是从明代后期到清代前期，反对程朱理学的思想家也是风起云涌，斗争很激烈。当时一个著名思想家跟曹雪芹的时代很近，这个人叫颜元，颜元死后12年曹雪芹出生，颜元就讲"必破一分程朱，始入一分孔孟"——不把程朱理学破掉就得不到孔孟之道的真意，因为他们为了统治的需要，为了皇帝的需要，把孔孟的思想、意思都歪曲了，这是颜元当时有名的一段话。还有一个跟曹雪芹同时代的戴震（字东原），安徽休宁人，讲过他小时候的一段故事：在私塾读书的时候，老师给他讲四书五经，讲程朱的注释特别是朱熹的注释。戴震就问老师：朱熹是什么时候人？老师说：那当然是南宋时候人。那么孔孟是什么时候人？老师说那是战国时候的人。那么戴震就说：战国到南宋大概多少年？老师说：大概有2000来年。戴震马上就问：2000来年以后的人怎么知道2000年前的人讲的这句话是这个意思？有什么证据没有？这个时候老师被他问得目瞪口呆，就叹息：这个孩子将来不得了。后来确实不得了，成了一个大学问家。这就是说，从戴震当时问的话来说，程朱注释的四书五经都是自己的臆测，是杜撰。《红楼梦》里有一段，写贾宝玉把四书五经以外的书都不要了，都烧了，起因是因为给林黛玉起一个颦颦的名字，她就说你这是杜撰，他就说杜撰的多着呢，除"明明德"以外其他都是杜撰，这句话其实是把程朱理学所注释的许多书一下都否定了。实际上这一段话，背景就是戴震小时候的故事。反对程朱理学，反对科举制度、八股文，这是当时进步思想界的一种共同的认识。像清代初年的黄宗羲、王船山，这些人都是反对八股文、反对科举考试。顾炎武曾经讲到：科举之害、八股之害甚于秦火——比秦始皇焚书坑儒还要厉害。他说秦始皇焚书坑儒只是杀了400多个人，你这个八股文的毒害啊，科举制度的毒害啊，把天下的士子都拢到了四书五经里头，而且都规范到了程朱的注释里头，这把天下的才俊全部埋没了，把他们的思路都纳入到一个小的框框里头去了，使他们不能发挥自己的聪明才智了。所以当时反对程朱理学、反对科举制度、反对八股文，这是思想界的一个进步的思潮。

所以《红楼梦》在当时的产生，我认为，一是跟曹家自身的历史有关，二是跟当时思想界激烈的斗争有关，三是跟清代社会的风气有关。清代社会还有一种风气，是从明代延续下来的，就是弄虚作假。什么都有假的，假文人、假诗人、假道学，假的一切都可以有。建议大家有时间读一读《儒林外史》。《儒林外史》的写作年代跟《红楼梦》相同，我推算过，《儒林外史》开始写作大概是乾隆九年，而《红楼梦》的写作也是乾隆九年左右。我请教过陈美林先生，他是研究《儒林外史》的专家，我说是不是两本书是差不多同时写的，他说就是这个时候，就是同时的。而《儒林外史》作者是全椒人，他写当时的社会现实完全是实录，《红楼梦》写现实是隐隐约约，那么两个对照起来读，你就可以明白，当时《儒林外史》里头讽刺八股文、科举制度，范进中举是最有名的一段了，科举疯迷人心到这个地步。所以我觉得回过头来看《红楼梦》这本书的产生，一个是家庭的因素，一个是社会的因素，一个是思想的因素。

这里特别要讲一点，曹雪芹当时写《红楼梦》，《红楼梦》批判程朱理学，是无意识的客观效果呢，还是有意识的批判？我认为他是有意识的批判。这里最有意思的是，在《红楼梦》开头有一段文字，“背父兄教育之恩，负师友规谈之德”，《红楼梦》一开头有曹雪芹这么一段自白。后来，我想想，他父亲是曹頫还是曹颙，那没办法确定，而且他们两个也没有留下著作，怎么个背父兄呢？那么再往上推，他的祖父曹寅有诗集《楝亭诗抄》，《楝亭诗抄》里头就有《辛卯三月二十六日闻珍儿殇，书此忍恸，兼示四侄，寄西轩诸友三首》。他小儿子死了，写了很感伤的诗，里头有几句就是“承家望犹子”，他自己的儿子死了，侄子过继给他，继承他的家业，寄希望于自己的侄子，“犹子”就是侄子。“努力作奇男”，希望你们好好地做个好男儿；然后呢，“经义谈何易”，四书五经的经义，这个研究起来不容易，“程朱理必探”，程朱的这个学问啊，你们必须要去探究它，最后，“殷勤慰衰朽，素发满朝簪”。就是说，我年龄大了，我就希望你们继承我的家业，认认真真去学程朱理学、钻研程朱理学，你看我早晨起来梳头，发现我的头发全都已经白了。果然,这首诗写了有一年,曹寅就去世了,这等于是他留下的一个遗嘱,要子孙们好好继承程朱理学。要注意这首诗是“示四侄”,四侄就是曹頫,就是“承家望犹子”里的“犹子”,是他的继承人。曹寅一再嘱咐自己的后代要“程朱理必探”,但偏偏是《红楼梦》的作者曹雪芹大反程朱理学,说他们是杜撰,把除“明明德”以外的书完全否定了。甚至于湘云劝他走仕途经济道路,走仕途经济道路当然要参加科举考试,写八股文,他就把她赶出去。薛宝钗这么劝他,他也跟她不客气。所以我觉得曹雪芹在开头就写下这么几句话是有深意的,他明明是写自己背叛了自己家庭的传统。家庭是一个经学传统,理学传统,在《曹玺传》里头也是讲到这个,曹寅给他的弟弟讲性命之学,“性命之学”就是理学,他家是讲理学的,讲经学传统的。因为康熙提倡程朱理学、经学,那当然他不会违背康熙了,而曹雪芹偏偏是在《红楼梦》里大批程朱理学,真正是背叛了他自己家庭的传统,“背父兄教育之恩”。

所以归纳起来,在《红楼梦》诞生的时代,国外是资本主义已经进入高潮了,国内资本主义的萌芽也在继续发展。当时思想界斗争非常激烈,给《红楼梦》的作者以很大的刺激、很大的激发,而当时社会上那些弄虚作假的现象比比皆是,所以《红楼梦》里有很多讽刺社会现实的描写,例如《红楼梦》里贾政身边的人的名字,一个叫詹光,读起来就是“沾光”,还有一个叫单聘仁,读起来就是“善骗人”,这分明就是讽刺社会,讽刺弄虚作假。《红楼梦》里有很多这一类的,以后蔡义江先生有专题讲《红楼梦》的真与假,我觉得值得讲一讲。我个人觉得,比如贾政,这个名字就取的非常妙,妙在什么地方呢?对于这个人来讲,假就是真,真就是假,他从根本上还是一个“假”,所以叫贾政。贾政在书中被塑造得古板得很,这个人物的塑造,也有思想来源。因为当年,就是在明朝后期李卓吾写过一篇文章叫《童心说》,他认为,人生下来的时候是天然本性,非常真的,但是一读四书五经以后,就把人性扭曲了,就按照四书五经的规定来塑造自己了,书读得越多,越符合四书五经,就越没有自己的自然本性了。所以一个天生的真人,读了四书五经,受了四书五经的扭曲,就从真人变成了假人了,所以贾政就是这样一个典型。《红楼梦》里非常有意思,没有从贾政身上讲他为什么叫贾政,而是让薛宝钗讲。薛宝钗有一次发现林黛玉读《西厢记》，就批评她了，你女孩子怎么读这个东西。林黛玉诚惶诚恐，说我错了，你千万不要说出去。然后薛宝钗说了，你不用怕，我小时候也是这样淘气的，什么《元人百种》、《西厢记》、《牡丹亭》都读，我后来怎么不读了呢，因为大人发现了，烧的烧，拿的拿，最后把我们打了骂了，最后我再也不敢了，我就读四书五经了，这是作者有意让她现身说法。她所以从真人到假人就是这样过来的，被四书五经、被传统规范的思想塑造成这样一个假人，所以《红楼梦》里贾政这个名字，假就是真，真就是假，这个人身上只有假，假就是他的真，他的真也就是假，这两个字概括的含义多丰富、多有意思啊。

《红楼梦》里这种内容还有很多，今天因为时间关系，不多讲了。我特别建议大家，读《红楼梦》的时候一定要跟清代社会联系起来。《红楼梦》那个时代，那些上层官僚不少都是贪官污吏，《红楼梦》里没有写到那些上层官僚，就写了一个贾雨村，但是后来也飞黄腾达，地位也不低了，他是作者明写的贪官，所以"葫芦僧乱判葫芦案"一回，实质上是讽刺清代官场腐败的，因为贾雨村就是从此发家的。尤其是王熙凤要陷害尤二姐的时候，她指使张华到衙门里去告状，她叫衙门怎么判衙门就怎么判，她叫衙门怎么处理就怎么处理，封建的司法在王熙凤手里是要怎么就是怎么。所以曹雪芹非常有意思，嘴里说我对朝廷不敢有半句干预，我都是歌功颂德，眷眷无穷，我只写儿女之情、儿女之事，一点不敢干涉朝廷，实际上他一开头就写四大家族，四大家族是什么呀，是四个财团，官僚财团，你动得吗？不能动！这个多厉害啊，这明明是干涉朝廷，但他却说不敢干涉朝廷。真是巧妙得很，他表面上不敢干涉朝廷，称功颂德，眷眷无穷，实际上他却处处揭露封建社会的病疮，揭露当时社会的黑暗面。

所以我觉得读《红楼梦》第一个要懂清代社会的历史、社会的状况、曹家家庭的历史和曹雪芹本人的思想状况。我觉得他这样揭露、这样批判不是客观效果，而是当时就认识到了。为什么这样说呢？因为他自己说了，"背父兄教育之恩，负师友规谈之德"，都是表明了的，但他的父兄确实是嘱咐他要"程朱理必探"的，他却彻底背叛了。这是我第一部分要讲的。

二、关于《红楼梦》的本子

第二部分我讲关于《红楼梦》的本子。《红楼梦》的早期本子甲戌、己卯、庚辰，后来还有戚廖生本，还有从前苏联拿回来的那个本子，还有《红楼梦》稿本、蒙古王府本、南京图书馆藏本，这些都是要非常专门地研究的。我写过一本书《石头记脂本研究》，是专门研究这许多本子的，今天不可能有这个时间谈，而且，以后的讲座里头会详细讲，我就不讲了。我现在要郑重地推荐几种我们现在可读的书。

从 1975 年开始到 1982 年，中国艺术研究院红楼梦研究所在文化部的支持下聘请了国内很多专家，比如今天在座的蔡义江先生、吕启祥先生等都参与了这个重新整理校注《红楼梦》的工程，搞了 7 年，才搞了一个本子，由人民文学出版社出版。这以后还不断地有所修订，到现在修订的地方也不少了，我觉得逐步趋于完善了，但也不能说绝对完善，这是一个可读的本子李一氓先生还为这本书专门作了介绍，评价较高。再有就是蔡义江先生的本子。蔡先生这个本子，我也认真读了，我觉得有一个跟我们原来搞的本子不同的地方，就是把注评和别人的评及他自己的体会，都用非常通顺的、生动的文字在注释里头注释出来了，很容易读下去，碰到不懂的地方，一读他的注他的评都解决了，所以我觉得这又是一个非常适合我们阅读的本子。还有一个是刘世德先生的本子。刘世德先生的本子着重北京方言，讲得比较多，解释的比较多，对《红楼梦》的文字也做了认真校订，所以我觉得刘先生的本子也是可读的一个本子。还有，齐鲁出版社出的黄霖先生校订的一部《红楼梦》，把脂砚斋的评都收到书里头去了。大家知道，脂评是研究《红楼梦》非常珍贵的资料，苦于不附在校订的本子上，黄霖把它归纳了，放到书里头去了，这也是一个便于阅读的本子。所以我觉得，这四种本子，大家都可以任意选择，或者选一种或者选两种，都可以，你愿意四种都选，对照着读，都可以，我觉得这几个本子是比较下工夫的。

其他是不是还有更好的本子，因为我看得实在不算多，就不好说了。刚才开头我就讲了，读《红楼梦》首先要了解时代、家世以及社会，除此以外，要认真读《红楼梦》，要反复参详这是什么意思。比如“山中高士晶莹雪”，这是讲薛宝钗的，过去我一直认为“山中高士”就是指薛宝钗，后来我才明白这句话，话里还有话。“山中高士”下面，用现在的标点应该用一个破折号，后面是晶莹雪，这是个偏义词，重点在“晶莹雪”上。“山中高士”实际上是虚的，整句的意思就是山里冰冷的雪。然后就以“晶莹雪”来比喻薛宝钗。为什么呢？薛宝钗是有名的冷美人，“山中高士”，那一大堆雪当然冷得不得了，用这句话来影射薛宝钗这个“冷美人”，当然很贴切。那么如果用“山中高士”来形容薛宝钗行不行呢？我觉得不行，因为薛宝钗不是清高的“山中高士”这样一类的人，薛宝钗恰好是热衷于功名富贵的，劝贾宝玉去仕途经济的，她怎么能变成“山中高士”呢？所以曹雪芹这个文字花样玩的非常精巧，“山中高士晶莹雪”让你一读觉得薛宝钗是山中高士，实际上再读，三读，明白了，“山中高士晶莹雪”是一句话，说冷得不得了，这就是暗指薛宝钗。因为如果是把薛宝钗作为是“山中高士”了，那这么清高的人跟她后来的行动怎么能联系得起来呢？联系不起来。所以《红楼梦》里有很多话要反复读，反复参详。比如又有一句形容薛宝钗的话“任是无情也动人”，这句话多好啊，怎么样都是动人的，这当然是写薛宝钗，但是仔细琢磨这句话，倒过来就是，“任是动人也无情”，不管是对你怎么好、怎么热、怎么动人，最后是无情，薛宝钗就是这么一个人，所以《红楼梦》里有许多句子，要反复参详、反复琢磨，我们才能摸到曹雪芹原来这句话的深意。因为在那个时代，好多事情不允许他直白地讲，尤其涉及政治，因为文字狱的严重威胁。曹雪芹那个时代，雍正七年就有谢济世案，谢济世注释了《大学》、《中庸》，他声明，他的注释不用程颐、程颢、朱熹的注，皇上大发雷霆，“怎么敢不用朱熹的注？”谢济世就被杀头。所以那个时候，很多话都不能敞开地讲，只能用很隐蔽的办法来说话，《红楼梦》里诸如此类的事例不少。由于这样的原因，也引起后来的许多误解，比如索隐派，后来的各种各样的派，都是用猜谜的方式去解释，不是根据科学研究的结果、可靠的史料依据来解释，这样就走入了误区。所以读《红楼梦》这部书，要结合社会历史，结合曹家家世，结合当时的思想斗争反复读，仔细参详，这样才能够弄明白他话里的意思。

再举一个例子，冷子兴演说荣国府，讲到正邪二气互相搏斗，然后说，秉正邪二气而生的这种人都是高人逸士，什么宋徽宗啊，唐明皇啊，倪云林啊，陶渊明啊，这都是，一路数下来，然后说道，贾宝玉也是这样一流人物。于是冷子兴就说，那么照你这样说法不是“成则王侯败则贼”了？贾雨村就说正是正是。这话实在是有深意，因为读一读清代初年的几个大思想家的书，特别是黄宗羲、顾亭林、王夫之、唐甄、颜元、戴震等人的书，就会明白当时思想界的斗争情况了，尤其是唐甄，他说“自秦以来，凡为帝王者皆贼也”，所有的帝王都是贼，不是成则为王败则贼，成的也是贼。《红楼梦》的作者“无意”之间让冷子兴和贾雨村闲聊来了一句“成则王侯败则贼”，结合当时思想界的斗争，尤其是结合康熙末年雍正与诸王子争夺皇位的事来看，有没有深度，有没有言外之意？因此后来几个抄本就不写这句话了，就改掉这一句“成则王侯败则贼”了，把它改成“成则公侯败则贼”了。为什么要改动？因为这句话太有干碍，所以有人不敢读《红楼梦》，说《红楼梦》里有“碍语”，自己读了这个书，将来要成为罪人的。也就是由于这样，所以读《红楼梦》要反复思考才能得到它的真解，匆匆忙忙表面看一看是得不到它的真解的。当然求之过深也会过了头，也会错；求之太浅，则摸不到它真正的意思。所以我觉得研究《红楼梦》确实是一个很难的课题，要长时期地认真地琢磨它，发现自己的差错就得纠正，这样不断地、反复地参详，才能够得到它的真义。这是我说的第二部分。重点是要推荐建国以后整理出来的四种《红楼梦》读本，我觉得这四种读本都是可以拿来认真读的。

三、《红楼梦》的思想

第三部分，我讲《红楼梦》的思想。前面已经说过了，1954 年学术界有一场大批判，批判俞平伯、胡适先生的《红楼梦》研究。在这场批判运动中，就涉及《红楼梦》的思想问题。李希凡、蓝翎的文章，就提出了贾宝玉是“新人的萌芽”，“体现着初步的民主主义精神”等问题。1954 年以后，《红楼梦》的研究一直在继续和发展，而《红楼梦》的思想也是研究课题之一。我有一篇长文章，题目是“千古文章未尽才”，文章的主要内容是说《红楼梦》的思想是属于资本主义萌芽性质的民主思想，是新的民主思想，不是封建的民主思想，它们的主要区别是：封建的民主思想是为了维护封建制度，维护封建社会的利益；而新的民主思想，资本主义萌芽性质的民主思想是要冲破封建统治者的压制,要反对封建的一切秩序,要寻找新的自由天地,所以这两种思想的性质完全不一样。如果说《红楼梦》这部书是封建民主思想,那这部书还有什么特别的意义?就没有更深的意义了,因为我们历史上有很多属于封建的民主思想,对当时的现实批判得非常激烈,甚至在《孟子》里头就有很厉害的批判性的话,他连皇帝都敢骂。但是他是为巩固封建统治才说的话,不是要破坏封建统治,所以这种资本主义萌芽的民主思想跟封建的民主思想完全是两个思想体系,是完全对立的。

由于这个原因,所以我们来看《红楼梦》里所描写的贾宝玉和林黛玉所代表的思想的主要方面。第一个是贾宝玉不肯读书,不肯走科举考试的道路,也不赞成四书五经这一套,完全是自由自在,实际上从消极方面来讲,他抵抗、反对科举制度,反对当时的官场仕途经济、读书做官这一套;从正面来讲,他提倡过自由自在的生活,什么也不要。他曾经讲:我这一辈子啊,就跟姐姐妹妹们在一起就行了,死了以后就化烟化灰,一下子,风一吹就散了。他不要在这个社会沾染一点,留一点点东西,他对这个社会深恶痛绝。这是一个非常重要的问题。封建社会读书、考试,最后做官,这是所有读书人的常规的道路,如果大家不走这条道路了,那封建的统治谁去维持,谁去继承?这个社会就维持不下去了。可是,贾宝玉绝对不走这条路。那么不走这条路也可以走别的路啊,贾琏、贾蓉、贾敬、贾珍,这些人都是。贾宝玉不走仕途经济、读书做官的路,也不是不可以,他可以做一个花花公子,娶七个八个小老婆,过那种花天酒地的日子,完全可以,也没有人来管他,封建的社会和封建的世家是完全可以容许的,但他就是不走这条路,就是要反对仕途经济,反科举考试,反八股文,就是要走自己自由人生的道路,而不走贾琏这类人的道路。这一点,我觉得是《红楼梦》里所宣扬的非常重要的思想,是一种新的人生道路。

第二个,在婚姻问题上,提出来反对金玉良缘,要木石前盟,提出来这个婚姻的理想,也就是说,他不要门当户对,不要父母之命、媒妁之言,要婚姻自主,这一点也是《红楼梦》里非常突出的一个思想。主张婚姻自由,主张自己选择,这在我们古代的文学作品里早就有了。元代的《西厢记》,张生、莺莺的故事,张生突破了老夫人的封建樊篱,自己跟莺莺结合了,这是一个例子。但是《西厢记》最后的结局是张生考中状元以后皇帝赐婚，尽管他在选择对象上面有一点突破，但是在最后还是回归到封建规范里头去了，皇上给他打了一个封建的戳子，矛盾解决了。后来的《牡丹亭》在书写男女真情上，作了尽情地发挥，直写到"情不知所起，一往而深。生者可以死，死可以生"。它通过杜丽娘对青春和生命作了深深的礼赞，对爱情和婚姻作了完全自主的处理，因此《牡丹亭》比《西厢记》在对爱情的描写上和对封建礼教的反抗上又往前大大地跃进了一步。但是到最后作者还是让柳梦梅中了状元。然后"圣旨已到"，"敕赐团圆"，回到封建规范上。唯独《红楼梦》，什么都不要，只要"木石前盟"，最后是"赤条条来去无牵挂"，是"悬崖撒手"，曹雪芹完全抛弃了大团圆的结局。理想的婚姻不能实现，就宁可悲剧结局。因此《红楼梦》里写的这个婚姻思想完全是独立自主的，自由选择的，彻底反对封建礼法的。而且爱情的过程是要经过长时间耳鬓厮磨的，其中最主要的是思想的一致。《红楼梦》里有特别重要的一段，史湘云劝贾宝玉要走仕途经济的道路，被他抢白了一顿，然后袭人就说，你们千万不要再讲这个话了，以前宝姑娘讲过这个话，他也毫不客气，只有那个林姑娘，他怎么样都没有跟她生分。贾宝玉马上就讲了一句：林姑娘讲过这样的混账话吗？她如果讲过这类的话，我早就跟她生分了。这一下就点明了，他有一个思想标准，就是说，凡是赞成他的这种人生道路，这种反传统的思想，他就觉得是自己的知己，如果是不赞成这些思想的，他就跟她合不来。这就是说，曹雪芹的婚姻思想，不仅是自由选择，而且是以思想为准，以文化为准，尤其是思想的一致最为根本。所以《红楼梦》的婚姻思想，又大大超越了《牡丹亭》，而接近了现代社会的婚姻思想。

美国学者余英时先生，也是我的好朋友，我们都是钱宾四先生的学生，我比他早一点。1980 年我到美国去讲学曾住在他家里，他送给我一本《红楼梦里的两个世界》，我非常欣赏这本书，现在有再版，我觉得大家都可以读。但是我有一点要补充的：他认为《红楼梦》里的两个世界，大观园是一个干净的世界，大观园以外的社会是一个污浊的世界。这样的分析大体来说可以，但是我觉得还没有说的非常确切，要以思想来分界，那么大观园也不完全是干净世界，史湘云也在大观园，薛宝钗也在大观园，她们就主张仕途经济，要走封建统治阶级规定的道路，所以我曾经说我要写一篇短文章，叫“大观园里的思想阵线”，贾宝玉是以思想来分界的，所以即使是大观园也不能说是完全干净，因为思想上有的人就不干净。所以《红楼梦》这部书我觉得实在是太深了，你只看到这一点看不到那一点，往往就不能得到它的真义。所以我觉得《红楼梦》第二个重要思想就是我要讲的婚姻的自主，婚姻的自由，标准是反封建的思想一致。所以我在香港讲学的时候，我说曹雪芹是个超前的思想家，因为他提出来的人生道路和婚姻原则到现在还没有在全世界都实现，就是美国也不能实现，因为现在美国是谁有钱谁就是选择的对象。我们中国当然也远远没有实现。我们刚从那样一个落后的社会里转化过来，我们的问题太多了，也有非常先进的，也有很落后的。有的农村还是包办婚姻买卖婚姻，我们的社会真正要全部走到曹雪芹所设想的这样一个境界，还有很长很长的路程。香港大学的学生就问我“超前多少年”，我说我无法估计，自从曹雪芹写《红楼梦》到现在已经200多年了，他已经超前了200多年，以后还要继续超下去，超到这个社会什么时候真正能走到那个文化水平都达到这个高度了，那就不超了。大家听了都笑了，但这是事实。

《红楼梦》的第三个重要思想就是讲女尊男卑，提倡尊重妇女，男女平等。“女儿是水作的骨肉，男人是泥作的骨肉”这句话是提倡女尊男卑，也就是男女平等的思想的矫枉过正的提法。请问千古以来，哪一个社会有过女尊男卑，有过男女平等？武则天做了皇帝她也没有把妇女的社会地位提到跟男人一样，自古以来的封建社会，一直是男尊女卑，就是曹雪芹敢于提出来女儿是水作的骨肉，男人是泥作的骨肉，我见了女儿便清爽，见了男子，便觉浊臭逼人。这个思想看起来是小孩子随便说的，实际上它蕴含着很深的思想，全世界什么时候能真正男女平等，我觉得也是一个大大超前的思想，很不容易，可是事实，他是提出来了。他还要把大观园的奴隶都放出去，让他们自由去。兴儿跟尤二姐讲：我们宝二爷真怪，高兴时跟我们随便玩说笑都可以，不高兴了撒手就走了，大家各不相关，没有一点点公子的架子。实际上他是把自己跟别人放在平等的地位上来看。《红楼梦》里这些描写，我觉得分析它的思想意义，确实是不简单。因为结合着清代的社会来讲，那就更觉得这个思想了不起。我另外写了一本书叫《红楼梦的思想》，也已经出版了，里面我举了很多例子，清朝当时提倡妇女殉节、守节，丈夫死了，最好是跟着一起死、自杀，其次就是永远守寡。《红楼梦》里写了个李纨，丈夫死了守寡，但是底下有几句写得非常有分量，“心如槁木死灰”，说一个女人丈夫死了，从此以后什么也没有了，心都死了。曹雪芹的文字写得多深刻啊，他不用其他形容词，就是说李纨从此以后“心如槁木死灰”。仔细想想，这句看似平淡的话，实际上多凄惨啊！当时普遍的社会风气是什么呢，家里儿子死了，公公婆婆就希望媳妇赶快殉节，也去死吧，死了以后朝廷可以旌表、给建牌坊，还可以免除家里的许多税，他们可以得到实际利益。这就是封建礼教毒害人民的结果。所以现在你们到安徽徽州去看看，石头的贞节牌坊现在还有很多呢。现在成了旅游景点了，但是希望大家看到这些牌坊的时候要想到：多少生命啊，就毁灭在这个牌坊底下。曹雪芹敢于写“女儿是水作的骨肉”，提倡女尊男卑，珍惜妇女的生命，珍惜妇女的前途，这是含着眼泪写下来的文字，所以我觉得《红楼梦》写得深就是指这些地方，对照着历史看，你就会看到它写得深刻。

第四个思想，就是平等博爱的思想，也可以说是友爱的思想。刚才讲了，兴儿说的那些话，还有要把丫鬟们放出去的那些话，就是贾宝玉待人平等友爱的思想。贾宝玉对所有的人都是怀着一种爱心，所以鲁迅说贾宝玉是“爱博而心劳”。鲁迅一句话就把贾宝玉说到点子上了——“爱博”，他是真正的博爱，对什么人都非常仁慈，“心劳”——整天辛辛苦苦忙着女儿们的事情。所以《红楼梦》里另外一个非常重要的思想是平等的友爱的思想，人际关系是要讲平等，要讲友爱，这些思想我觉得也是放诸四海而超前的，现在哪个地方能够真正做到这样？现在是国与国之间，我有原子弹我就要制裁你，人跟人之间，互相钩心斗角，真的要做到平等博爱这个地步，太不容易了。

所以我觉得这四个思想，一个是自由人生的思想，一个是婚姻自由的思想，一个是尊重妇女的思想，一个是人与人之间的平等友爱的思想，这是《红楼梦》里最重要的四个方面。曹雪芹对他自己所处的社会是深恶痛绝的，是采取批判的态度的，所以1997年在北京《红楼梦》国际会议上我就讲过，曹雪芹的“批判是属于他自己的时代的，他的理想却是属于未来的时代的”。所以《红楼梦》里用林黛玉的诗说，“天尽头何处有香丘？”满眼找不着，天尽头的地方是不是有她一个理想的土地呢？她要寻找这个理想的土地。但是有什么地方能够实现这种理想呢？实在还找不到这样的地方。《红楼梦》里通过林黛玉的诗把她和他批判现实社会，寻找理想社会的思想发挥出来了。所以我觉得从这四个方面来说，《红楼梦》的思想确实是超前的，确实是属于未来社会的，对他自己的社会只有揭露，只有批判，只有讽刺。

另外有人问我《红楼梦》作者曹雪芹是不是信佛啊、信道啊？你看看《红楼梦》里这些和尚道士有没有写得好的？没有。特别是贾宝玉在梦里说：和尚道士的话怎么信得？我不相信和尚道士。这一句话已经够了。他特别在空空道人、茫茫大士这些和尚、道士的名字前面都加上空空、茫茫，都一概是虚无的、不可靠的，所以曹雪芹的用心非常深。因此我觉得曹雪芹在《红楼梦》里发挥的是我们近代的一种人文思想，他发挥的那么早、那么高，这部书确实是我们国家的珍宝、珍贵的财富。我个人研究《红楼梦》时间不长，琢磨的也不深，有些体会也不一定准确。清代的戴震有几句名言，我非常赏识，他说：读书做学问，一不要被古人蒙蔽，另外一个呢，不要被自己蒙蔽。所以要解除蒙蔽，要把古人给我们的蒙蔽解除掉，程朱理学歪曲孔孟，要把它澄清。当代人讲得不对的，我也要解除他给我的蒙蔽。我自己写的文章自以为是，其实已经错了，还硬要相信它，那是自己蒙蔽自己，也要解除。他说一个读书人最终的目的就是寻求客观真理，其他一切富贵功名荣誉等等，都不应该有，只有追求客观真理才是唯一目标。能够哪一天追究到这个书的真义了，那就达到自己的目标了，也就是《论语》里讲的："朝闻道，夕死可矣。"有一天能够真正得到这个真义了，那么就是死了也无憾了。我觉得我们研究《红楼梦》也要有这种追求真义的精神，排除前人的蒙蔽，排除今人的蒙蔽，排除自己的蒙蔽。所以我觉得我讲了很多写了很多，可能也有写得不对的地方，千万不要让它去蒙蔽别人，讲错了的地方大家尽管纠正。今天就讲到这里，谢谢大家。

原载《中国典籍与文化》第二辑

朱家溍

清代南府与昇平署

谢谢大家来听这个讲座。

我先介绍一下戏曲档案。戏曲档案有纯档案,有的是剧本,但有演出日期和演员人名,应该说是含有档案性质的剧本,如差事档。宫内演戏,哪天演什么,演员的名字,在剧中扮演什么角色,都在这里记载,这种档案叫差事档,也叫日记档。在差事档中写着在什么地方演戏,如在一个差事档中写有,“初二日重华宫承应”。故宫里面的重华宫里有个院子叫漱芳斋,说在重华宫,其实就是在漱芳斋。每次演戏前总有个开场承应,这个叫勾芒展敬,第二叫庆成,第三,就是一般的戏了,有“思凡”。这在当时还不属于昆腔,是叫时剧,后来也都归入昆腔了。还有“罗敷行路”,是目连僧的故事,整本叫“劝善金科”,这是演的其中一出。这些年有一个不恰当的语汇——折子戏。这是新产生的一个词。过去也有这个词,叫一折,但不是这样解释。过去的意思一折为单出戏,比如大家知道的“游园惊梦”、“皂罗袍”,一支曲子,叫一折。“弹词”,唱一段“想当初,庆皇唐”,这叫一折,这是单出戏。“罗敷行路”,整部的大戏,有 100 多出呢。演的时候就演一出,这叫“出”。“冥判”,《牡丹亭》中杜丽娘死后来见判官,判官嘲笑她,世界上哪里有一梦而亡的。“盗甲”,现在还保留在京戏班里的“时迁盗甲”,是《水浒》戏里的。“双凤山”,这戏现在一般不演了,“吃茶”是《鸣凤戏》里的一出。现在据说南北昆团也不演了。前几年,我演过一回,把这戏搬上舞台,在湖广会馆演。末了又是一出承应戏,叫“万卉呈祥”,演花神的。

另外还有恩赏档、旨意档、承应档,也是把演戏的日程都写下来。恩赏档记载演员的赏钱,演员每演一次戏都有赏钱。旨意档,记录看戏人对演出有什么意见,或让排什么戏,或对今天的戏有什么意见。在这上有很有趣味的说法。当时记档案的叫写字人。唱完戏,总管的首领太监,以及演员自己跟他说的原话,都被记录下来,皇上、太后说的话也要记下来。我记得有一些很重要的内容,如什么时候开始乱弹戏,什么时候开始用胡琴,旨意档都有记载。在同治年间有一次降旨，以后演戏还要加上二黄笛，是因为二黄戏原来是笛子，不是胡琴，后来又演变到把胡琴撤了，又再加上胡琴。

戏上的变化，通过旨意能看出来。如有一件差事档，上面记载着，皇上看戏从什么路线走，到达是什么时候，吹什么牌子迎请，那时我听梅兰芳先生说过，溥仪在没出宫时也演过戏，当时昇平署还存在，当时的迎请，八只唢呐一起吹"一枝花"。也不一定都是老吹"一枝花"。记载今天用什么牌子迎请，或中间看戏人的情况。来一拨人，就迎请，有时太后还没来，太后来时还得迎请一回。

再有就是纯档案。在图书馆的分类上都属于档案。

纯档案其实就是剧本，为什么剧本在这里都成了档案了呢？因为这不是印刷的剧本，是为了演出做的，是真正的演出本。剧本有几种，一种叫安殿本，安殿本是黄皮，里面用楷书写有全部的场次、念白、唱词，是给皇上、皇后听戏时看的。还有一种叫公用本，后台排戏用，用现在的话说是导演、教习用的本子。还有一种本子叫单头本，如这出戏是"麒麟阁"秦琼的单头，张紫嫣的单头，杨麟的单头。你演这个角色，这个剧本就是你的，这个本子上就是你自己的词。还有一种剧本是带谱的。比如吹笛子的师傅教演员曲子，不会的生戏，要给他拍曲子，用的曲谱，这是第四种。第五种本子叫排场本，也叫串头本子，用话剧的话来说，带舞台指示舞台调度的。排场本也叫提纲。有的戏演员多，大的场面中谁上谁下，应该站哪儿，过于复杂的，还画出图来。排场本里，图表非常科学、清楚。再有一种是提纲，单张的，放在后台，就一张一览表。演员头一场该上谁，谁下去该上谁，第二场该上谁，怎么下，在一览表上都有，这叫提纲。

国图收藏的这部分档案，大约有千余册，是怎么来的呢？从前宫里有个机构叫昇平署，地点在南长街南口路西，原来的六中。袁世凯做总统时，袁世凯的卫队要从西华门进，要把这个地方当营房，把昇平署的东西要腾到景山去，景山也是昇平署原管的一部，在这当中流散出了一部分。从前北大教授朱希祖先生买到一批，就是国图现藏的这批。还有零散着卖到一些大演员手中，梅兰芳先生、程砚秋先生，他们买过一些。但他们没买档案，他们买的是剧本。他们收藏的有些剧本，也是那时出来的。这批档案中的大部分还在故宫。故宫收藏这种档案和剧本,比国家图书馆还多几架。不过档案现在不归故宫了,剧本还在故宫。原来档案馆归故宫时都是故宫博物院的,成立历史档案馆后就移交给中国第一历史档案馆了。所以现在剧本在故宫,档案在第一历史档案馆了。这批档案我过去也看过,没全看,我也用过里面的资料。剧本虽然归故宫,我也没全细看过。大概分散的情况,我估计在袁世凯卫队进驻以前,庚子年,在八国联军占领北京时,也会有散失。有一个共同点,现存在故宫的、在历史档案馆的、国家图书馆的戏曲档案,时间大都是在道光以后的,道光以前的很少。国图有一点儿,第一历史档案馆也有一点儿,还是残本,没有皮,也没有年月。怎么知道是道光以前的呢?有一本,在档案馆目录片上写着,无朝年,一册。没有朝代,没有年份。但里面出现了一个太监的名字,叫禄喜,他当过昇平署总管太监,道光年间有禄喜。道光八年(1828),他已经48岁了,演戏差事是在哪儿差事档上都有。比如同乐园在圆明园,重华宫在紫禁城里。无朝年有禄喜出现的档案,地点在清音阁,是承德避暑山庄里的戏台,即是在承德演的。嘉庆以后道光没去过承德。咸丰直到十一年(1861),快死的时候,逃难跑到承德去了。那时禄喜已经不当总管了,这个在禄喜还没当总管之先就已经出现,而且地点又在清音阁,就断定他是嘉庆年的。

今天我们的讲题是“南府与昇平署”,是因为所有的材料是这两个时期的。南府和昇平署都是管理演戏的机构。从前有一个叫王芷章的先生看过一些国家图书馆的档案,他根据这部分档案,摘录了不少原文,写了一本书,是当时唯一能给外面看的书,一本薄薄的书,书名叫《清昇平署志略》,书里也有一部分说南府。他说南府创建于乾隆年间,当然没有具体的年代。他是根据恩济庄的碑文得到的结论。恩济庄是个地名,从前宫里用的太监,到了退休年龄时,有家的回家,没家的给予安置。北京城里鼓楼前有个老道庙,叫崇文观。就是给养老太监住的。北长街有万寿寺(万寿观)也是这个性质。另外在城外也有几个,如南苑的天恩庄,西边有个恩济庄。恩济庄的碑文上提到南府了,因为南府也有太监,就说南府是管理戏曲的机构。当然,乾隆年间立恩济庄的碑时提到南府,说明这时有南府了,但不等于创始于此时,所以过去有人根据王芷章的书总说南府这个机构始于乾隆,但这两部分档案里都无所依据，没有这样的材料。故宫里有另一部分档案，现在在台湾了。懋勤殿藏的档案，一包一包的，没有年月，但有总名。写着圣祖谕旨，就是康熙的谕旨，里面记录了一些很重要的事情。有一条，关于康熙年间修《乐律全书》时，让人去问南府的教习朱四美，知道不知道琵琶里有大石调、小石调、沉随调、黄鹂调，这些问题。又说教习是80多岁的人了，不要问太紧了，叫个明白些的人去问，好写下来，如果问不上来，就让四阿哥去问（这个四阿哥是雍正，当时还没做皇帝），叫他问这些问题，写下来，修乐书时有用。这就很明白，虽然没有明确南府是哪年建立的，但他指明问南府教习朱四美，说明康熙时已经设立了南府这一管理戏曲的机构。清代有很多制度，大部分都是沿袭明代下来的，政府的机构，一切都是明代有什么，就有什么，并沿用原机构中的人。因为在图书馆，举个书的例子，明朝宫里，内府刻书，尽管刻的也有经、史等，但名字叫经厂，明版书有个特别的版本叫经厂本，都是大字，笔道很粗，开本很大。清顺治年间印的《孝经》、《资政要览》，一看就是明经厂本，所以虽然清代没有经厂的名称，但机构照样存在，刻版人、印刷人还是那些人，就这么继承下来的。

明代管理戏曲、音乐的衙门叫教坊司，教坊司里原有女乐，就是女演奏员，清代也继承下来了。顺治、康熙时一直有这个机构，直到雍正七年（1729）裁撤。裁撤后，设立和声署，也是管理音乐的衙门，但不包括戏班。从康熙圣祖谕旨关于朱四美的记载中，知道康熙时已经有南府了，有戏班了。《圣祖谕旨》中还有两条史料是谈戏的。一条大意是，我已经叫人整理《西游记》，共若干本，从新来过，在几月前要完成。又一条谈到剧种，提到剧种的名称，弋腔、昆腔，又议论演员因字而得腔，因腔而得理。康熙这一番话很内行。唱因字得腔，腔调不是随便来，这话是什么意思呢？字有平上去入四声，音乐或歌唱是以说话的语调为基础的。因腔而得理，腔唱对了，才能把剧情表达出来，才有理由这样唱。

通过这几条史料，说明南府唱的戏是弋腔、昆腔。这两个腔调属明代产生的四大声腔，余姚腔、海盐腔两种始终是地方戏，弋腔、昆腔从明朝开始已经是国剧了，这就说明南府里演这两种剧在当时的剧台是属全国性的，说明成立南府的时代。教坊司是雍正七年裁撤的，康熙时南府已经是演戏的机构了，说明无所谓设立南府。那么南府是什么机构呢？从文字上可以知道，这不是一个事务机关、行使职能的一个衙门。南府是一个地方。如教坊司，名字中包含他的工作任务、性质，南府就没有这个意义了，只是一个地点。除了南府，还有一个地点就是景山，这都不是机关名称。当时康熙在南府设立戏班管理机构，同时也得有景山，这个时代还有教坊司，在教坊司没裁撤时可能是不便单设立一个机关，只有有戏班是事实，只能在南府办。南府是什么，是当初吴三桂的儿子吴应雄生前的居所，吴应雄是额驸，因吴三桂造反，被杀了，府里就没主人了，还是官房。从前府第都是官房。南府就剩个地名了，就是南边的府，在那儿组织戏班，还管它叫南府。地方不够用，又成立头学、二学，内学、外学，好几个戏班。在景山观德殿后面群房，也是戏班的人住在那里排戏，后来景山观德殿后头群房一直是祖师爷殿，戏班的人供祖师爷。南府就是这么一个地点，与景山是一样的。这个机构就这样产生，所以雍正七年裁撤教坊司以后，南府还继续存在，到清代乾隆年间大发展。乾隆南巡时在苏州，盐商们把昆腔最好的演员从各戏班抽调来，给皇上演戏。因此乾隆南巡后，南府的戏班大扩充，从苏州及江浙一带调来了许多名演员、名教师来充实，南府的演员就数以千计了，而不是几百人，有几个班。这个机构到嘉庆以后，渐渐有点走下坡，道光时候精简节约，道光六年(1826)裁撤了很多，把南方的演员跟教师派苏州织造给护送回去，每人发十两银子作为遣散费，还要另外给安家费，到七年彻底改组，整个机构就剩500人了。把外学取消了，从前外学基本上都是外面的演员。

道光七年精简后，昇平署正式成立，和和声署就一样了，是业务机关了，就是管唱戏的。从档案上我们知道，后来的昇平署职能不光是演戏，还承担着其他的一些功能，比如皇帝大朝用的“丹陛大乐”、“中和韶乐”，都另有专门机构管。如天坛、地坛等祭祀的乐有神乐署。大朝的乐队有归礼部的，有归銮仪卫的，如前步乐，现在看属于进行曲的，神乐归太常寺。皇宫内廷要行礼的时候也有中和乐，宫里需要演奏的中和乐，加上十番乐(非正式)，中和乐的乐队，也归昇平署，单有中和乐的管理机构，另外昇平署的职能还管民间戏班，相当于现在的文化局，成立戏班前要开好名单，说明都是哪里人，都是干什么的，写报告给昇平署，并保证都是安善良民，没有闲杂人等，以后出事了由掌班人全部承担责任，请求批准挂牌演唱。批准后，一个戏班才能成立。

在南府，大量南方演员裁撤后，外学就没有了，所以昇平署时代不存在外学，都是太监演戏，演员都是太监。时间很短，咸丰七年昇平署的总管打报告上奏，说场面人缺得厉害，不行。可是那时管乐队的人叫随手，还要从戏班抽人，演员也缺乏，没有好演员，人数也不够用的。那么咸丰年间又进了一批。从名单上看，这一批还有不少我们知道的人，如富连成的老板叶家，叶盛兰、叶盛章的父亲叶中兴（旦角），叶春善的叔祖叶中定（花脸），这个人我没见过，但很有名，都听说过。听富连成的老些的演员，像宋富庭等就说过，他们演的昆腔花脸戏都是叶中定先生教的，叶中兴就没活到后来。这些人随着咸丰逃难到热河，从承德的差事档里可以看出已经在演乱弹戏了。在四个宫女的名字里还看见有叶中兴的名字。等到咸丰死了以后，回到北京，同治初年，那时外国侵略军刚走，南方几省还有洪秀全起义，为了精简节约，昇平署又削减，也经常不演戏，初一、十五例行演出的时候，有时也停止，必须演的时候，也就演两、三出。所以那时昇平署又是冷落时期。

昇平署又兴旺起来是同治以后光绪初年，西太后掌权的时候。当时又说人不够了，又进了一批人。第一批人站住脚了，又进第二批，大家知道的谭鑫培等比较晚，光绪十九年（1893）才进去。第一批里有梅兰芳的外祖父陈金雀，还有乔慧兰。调入的人有两种，第一种在昇平署，那时不分内外学了，不是叫民籍教习，而是叫民籍学生。这些已经是在编的人，可以拿工资了。后来，有一阵流行是整班戏，外边的戏班传进去演戏，但不在编制。这是昇平署最辉煌的时期。每次演戏的赏钱都是三百两、四百两。我统计过，拿福寿班来说，这四百两每人能分十两八两，好角多分。所以那时传外边的大赏，对戏班是很大的鼓励，要求虽然严格，但实际上戏班获利很大。到光绪死了以后，昇平署停了三年没演戏，宣统三年（1911）又大唱起来，那时就没有传外班了。昇平署自己的人杨小楼、谭鑫培等好的角都在里头演戏，宣统三年从二月演到八月，到武昌起义停止。溥仪退位之后，孙中山宣布的对清皇室的优待条件，第一条就是大清皇帝尊号仍存不废，他还住宫里，被民国承认，小朝廷还存在，政府部门没有了，当然宫里的部门还照旧，内务府存在，昇平署也存在。故宫档案没有了，国图还有这段档案，还演过七次戏。民国初年时有两次老太妃生日，演过戏，在重华宫漱芳斋，溥仪结婚后，演过三次戏，档案的记载跟从前一样。重华宫承应什么戏，都开列出来，名角梅兰芳、余叔言、杨小楼都演过戏，昇平署自己太监们演出，也能凑合两出。必须演的，开场必须有什么天官赐福、列宿瑶临、东皇太一、圣母西巡，戏里有昆腔、弋腔，该唱弋腔的必须唱弋腔。剩下都是外面名角的戏在这儿也纳入承应，另外单给他们钱，都是按银圆给了。跟堂会戏价码一样，只有多的，演完戏也是特赏，像杨小楼、梅兰芳、余叔言等几个好角都赏有文玩、缎匹，当时昇平署总管武长寿还带他们去谢恩，这还都照旧。听梅兰芳先生自己说，那场戏开场前陈德林陈老夫子嘱咐我们，在台上眼睛不许胡寻摸，姚玉芙说上台为开眼，不让看哪行。廊檐上挂着牛角灯，见有一位长得极漂亮，梳着两把头的一个人溜达出来，在廊檐上看戏，想着一定是皇后了。漱芳斋门里一个小炕上有三个老太太，一定是太妃，菩萨一样坐那儿不动。到溥仪出宫时，内务府也撤销了。昇平署最末一次演出的戏，档案也在国图。

上面介绍了从南府到昇平署这个机构的变迁情况，下面讲剧本。

先讲《西唐传》的剧本。故事写唐朝平定西域。这是大本戏，旧大班，没有裁撤外学时的本子，这些戏一部都是十本，一本有十二出，大概全部戏是一百二十四出，就是我刚才解释的一出，不叫一折。整个叫一部。这种戏往往能以两个字三个字命名，《西唐传》是三个字的，如“贾家楼”、“神仙岭”、“长叶岭”、“千斤闸”。有的是论段的，像小说的回目似的。如“赵子龙长坂救主”，就是后来的“长坂坡”，还是带串关的，带串头，带舞台指示的。大家看旧大班，“鸡宝山”六出，夹着提纲，打开就是一览表。还有“兴隆传”，说书的叫“英烈传”，现在没有人唱了。“状元印”、“百凉楼”、“武当山”，都是明朝开国时的故事。《飞虎山》在乱弹戏里也保留了有李克用和李存孝。

说起剧本，从南府过渡到昇平署都演的什么戏呢？现在以差事档、日记档看戏码，再结合遗留的剧本，可以知道不止几千出。单出戏，不论本，不论部，也以千计。剧本首先包括元杂剧、明传奇，因为元杂剧后来有变了的，元杂剧后来纳入昆腔的演出本，当然不是跟元曲一样的。但也有不少保留原词的。如“刀会”，关老爷赴单刀会，戏里现在演是用昆腔的演法，但词还保留元杂剧的词。如:“大江东去,浪千叠,乘西风驾着这小舟一叶”,唱这戏必须念出北曲的大都音,“驾着这”的“着”发“zháo。”的音。“孔子面前使不得诗云子曰”,这都是关汉卿的原词。明朝的传奇更是为弋腔和昆腔两种剧本写的。弋腔的剧本跟昆腔是一样,昆腔的剧本给弋腔演,一样能演,弋腔是朗诵式,没有管弦伴奏,就是打击乐后就是朗诵,词全一样。外边还没有见过,就在故宫和国图的档案里能看见弋腔的谱。与昆腔的词是一样的,弋腔的谱,没有工尺,只有左点、右勾的记号。北昆的老演员侯玉山先生都会唱,但这谱子他们都不认得。我见过都是承应戏。所以传统戏,比如刚才我说的明代的传奇,有的能演,有的不能演,不是所有的都能演,如一部《桃花扇》,有的能演,有的属于案头读物性质,不好演,戏班也就不演。演得多的就成为保留节目,很多名演员演过这出戏。比如《桃花扇》里的某一出,如“媚座”写阮胡子非常无耻地巴结马世英,我没看过这戏,不知是否还有人演,从本子上看,要演起来内容丰富极了。这个戏过去是一定能演的。像侯方域和李香君两个人爱情的戏,“题扇”都是过去一些名演员演过多次的。所以明代的传奇,只要是传统上演过的,昇平署的演出本里都有。另外就是,刚才我介绍的康熙叫人去收拾收拾,一定是旧本子拿来让人整理,《西游记》什么的,说明康熙时也产生过新的剧本。乾隆时成立了乐部,叫庄亲王允禄和侍郎张照编戏。张照就是张得天,书法家,他编了很多戏。乐部编的如“鼎峙春秋”,即全本《三国演义》,“升平宝筏”即全部《西游记》,都是十本,一本若干出,一部好几百出的。《西游记》叫“升平宝筏”,《目连救母》叫“劝善金科”,《杨家将》叫“昭代箫韶”,《下南唐》叫“铁旗阵”,“忠义璇图”,属于《兴隆传》、《西唐传》、《兴唐传》,这些大部头的戏编得不少。宫廷中上演的戏,并不像有些人认为的那样,都是十分严肃的,实际上民间的好戏都会被吸收进来。从差事档中,从现存的剧本里可以看到,民间常演的戏,宫里照样演,而且谁演得好让谁演。所以,单出的昆腔戏,也是应有尽有。另外就是从剧本的性质决定,有曲谱的,有串头的,有排场的,当然,弋腔、昆腔在宫里演出过的都有演出本。戏班本来没有准本子,全靠演员记忆,有本子也是秘本,不能随便给别人看的。所以从前在戏班里叫本子李、本子张的,要保这本子。可到宫里演唱必须有本子,要建立剧本,就这几种。二黄没谱不要紧,只要知道是怎么演的。旨意档里看到过,听戏时发现安殿本和唱的不一样了,不行,就传哪个班先进本子,让他们现攒。每次演的时候,都先念下来,请写法处把戏词给写下来,就是现行的演出本。当然要演的必须建立剧本,串头本,提纲,也得有这套。是京戏最初建立的剧本。也有有本子的,识字的人有本子,不识字的人就没本子。有本子的人还得是保密的。我听老先生说过,谭鑫培就不认识字,晚年跟王瑶卿在一起时,让认识字的王瑶卿把自己家的本子念给他听。他要是演冷一些的戏的时候,也要让别人念给他听。正式建立公开的剧本是昇平署开始给乱弹戏建立剧本。剧本也有刻版的,像"劝善金科"、"昭代箫韶"都有木版的。剧本有这么多种。从数量上说,故宫现在存有几架,具体数量说不清。

下面我们说说戏里声腔的转变,也就是剧种的转变。

最初,一直贯彻下来的,正像康熙说的以弋腔、昆腔为主。北京的、苏州的老郎神庙碑文记载着,弋腔、昆腔以外,都被完全禁止,只有弋腔、昆腔是政府承认的剧种,演的戏,从剧本上看,或从差事档看,我们现存的少数是嘉庆时代的,大部分比较完整的是道光以后的。弋腔、昆腔演出时的比重,从差事档看,或从整本的大戏里看,如"鼎峙春秋",这出戏,是弋腔,上面注"弋"字,昆腔注"昆"字,由此看来一大部本戏,看下来,三成弋腔,七成是昆腔,从差事档演出的情况看也是这样。全国编善本书目的时候,故宫的书目是我主编的,我看的东西比较多,剧本里,我看到"本定天山"的本子。里面有弋有昆,我看见的有两出,一出叫"三剑",一出是"激薛",都写着昆,有谱也有串头。我觉得这个戏可以搬上舞台,就找王金璐,商量打什么套子。后来 1987 年在工人俱乐部上演过一次。说明带谱带串头就等于能排演,但要会演戏的人看着才有用。

南府、昇平署演戏一直以昆弋为主,三弋七昆。刚才介绍光绪年间乱弹戏那么热闹,怎么一下就变了呢? 过去从《中国大百科全书》昆剧词条上看,此剧种虽在南方很盛行,但在北方,嘉庆年间,已经没有纯粹的昆腔戏班了,已经让位给其他声腔了。从我看的国图及档案馆的档案,我断定这个说法是错误的。至少说嘉庆间纯粹的昆腔戏班北京已经没有了这句话,就是错误的。成立戏班要呈报昇平署,同治三年,北京当时呈报的有 17 个戏班。昆腔班占 13 个,更明确到昆弋班占几个,纯昆腔几个。昆弋班在当时是正宗的，弋腔也是国剧之一。这就推翻了当时北京已经没有昆腔班的说法。按旧制，皇帝死后三年之内不能唱戏，到光绪三年能唱戏了，呈报戏班呈递戏保证书，或者恢复，那时北京城有12个戏班，昆腔班占5个，其他7个还包括梆子班。那阵还有几个情形。比如四喜班还是乱弹班，报的时候是琴腔。还有三庆班、福寿班，就是还没公开承认自己是一个独立的剧种，其实当时乱弹已经能够有很多观众了，已经很成熟了。弋腔我学不上来，我知道是朗诵式的，现在要找到痕迹，听川戏，不要听丝弦，要听高腔，高腔就是弋腔。就是打击乐，然后朗诵。弋腔来自江西，与昆腔一样走出来后，成为全国性的剧种。四川戏里保留着弋腔，其他剧种也多少保留着，过去在北京说京腔，其实就是京高腔。北昆的前身会很多剧种，就是北京的高腔。

讲到光绪时还有5个昆腔班，其他乱弹班如三庆班还没公开说自己是什么剧种。在档案里可以看到什么时候开始有乱弹。刚才讲到无朝年的差事档，嘉庆年间有旨意档，有人问，今天演侉戏为什么还有帮腔？侉戏在那个时代又叫侉腔。侉腔指的是乱弹，“乱弹”这个词也有时代性。起初昆腔、弋阳腔以外的都叫侉腔，叫乱弹。比如时剧、吹腔、梆子，都是乱弹，即侉腔、侉戏。侉，这是北京人笑话外地人说话有口音，说话侉，侉子。嘉庆旨意档，说侉戏为什么有帮腔，因为弋腔戏是有帮腔的。到现在川戏里还有帮腔，主角朗诵完到末一字，后台的人，包括乐队的人，跟着一起唱，乱弹戏用不着帮腔，你们为什么还帮腔。所以有这句话，说明嘉庆时侉戏已经偶然带进宫去了。另外在道光五年的档案里，有一天的差事档，记里头传戏，一天承应的戏码里，大概有八九出戏，其中有一出《长坂坡》，绝对不是“鼎峙春秋”里的赵子龙当阳救主，是按回目叫的，第几段，什么回目，不叫《长坂坡》。在另外一天的戏里有“贾家楼”，“贾家楼”这个戏有昆腔的，在“兴唐传”里有贾家楼，也不叫贾家楼，这个故事小，在乱弹剧本里有贾家楼。这天的旨意档记道光跟总管太监说，以后有大人们听戏的日子，不要派侉腔。大人听戏，就是赏听戏，道光的话说明宫里有时候也听侉腔，但昆腔、弋腔才是正宗。有被赏听戏的人在场，不能弄邪门歪道的事情。所以，有外人听戏的日子别派侉腔。训斥他们这天的剧目就有贾家楼。从戏目上看，其他戏都不是侉腔，是昆腔、弋腔。就说明偶然性，嘉庆、道光时已然有。另外还出现过一回“奇双会”，这是吹腔，在道光时开始出现，但很少，是比较偶然的。在咸丰过生日时，三巡万寿，总管太监就说传外面戏，声明了有侉腔。说明乱弹进入宫里的时代带有偷偷摸摸的性质。所以，一方面通过同治、光绪时档案看有很多昆腔班，不存在昆腔消失的问题，此时宫里演戏还是这样的，偶然出现侉腔。到什么时候突变的呢？是承德避乱那年，昇平署也带去了，天天演戏，从差事档剧目上的几百出戏目看，有三分之一是乱弹戏了，就这么一阵。咸丰皇帝死后，演戏又进入了冷淡时期。在咸丰年间，是什么样的演出呢？从档案上看，乱弹乐队的乐器，有鼓、大锣、小锣、齐钹，乐器里没有胡琴，主要伴奏是两个笛子。说明当时的乱弹戏，主要是用笛子伴奏的。从承德回北京后外边挑来的人有遣散。等到同治七八年时又慢慢恢复。也有个旨意，“叫乐队学二黄鼓，不准不学”。那时的乐队对学乱弹戏有抵触情绪，不爱学，但又不能不学。还有一个旨意，让恢复二黄笛。说明一度撤了笛子，改胡琴了。这是同治七八年的时候，估计时间比较短。所以二黄的发展，在这个时期慈禧太后有提倡的倾向。但是同时也叫年轻的继续学昆腔，还指出戏码来，也是不准不学。有时要纠偏。光绪也有这个旨意。要点出几个昆腔，实际北京在宣统年间没有了纯粹的昆腔戏班。我认为形成西皮二黄占领全国剧坛，占领京剧的地位是在谭鑫培时代，这时真正是确立这个剧种的时代。

下面谈谈宫里的戏台，皇上究竟怎么听戏和被赏听戏，就是刚才说的赏大人听戏。怎么听呢？宫里的戏台大体有两种，一种四方台，一层，上有天井，有盖，有房脊，就在院子里。另外一种在屋里，室内的小戏台。院里的大戏台除一般的方台，跟外面老的庙里戏台，供群众听戏的戏台一样的方戏台，之外，宫里特别的就是三层台，这种三层台，原来在故宫的寿安宫，就是现在的故宫图书馆，有一个。嘉庆三年(1798)拆掉了，拆掉的原因不明，就剩下一个畅音阁。圆明园的同乐园是三层台，现已不存。承德避暑山庄的清音阁是三层台。三层台的用处，有传说是为了从上面翻下跟头来。没有这样的事情。还有一种普遍的说法，说戏曲中的神仙都从上面下来，妖怪从地板底下钻出来。当然有一定的道理，通过遗留下来的剧本，从“升平宝筏”中，三层台也用得着，地下的也用得着。唐三藏走在通天河，一边唱曲，一边走，一下掉进冰窟窿里了，这就用得着这台，就安排好掉下去，台上有四个大井眼，先掀开，让他掉下去，从底下再上来鲶鱼精与他们打仗，打的时候要有特定的场面。再如“罗汉渡海”、“地涌金莲”，这时四个窟窿，可以从底下推着磨盘，五个莲花宝座上升出来了，菩萨坐在莲花里面，叫地涌金莲。上头从天井上可以系下来，比如全本混元盒九龙神火罩从上面下来了，把妖怪罩住了，那是可以有这个，从剧本都给特定了，怎么上，怎么下，三层台一齐用，该用什么就用什么。一般的戏就是底下那层就够用了。因为中国戏就是出场入场，就是开幕式有人偶然用也是特定的场面。到现在，有新的发展，关黑了灯，老来暗转。这暗转在歌剧话剧里也是偶然特定的。去年获奖的三个大戏，其中《牡丹亭》、《琵琶记》是北昆演的，一开场就关了灯了，我在北京看了一回，到苏州当评委又看，已经看过一回了，一黑灯我就睡着了。一醒，怎么到这儿了，怎么这么快呀！所以都是特定的场合，还有人说是三重楼，一层一出戏，那叫怎么演呢？纯粹胡说。另外说听戏的，皇上怎么听戏，太后怎么听戏？现在电视也老演这个，弄得一排一排地坐着，跟戏园子一样，还有呱呱叫好的。其实不但宫里头没有这种场面，从前人家里演堂会戏都不允许这样拍巴掌叫好，那都是茶园里下层社会的事情。宫里演戏院子里是空的。据翁同龢日记记载，在光绪二十几年的一天，故宫畅音阁院子里唱戏，东西廊上有一间一间的房子，共八间或是十间，每间房子里坐着什么人，他们连着听了三天戏，一会儿赏点心，一会儿赏东西，还吃饭，有太监伺候，得给赏钱，被赏听戏的 58 人，凑 2000 两银子赏给太监。说明被赏听戏的也就是几十个人，都在一间一间的廊檐里头，院子当中是空的，不但是空的，而且有时需要，如罗汉渡海，大砌末，鳌鱼出来了，鳌鱼底下是有小轱辘的，里面有人推，里头有水箱，水箱安激桶，鳌鱼到台口得喷水，往院子里喷水。如果有观众，水往哪儿喷？院子里偶尔有人，是站这里听差的，要是有什么事，站在拐角处不碍视线的地方。还有内务府的堂官，再有内务府大臣带戏的，他们都属于演职员似的，他们一般都擦着边儿。皇帝、皇后、太后就在北屋这五间里头，对面畅音阁阅是楼听戏的地方就是楼下，那五间大房，前沿炕上是他们听戏的位置。太后占一间，皇帝占一间，皇后占一间，再就是妃嫔们、各府的福晋有需要的在另两间里，再就是太后需要叫谁来，就在这里，太后也可以出去廊檐上坐会儿，搬椅子在那儿听会儿，还有时睡会儿觉去。这被赏听戏的，不爱听的人认为是苦差事，有人有戏瘾，爱听，特高兴。赏一回东西还得座位上磕一回头。赏点心，叩一个头，到末了，赏缎子，赏古玩，还得上院子里磕三个头，谢赏。宫里演戏就是在畅音阁，像北海的"晴栏花韵"，都是演戏的地方。

今天讲的比例不匀称，该讲的还没讲完，时间不够了，就讲到这儿吧。

原载《中国典籍与文化》第一辑

白化文

不问苍生问鬼神

一

产生于古代南亚次大陆的佛教，陆续地把当地的思想和故事带到中国。这些都颇受喜爱新鲜事物的中国人的欢迎。其中，有中国人过去完全没有想到过的；还有些是虽想到一点点但是想得很不全面，很不完整，甚至想得很幼稚很不深入的；更有些是和中国人原来的想法相反，后来却被中国人认可、接受了的。经过“拿来主义”式的采用，消化，并结合中国当时的社会和政治、人际关系等现实，不断改造使用，大都发展得面目全非，有的已经很难寻根了。当然，也有与中国人——特别是中国的统治阶层——的思想与作法格格不入，因而接受不了的，就只能在佛经中寂寞地自生自灭了。

黄河被称为中华民族的摇篮，古代黄河文化也称得上是中华民族古老文化的主要发源地。繁衍在黄土高原上的民族，禀性厚重而务实。春秋战国的诸子百家，基本上都在围绕着社会问题进行思考，力争能为世所用。说穿了，就是必须面对现实，争取解决治国平天下的大事，自己才能立足社会，要作“圣之时者也”才行。庄子虽然爱思考一些玄妙的哲学问题，但他对社会上的事是看得很清楚的。他不愿为官，至少得干“漆园吏”的差使，或是干点手工业的活计，不然，教几个学生也罢。否则，就得像他自己所形容的“涸辙之鲋”那样，快进“枯鱼之肆”了。就是颇富浪漫气息的南方长江地区的楚文化，其代表人物屈原，也是把忠君爱国作为主导思想的。《天问》虽然提出许多天人之间的问题，可是没有给出答案，也理不出一套“天、地、人”之间的完整周密系统来。屈原的一切思想与作为，始终离不开国家与人民。宋玉驰骋想象，只到“襄王忆梦中”，不过是把后宫的合欢床移位，进了巫山而已。

二

所有的宗教都把人的肉体和灵魂区分开来，认为它们是可以彼此独立的，这就是宗教的本质之一，否则宗教是无法产生的。从古书中的记载和现代考古发掘显示的情况看：中国古代祭祀繁多，有祭天神地祇的，有祭山神、水神、五谷神的，表现出一种多神的、相当杂乱的人格神的系统。这个传统一直变化多端地维持到近现代。另外，也祭死去的祖先，这就是祭鬼，这个传统也被维持下来。

战国、秦汉时期，百家争鸣，方士大量出现，他们迎合了上层统治阶级长生不老的虚幻的主观愿望，提出有"仙人"的思想。"仙人"是长生不老的，要达到长生不老成为仙人的目的，主要可采取修炼和服食两种方式，这两种方式又经常结合在一起。

汉人讲究"服食求神仙"，他们所服食的大致可分两类：一类是药品，其中矿物质的药品常需要经过多次提炼，服下后常导致死亡，可是迷信的人还是代代都有。《红楼梦》中的贾敬是晚期的典型。另一类是植物性药品和少量的动物类药品，如：人参、何首乌、黄精、枸杞子之类，属于补养药，但其作用经常被歪曲和夸大。还有一类是某些想象中具有神奇效果的食品，例如：交梨、火枣、天露之类，大多是"远方珍异"的夸大，反映了丝绸之路和海上丝绸之路开通后，中国人对"舶来品"的不准确的认识和对东西方的片断的因而导致神异化的了解。这就产生了想东赴蓬壶三岛，西访瑶池寻王母，求长生不死药的愿望，倒也促进了陆海丝绸之路的开通。这些，都在早期的汉魏南北朝的中国小说中有形象化的反映。

三

东汉末，佛教开始传入中国，在南北朝时期形成了佛教在中原和江南地区传播的第一个高潮和佛经翻译的第一个高潮。应该说明，早期佛教似乎是南亚次大陆占统治地位的婆罗门教的对立面或说是改良派，它在创立自己的教义的过程中，吸收和利用了大量的婆罗门教教义和经典。后来的佛教，特别是密宗，又与印度教、耆那教等宗教相互影响，相互暗中学习。在传教过程中，佛教又大量地采摭、使用了南亚次大陆早期的神话、民间故事和长篇史诗、说部、寓言等，并改造非佛教的神，使之为佛教服务。佛教向来认为佛法广大、无所不包，传流中宗派众多。各时代传法高僧，也是哪派都有。因此，在翻译出的大量佛经中，就包含着以上所说的各种成分。例如，我们在下面重点讲到的轮回思想，就是从婆罗门教那里延续下来的，印度教最根本的经典《吠陀经》、南亚次大陆的著名文学作品《罗摩衍那》等长篇名著的片段，都通过佛经汉译传入中国。我们下面讲到的"佛教和中国小说的关系"中的"佛教"一词，所指的就是这种混合了大量非佛教材料的，而且逐步汉化了的一个模糊宽松的概念。

道教是汉族本民族创立的宗教，大致创始于汉末，从张道陵立教时开始形成，在长期的与佛教争胜的过程中，道教学习了佛教的许多传教方式、手法，加以改造，使之成为汉族自己的东西，为己所用。又改变了本身的许多作法，例如，道教中不属于龙虎山系统的派别，如明清以来的全真派，就采用出家修行独身修道的方式，这在佛教传入中国以前，是中国人从来没有往那方面去想的。正一派则还是张天师在家修持的老派作法，小天师是老天师的儿子，天师的符箓父子相传。而混合了佛教、道教和儒家思想的各个时代各种不同的民间信仰，又有自己多方面的创造发挥。但是，从中都不难看出佛教在某方面的影响。

为了加强宣传、争取信徒，佛教、道教，特别是各种民间宗教信仰，都利用创作小说故事为重要手段。从这一点看，佛教的示范起了极大的作用。可以说，没有佛教的传入和佛教本身以及受它影响的各种宗教对小说的使用，中国小说的发展史就可能大大地推迟。反过来说，在为宗教所用的过程中，中国小说不但大大地丰富了自己，又大大地改造和丰富了各种宗教。

四

人活着受帝王将相组成的政府管辖，人死了变成鬼，也得有所统属。在汉代，佛教尚未传入时，一个简单的设计是把鬼都送到东岳去，东汉应劭《风俗通义·正失》有云："俗说：岱宗上有金箧玉策，能知人年寿修短。"顾炎武《日知录》卷三十有一则论之甚详：

尝考泰山之故，仙论起于周末，鬼论起于汉末。……《博物志》所云："泰山一曰天孙，……知生命之长短者。"其见于史者，则《后汉书·方术传》："许峻自云：'尝笃病三年不愈，乃谒泰山请命。'"《乌桓传》："死者神灵归赤山。赤山在辽东西北数千里，如中国人死者魂神归泰山也。"《三国志·管辂传》谓："其弟辰曰：'但恐至泰山治鬼，不得治生人，如何？'"……然则鬼论之兴，其在东京之世乎？

南北朝早期志怪小说中，如《搜神记》卷四之"胡母班"条，卷十六之"蒋济"条，均有今所见最早的泰山治鬼故事，今引前一则如下：

胡母班字季友，泰山人也。曾至泰山之侧，忽于树间逢一绛衣驺，呼班云："泰山府君召。"班惊愕，逡巡未答。复有一驺出，呼之。遂随行数十步，驺请班暂瞑。少顷，便见宫室，威仪甚严。班乃入阁拜谒。主为设食，语班曰："欲见君，无他，欲附书与女婿耳。"班问："女郎何在？"曰："女为河伯妇。"班曰："辄当奉书，不知缘何得达？"答曰："今适河中流，便扣舟呼青衣，当自有取书者。"班乃辞出。昔驺复令闭目，有顷，忽如故道。遂西行，如神言而呼青衣。须臾，果有一女仆出，取书而没。少顷复出，云："河伯欲暂见君。"婢亦请瞑目。遂拜谒河伯。河伯乃大设酒食，词旨殷勤。临去，谓班曰："感君远为致书，无物相奉。"于是命左右："取吾青丝履来。"以贻班。班出，瞑然，忽得还舟。遂于长安经年而还。至泰山侧，不敢潜过，遂扣树，自称姓名："从长安还，欲启消息。"须臾，昔驺出，引班如向法而进。因致书焉。府君请曰："当别再报。"班语讫，如厕。忽见其父著械徒作，此辈数百人。班进拜流涕，问："大人何因及此？"父云："吾死不幸，见遣三年，今已二年矣，困苦不可处。知汝今为明府所识，可为吾陈之，乞免此役，便欲得社公耳。"班乃依教，叩头陈乞，府君曰："生死异路，不可相近，身无所惜。"班苦请，方许之。于是辞出，还家。岁余，儿子死亡略尽。班惶惧，复谒泰山，扣树求见。昔驺遂迎之而见。班及自说："昔辞旷拙，乃还家，儿死亡至尽，今恐祸故未已，辄来启白，幸蒙哀救。"府君拊攀大笑曰："昔语君'死生异路，不可相近'故也。"即敕外召班父。须臾，至庭中，问之：“昔求还里社，当为门户作福，而孙息死亡至尽，何也？”答云：“久别乡里，自欣得还，又遇酒食充足，实念诸孙，召之。”于是代之。父涕泣而出。班遂还。后有儿皆无恙。

但是，这个东岳的级别、组织情况，特别是它如何掌握全国的鬼，在文献和志怪小说中从来没有明确记录。可见当时的中国人对这个问题想得不多，比较简单。附带说一下，早期汉译佛经音译“地狱”这个南亚次大陆的概念作“阿鼻”，有时也意译为“太山”、“泰山”，盖取魂归泰山之说也。

佛教传入中国后，引入了轮回的概念。所谓轮回，是梵文的意译，也作“生死轮回”、“轮回转生”等等，音译“僧娑洛”。意思是：如车轮回旋不停，众生在三界六道的生死世界循环不已。它本是古印度婆罗门教的主要教义之一，佛教沿袭而加以发展，注入自己的教义。婆罗门教认为四大种姓以及“贱民”在轮回中是生生世世永袭不可改变的。佛教主张在业报面前，“四姓”众生一律平等。据《杂阿含经》卷二十、《长阿含经》卷六等说，下等种姓今生积“善德”，下世即可生为上等种姓，甚至生到天界；而上等种姓今生有“恶行”，下世亦可生为下等种姓，以至下地狱。由此还说明人间不平等的原因。

在汉化佛教中，更具体地推行六道轮回的说法，说的是：一切有生命的“众生”，包括人在内，统统被安置在六种不同的情况下，这六种情况叫“六道”，也叫“六趣”，由低到高排列为：地狱道、饿鬼道、畜生道、阿修罗（一种恶神）道、人道、天道。众生按照个体本身某一阶段（如人的一生可算一个阶段）的前因后果，各种因缘，如车轮回转一般，在下个阶段转入六道中的某一道。它们是众生轮回的道途，故称“六道”；众生各乘因业而趣（趋）之，故称“六趣”。不用说人，天神也难免轮回。只有佛、菩萨、缘觉（二等的菩萨）、声闻（罗汉中亲聆佛旨者），已跳出轮回之外，进入四种永存极乐的世界，由高到低排列为：佛界、菩萨界、缘觉界、声闻界，合称四圣界。六道四圣又合称“十界”。四圣界由佛祖直接管辖，不入轮回，入轮回的就要先到地狱中走一走，在那里根据自己一生中的善恶的因果，接受裁判，形成报应。今生是人，作恶多端，来生可能变猪、变狗，作了尽忠于主人的狗，来生还可能转生为人。如此循环不已。

这个轮回——因果报应——地狱的设计是佛教传入的,但是中国人向来不愿意放弃主权,于是将地狱加以汉化改造,将其与东岳有机结合,造成十殿阎王系统,连阎王都是通过轮回,如中国的官僚一样可以换人换届,这全是中国人的创造。近现代以前的中国的小说中,不涉及神、鬼的极少,涉及宗教,则必然和以上的概念相联系,而且越变花样越多,逐渐脱离佛教,而成为民间信仰。乍一看,十殿阎王纯粹是中国人自己的事,其实,它的背后有佛教的影子在。如早期的前生故事:

羊祜患头风,治之。祜曰:“生三日时,首向北户,觉风吹,意甚患之,不能语耳。病源既远,不可治也。”

——曾慥《类说》卷十一

在这则故事中宣扬的是羊祜的夙慧,能记忆初生三日之事。在《晋书·羊祜传》中则更进一步说羊祜能记得前生的事,它说:“祜年五岁时,令乳母取所弃金环。乳母曰:‘汝先无此物。’祜即诣邻人李氏东垣桑树中探得之。”这明显的是受了佛教“转世”说的影响。

这种创造在明、清时期达到了顶峰。为了形象地说明轮回,中国人发明一种能记忆三生甚至多生的故事。这类故事是中国人的发明创造。例如《聊斋志异》卷八的《蒋太史》和《邵士梅》等均是。今录《蒋太史》如下:

蒋太史超,记前世为峨嵋僧,数梦至故居庵前潭边濯足。为人笃嗜内典,一意台宗,虽早登禁林,常有出世之想。假归江南,抵秦邮,不欲归。

子哭挽之,弗听。遂入蜀,居成都金沙寺;久之,又之峨嵋,居伏虎寺,示疾怛化。自书偈云:“翛然猿鹤自来亲,老衲无端堕业尘。妄向镬汤求避热,那从大海去翻身。功名傀儡场中物,妻子骷髅队里人。只有君亲无报答,生生常自祝能仁。”

这在当时似乎是很流行的一种神异的奇谈。同时还写有与此相同内容的有王士祯《池北偶谈》卷八的《谈献四·蒋虎臣》、褚人获《坚瓠秘集》卷一的《蒋虎臣》、赵吉士《寄园寄所寄》卷十的《驱睡寄》、王士祯《池北偶谈》卷二十四的《谈异五·邵进士三世姻》、吴光的《邵峰晖两世姻缘传》、钮琇《觚剩》卷二的《吴觚中·邵邑侯前生》、曾衍东《小豆棚》卷十六的《杂记·邵士梅》。

这些内容全是肯定了轮回和由轮回因果而产生的因缘。像这样，几世因缘因因果变化传留下来，这种变化的写法是中国人创造的，它最早是由唐人传奇《圆观》传下来的，说明一个人有来生，且能预见到来生，由于前生因缘不断，来生还要见一面以了结此因缘。圆观的故事，同时说明因果是从佛教而来，未脱离佛教的本根。后来的三生转世故事，则脱离佛教，成为由阎王爷管理的事了。

这样又出现了问题：为何大多数人不知道三生，小说给予解答：人轮回时，尤其是变人时，就要到黄婆处。黄婆是鬼至人的中转站，送你一碗“黄汤”——迷魂汤，使你忘了前生。极个别的偷偷倒掉黄汤没喝的就能记住前生。这个圆满解释是小说家替宗教完成的。例如：《聊斋志异》卷一的《三生》中说，刘孝廉能记得前生事，前生作了很多恶事，六十二岁死了，见到冥王。冥王招待他喝“茶”，他发现给他的茶很混浊，知道是迷魂汤，于是他乘冥王不注意，倒掉了它。一会儿，因为他前生作恶，被罚作马，派到一个人家，尽管心里明白，但口不能言，受尽痛苦，终绝食而死。入冥间，因其所罚期限不满，又被罚作狗，被主人杖杀。又被冥王罚作蛇，终被再次批准为人，成为刘公。行善作恶有记录，这个记录就是判官手中的生死簿。据小说家说：生死簿上对人一生所吃粮食和酒都算好了，吃完了到阎王爷处报到。如《聊斋志异》中常写到这些，说是某某人的“食禄”，俗称“衣食罐”。中国人是讲求饮食文化的民族，所以中国人才对此如此重视，只有中国人才能拉出这种账单来。

六道轮回在中国小说中常表现的有人、鬼、畜生三道。阿修罗这道似乎就包含在饿鬼之中。至于神道和仙道，似乎比人高，但他们是与人道互通的。自从有了托生的观念，中国小说家大大的灵活运用，谁托生什么都可能。比如《西游记》中的天神被贬“下界”：沙僧是因为打碎了玻璃盏，猪八戒是因为调戏了嫦娥，都被贬到下界托生。八戒说：“一灵真性，竟来夺舍投胎，不期错了道路，投在个母猪胎里，变得这般模样。是我咬杀母猪，打死猪彘，在此处占了山场，吃人度日。不期撞着菩萨，万望拔救，拔救。”掩卷细想，真是匪夷所思。只有中国小说家，在佛教思想的启发下，才能创造出这样一个奇特产物来。

和这个有关的是“姻缘”问题，“姻缘原是旧因缘”，男女的

“姻缘”包括在前因后果的“因缘”之内。它原属佛教思想范畴，后来经小说家灵活运用，脱离本根，已成民间信仰。结果是把男女婚姻的“姻缘”，认为是前生已经注定的因缘，不能改变，小说家经常用在说明男女婚姻方面。这样因缘就成为特定的男女姻缘了。典型的例子是《定婚店》，它讲的是杜陵韦固是个孤儿，想娶亲，多次求婚不成。元和二年，居清河宋城南店，遇一幽冥之人，此老人专门掌管婚事，帮助韦固算出他未来的妻子是现在卖菜人三岁的女儿，韦固认为太丑，派人去杀她，但未刺死。十四年过后，韦固娶亲，发现仍是老人所说之女。明白了“阴骘之定，不可变也”。小说写得很是精彩，让你想起与之相近的更精彩的一副对子，就是西湖老人祠的对联：

愿天下有情人，都成了眷属；

是前生注定事，莫错过姻缘。

五

最后，要讲一讲最直接的，为佛教服务的一些带有文学性质的作品，这就是“释氏辅教之书”，直接称呼它的专有名词是“感应记”、“功德记”、“灵验记”等。它们是一个个类似于现在小小说、一分钟小说、微型小说一类的短篇故事。主人公常常只是一个人，故事记叙他念佛，常常是诵读某一部具体的佛经，因而在危难时，产生了转危为安的显著效果，这种危难常以落入地狱的形式出现，最后仗着原来念佛的功德和继续答应读、诵、抄、写、传布某种佛经，转危为安。这种形式的作品在南北朝时期已经出现了，从结集的形式看，大约有以下几种：

1. 将数十以至成百则这类故事编成一部志怪小说类型的书，如：王琰《冥祥记》、王曼颖《补续冥祥记》、陆杲《系应验记》、佚名《祥异记》。其中，《冥祥记》部头较大，所存遗文较多，可以说是这类书的代表作。此书序称“镜接近情，莫逾仪像；瑞验之发，多自此兴”。看来原书多记佛像瑞验之事，不过遗文中仅存数条，如：

晋世沙门僧洪住京师瓦官寺。当义熙十二年时，官禁熔铸，洪既发心铸丈六金像：“像若圆满，我死无恨。”便即偷铸。铸竟，像犹在模，所司收洪，禁在相府，锁械甚严。心念观世音，日诵百遍。便梦所铸金像往狱，手摩头曰："无虑。"其像胸前一尺许铜色焦沸。当洪禁日，感得国家牛马不肯入栏，时以为怪。旬月敕至彭城，洪因放免，像即破模自现。

2. 在某部佛经之后，有组织地记录若干条有关持诵这部经的灵验和功德，如：敦煌遗书卷子伯 2094 号，其中录有"持诵《金刚经》灵验功德记"，是 19 则同类故事的总汇。兹录几则：

昔梁时招提寺僧琰师初作沙弥时，有相师语琰曰："师(狮)子虽大，聪明智慧，无那相王短命，如何?"琰闻此语，遂请大德，共祥其福："修何功德，更得延年?"大德云："佛教圣言，依法受持《金刚般若》，功德最大，必得延年。"琰时奉命，遂即入山，受持《般若》。经六年出来，更见前相师云："法师此来修何功德，长寿殊相，顿能如此?"琰便具说："前者被相寿短命，遂以入山，受持《金刚般若》，更无余业。"师曰："不可思议。"因兹功德，遂为大德法师，年过百岁，方始受(寿)终。

隋时有婆罗僧藏法师，能持《金刚经》禁咒，断除一切诸恶。有小僧就学，成咒法，数年堪伏之耶。来诣江畔，见有一胡神之庙宫庭，即于此中坐，止宿，诵禁咒，其犯(夜)遂殡。藏问(闻)弟子身死忿恨，自来到神[所]，亦于庙坐诵咒，因即致死。于时同寺有一僧，每恒受持《金刚般若经》，闻藏师之(师)徒并为神打死，遂来神所，亦于庙坐，诵《般若经》。至夜来，闻有风声极大迅速，须臾见一物，其形怀异壮丽，奇持(特)可畏倍常，种种形容，眼光似电。师坐正，念诵《金刚经》不息，亦无恐惧。神来至前，慑诸威势，右膝着地，合掌恭敬，听诵经讫。师问神："檀越是何神祇，初来猛迅，后乃寂然不动?"神即答曰："弟子是此宫庭胡神，为性刚强戾，见师习大乘经典，不可思议，是以伏听。""檀越既能如此信敬，前者二僧诵咒，何缘打煞?"神言："彼二僧者，不能持大乘经典，见弟子来，逆头骂詈，口诵恶语咒术，弟子不伏，此二僧见弟子形貌，并自怕死，亦非弟子故违(为)煞害。"侧近之人，知师入其神庙止宿，恐同前者二僧被打煞。至旦诸人共相率，往神所看迎，乃见平安。问师因缘所有事意，具答诸人。诸人因此发心，受持《金刚般若经》者不少。

开皇十一年，太府寺丞赵文昌身死，唯一上愿，家人不敢即敛。然昌遂至阎罗王,问昌曰:“从生已来,作何福业?”昌曰:“更无余功德,唯常诵持《金刚般若经》。”王闻合掌,恭敬赞言:“善哉! 受持《金刚般若》,功德最大,不可思议。”即语执人曰:“汝更勘案,勿错将来不?”“其人实错将来。”闻即语昌曰:“可向经藏中取《金刚般若经》来。”令一人引昌西南下至经藏所,见大舍数十余间,甚精丽,其中经满,并金轴宝袟,庄严妙好,华绪不复可言。昌乃一心闷,因云:“大功德最为弟(第)一经。”昌怕惧此非《般若》,求其使人请换,不肯,昌即开看,乃是《金刚般若》。将至王所,令执人在西,昌在东立,诵《金刚般若经》一遍,并得通利。王即放还,约束:“昌,受持此经,实莫废忘。”仍令一人引昌送出门,便见周武帝禁在门东房内,唤言:“汝是我国人也,暂来至此,须共语。”昌即便见武帝,再拜。武帝曰:“汝识我以不?”昌言:“臣昔曾任伏事(士)卫陛下。”武帝喜,云:“卿乃是我故旧也。汝可还家,为我向今帝论说,道我诸罪并了,为(唯)有灭佛法事未了。当时为卫元嵩谗言,不得,久禁在此,未知了其(期)。”昌问,武帝曰:“卫元嵩是三界外人,非阎罗王所管摄,为此不能追得。汝还家,为我从今帝乞少许功德,救拔苦难,始敢望了。”昌还家更得苏活,已经五日,其患渐损。具以此事奏闻,文帝知,即为出敕国内诸寺师僧,为周武帝三日持斋行道,转诵《金刚般若经》,亦录入史记。

遂州有人,贞观元年死,经三日得活,说言:初死之时,被人遮逐,同伴数人至阎罗王所,中有一僧,王见先唤:“师来,一生已来,修何功德?”师答曰:“唯诵《金刚般若波罗蜜经》。”王闻即起,合掌赞言:“善哉! 既是受持《金刚般若波罗蜜经》,当得升天,何因错将来至此?”王言未讫,即见天衣下来,引师上天去也。王乃覆坐,次问遂州人:“汝等从昔已来,作何福?”报云:“一生已来所诵经典,好习庾信文章,诸子集录。近来学诵《金刚般若经》,犹自未得。”王曰:“大罪人,汝见识不?”报云:“虽读庾信文章,实不识面。”王即遣示若人,乃见大龟,一身数头,人言:“此是庾信。”龟去少时,王言:“此人学诵《金刚般若》,且令放出来。”见一人云:“我是庾信,生存之日,好引诸经,用作文章,或生诽谤,毁訾经文。今受大罪报:向见龟刑(形)。”是以苏活,说此因缘。众人伤悲，悉知是实。其遂州人土地多是移入，猎生害命充食，当时知见，共相识：断除煞害。因得发心，悉共受持《金刚般若经》，信受恭敬。

3. 某一部佛经之后录有单独的一段感应记，一般篇幅较长，故事较曲折，如：敦煌遗书卷子中有20多个抄写《金光明经》的卷子，在抄写《金光明经》的卷子经文前，都录有《忏悔灭罪〈金光明经〉传》，讲的是张居道入冥的故事。有的卷子甚至未抄经文，专录这则故事，看来是为正式抄经作准备的，先抄一份这样的开头存着，如果施主只要经文，就另抄，不附这种开头。这个故事颇为曲折有趣，录全文如下：

昔温州治中张居道，沧州景城县人。未莅职日，因嫡女事，屠宰诸命——牛羊猪鸡鹅鸭之类。未逾一旬，卒得重病，绝音不语，因而便死，唯心尚暖，家人不即葬之。经三夜便活，起坐索饮。诸亲非亲、邻里远近闻之，大小奔赴。居道说由缘：初见四人来，一人把棒，一人把索，一人把袋，一人着青，骑马戴帽，至门下马，唤居道著前，怀中拔一张文书，示居道看，乃是猪羊等同词共诉居道。其词曰："猪等虽前身积罪，合受畜生之身，配在人间，自有年限，年满罪毕，自合成人。然猪等自计受畜生身化时未到，遂被居道枉相屠煞，时限欠少，更归畜生。一个罪身，再遭刀机，在于幽法，理不可当。"裁后有判："差司命追过。"使人见居道看遍，即唱三人近前，一人以索系居道咽，一人以袋收居道气，一人以棒打居道头，反缚居道两手，将去直行，一道向北。行至路半，使人即语居道："吾被差来时，检你算寿，元（原）不合死，但坐你煞尔许众生，被怨家言讼。"居道即云："俗世肉眼，但知造罪，不识善恶；但见俗人煞害无数，不曾有验现报。而居道当其凶首，缄口受死，当何方便，而求活路？自咎往误，悔难可及。"使人曰："怨家债主三十余头，专在阎罗王门底悬精，待至我辈入道，当由其侧，非但王法严峻，但见怨家，何由免其踬顿之苦？"居道闻之，弥增惊怕，步步倒地，前人掣绳挽之，后人以棒打之。居道曰："自计往误，诚难免脱。若为乞示余一计较，且使免逢怨家之面，阎王峻法，当如之何？"使人语居道："汝但能为所煞众生发心愿造《金光明经》四卷，当得免脱。"居道承教，连声再唱："愿造《金光明经》四卷，尽身供养，愿怨家解释。”少时望见城门，使人引向东，入曲向北，见阎王厅前，无数亿人，问辩答疑，着枷被锁，遭扭履械，鞭挞狼藉，哀声痛响，不可听闻。使人即过状阎王，唱名出见，王曰：“此人极大罪过，何为捉来迟晚，令此猪等再诉？急唤诉者将来。”使人走出，诸处叫唤，求觅所诉命者不得，走来报王：“诸处追觅，猪等不见。”王即更散遣人，分头巡问，曹府咸悉称无。王即帖五道大神，检化形文案，少时有一主者把状走来，其状云：“依检：某日得司善牒，报世人张居道为煞生故，愿造《金光明经》四卷。依科：其所遭煞并合乘此功德，随业化形。牒至准法处分者，其张居道怨家诉者，以某日准司善牒，并判化从人道生于世界讫。”王即见状，极怀欢喜，曰：“居道虽煞众生，能设方计为其发愿修造功德，令此债主便生人路。既无执对，偏词不可悬信，判放居道再归生路。当宜善念，多造功德，断肉止煞，勿复悭贪惜财，不作桥梁，专为恶业。”于是出城，如从梦归。居道当说其由缘，发心写经一百，余人断肉止煞，不可计数。此经天下少本，询访不获，躬历诸方，遂于卫州禅寂寺检得抄写，随身供养。居道及至当官之日，合家大小悉断肉味。其温州安固县丞妻，病经一年，绝音不语，独自狂言，口中唱痛，叩头死罪，状有所诉。居道闻之，为其夫说：“如此之状，多是怨家债命文案未决，命故不绝。自当思忖。”省悟已来，由缘所煞害生命，急为造《金光明经》，分明忏唱。此经侧近无本，唯居道家有此经。县丞依遵其教，请本雇人抄写，未毕，妻便醒悟，说云：“状如眠梦惛惛，常有鸡猪鹅鸭，一日三回，竞来咬啮，痛不可当。从来应其到时，遂乃不见。唯有或猪或羊或牛或鸡之类，皆是人身，来与我别，云：‘虽是怨家遭你屠害，以你为我敬造功德，所以令我得化形成人，今与怨家解散，不相逮情。’语讫即去，因尔不复如此。”病即轻差（瘥），平复如本。当此之时，温州一郡所养鸡猪鹅鸭肉用之徒，悉皆放生，家家断肉，人人念善，不立屠行。爰及比州邻县，闻此并起净行，不止一家。当今所煞无所征效者，斯是众生业满合死，故无报应，只是尽人身，还作畜生，被他屠煞。若众生日限未足，遭人煞者，立被讼注。世人卒死，及羸病连年累月，眠中唱痛，狂言或语，并是众生执注，文案一定，方始命断。一切众罪,忏悔皆灭,唯有煞生,忏悔不除,为有怨家专心讼对。自非为其修造功德经像,或被人所遣,或事计难禁。煞事不已者。当生惭愧,为其伤叹,将刀所煞,如割己肉,或炫卖与人;取其财价,以为丰足。一(宜?)造一本,分明忏唱,令此功德资及怨家早生人道,持讼自休,不复执逯逮。善男子善女人等明当诫之。

附带说一下,《敦煌变文集》中,那一篇有名的《唐太宗入冥故事》(拟题,残卷),迭经学者研究,大致可以肯定,这则故事似为持诵《大云经》的功德记或感应记。

4. 以上这些成部单行的或附于佛经后的感应故事,又常被某些和尚传记或佛家历史著作所采择,例如:梁慧皎撰《高僧传》,就采用了许多《冥祥记》的材料。这种材料经过一代一代的辗转抄袭使用,越说越玄。例如:《续高僧传》"智藏传"中载有梁时开善寺藏法师故事,到了敦煌遗书卷子中,所录的感应记渲染程度大大增加。例如,前面提到的19则中还有这样一则:

梁时开善寺僧藏师讲说知名,时有胤师何胤之,善能占相,过见谓曰:"藏师须聪明,为讲说。"信手依经藏中撰(选)取一卷,拟长寿(受)持,乃得《金刚般若》。在房诵持,三年不出。后见风之,喜而言曰:"师有何法改容貌,弟子所相无验。"藏云:"檀越相大有验。是时度厄难,为得受持《金刚般若》,经力如此。"风之言曰:"大不可思议。功德果报,今得相百年余岁。"果如所说记。

"智藏传"中的相师为野姥,在感应记中用的却是有名有姓的何胤之,以增加其可信程度。"智藏传"中智藏春秋六十有五,感应记中则为百余岁,以强调经力之大。足见感应记中的夸张渲染,是为了加强宣传效果。

原载《中国典籍与文化》第四辑

戴逸

论乾隆

今天我到国图来给同志们谈谈乾隆皇帝。我不是全面地介绍乾隆的生平事迹，在两个钟头里面也不可能介绍完，乾隆当了60 年皇帝，当了 4 年太上皇，一生之中事情非常多，我只能简单概括地介绍一下。

乾隆皇帝是中国历史上非常重要的一个人物，他是中国历史上年龄最大的一个皇帝，活到 88 岁，实际统治时间最长。他当了60 年皇帝，他的祖父康熙做了 61 年皇帝，比他多一年，但他又当了 4 年太上皇，这四年统治权实际还在他手里。所以他实际统治时间为 64 年。他生于康熙五十年（1711），死于嘉庆四年（1799），享年 88 岁。他是 18 世纪初出生的，18 世纪末去世。离现在 200 多年，年代也不太远，但对中国历史各方面影响很大，可以说中国的 18 世纪就是乾隆统治的时代。他是诞生在 18 世纪的时代环境中间，环境教育以及接触的人物给他很大影响，所以乾隆本身是时代的产物，是中国 18 世纪所产生的人物，18 世纪这个时代塑造了这样一个人物，他不可能是别的样子，不可能像19 世纪的统治者，也不可能像 20 世纪的统治者，而他的思想、他的性格、他的感情又影响了 18 世纪，同时又在一定程度上塑造和影响了 18 世纪这个时代。

乾隆皇帝姓爱新觉罗，叫弘历，他是雍正皇帝的第四个儿子，雍正有十个儿子，很多早死了，长大成人的只有四个，乾隆生母是熹妃，贵族出身，母亲性格开朗活泼，活到 86 岁，乾隆四十二年（1777），去世，这时乾隆 66 岁。这位老太太不干预朝政，但她很喜欢跟着乾隆到处玩，乾隆是马上皇帝，经常在外边跑，六次南巡到扬州、苏州和杭州，东到沈阳，看努尔哈赤的墓、东陵、西陵，还要每年去热河避暑山庄，还到五台山、泰山和曲阜的孔庙。

乾隆是熹妃的儿子这是没问题的，但现在社会上有一种谣传，说他不是熹妃的儿子，说乾隆是海宁陈家的儿子，陈家是官宦人家，做大官的很多，说当年雍正生了一个女儿，而陈家同时生了一个儿子，雍正就把陈家的儿子抱到雍亲王府，当时他还没当皇帝呢，雍亲王府就是现在的雍和宫，把自己家的女儿换了陈家的儿子，这个传说是没有根据的，因为雍正皇帝如果自己没有儿子还可以理解，但雍正生乾隆时已经有了三个男孩，乾隆是老四了，没有必要再换个男孩来，尤其是他的三哥比乾隆大六七岁，乾隆皇帝十六七岁时他哥哥还在，后来被雍正逼死了。当时为了继承皇位，兄弟们闹得很僵，关系很紧张，雍正皇帝在没当皇帝以前做事情小心谨慎，他已有了儿子，为什么还要冒险用女儿去换汉官的儿子呢？如这事被揭发出来，要算是一个很大的罪状。有人说乾隆后来南巡到浙江，到浙江的第一站就是海宁，不是杭州，为什么去海宁呢？因为当时那里有一个海塘工程，海宁观潮水，这个工程非常大，乾隆每次去都视察这个工程，但他每次去不只是到海宁，他第一次、第二次没到海宁，从第三次开始南巡第一站就到海宁，如果为了探亲为什么第一次南巡不去海宁呢？第三次南巡，海塘工程开始他才去海宁，因为这个工程非常重要，可以跟黄河工程相提并论，花钱很多，至今这个海塘还保存着。乾隆住在陈家安澜园，陈家是海宁首富，房子好，做官的多，所以乾隆每次去都住在陈家。但这不能说明他去探亲。所以这种传说我认为是无稽之谈，没有根据。

另外还有一个谣传，说乾隆皇帝不是熹妃生的，而是热河村庄里面一个乡下姑娘生的。当时雍正跟着康熙到热河打猎，跟一个乡下姑娘在打猎过程中的私生子，后来抱回宫里去了。高阳的《乾隆韵事》里谈到，但没有什么历史根据。乾隆的生日是阴历康熙五十年八月十三，中秋节前两天，折成阳历是 1711 年 9 月 15 日，从他的生日可以推测到大约是 1710 年 12 月怀胎，试问冬天怎么跑到热河避暑行宫去避暑啊？而且根据实录，当年雍正已经在 10 月份就回来了，不可能在 12 月还在那边打猎。从乾隆的生日也可以看出不可能是打猎时的私生子。

社会上关于乾隆的许多传闻，尤其是影视中的许多情节都是没有根据的。我看过电视剧《戏说乾隆》，我看只有乾隆这个名字是真的，其他全是假的，里面的人物历史上都无其人，所说的事情也没有，作为戏剧还可以理解，有虚构夸张是自然的。如《三国演义》也是艺术，是根据《三国志》写的，但不是《三国志》，《三国志》是史书，二十四史中的一种，《三国演义》是根据《三国志》写的，里面有真实的也有许多虚构的。所以艺术和历史是不同范畴的东西，艺术允许虚构，历史是决不允许虚构的。

乾隆继承皇位，从他个人来说是个幸运儿，非常有福气，他从他祖父、父亲那继承了非常丰厚的遗产，把这个国家治理得非常好，经过康熙、雍正两朝70多年的治理，休养生息，生产发展，老百姓安居乐业，而且他继承皇位时一帆风顺。清朝继承皇位，以前的皇帝都经过了斗争，努尔哈赤死了，皇太极和他的几个兄弟矛盾重重。顺治继位的时候，他的叔叔多尔衮和哥哥豪格两个人争夺，后来采取折中的办法，让顺治当皇帝，顺治不是长子，他当时还是小孩。康熙继位时年龄很小，权力在辅政大臣手里，后来皇帝抓了辅政大臣，把权力夺了回来。雍正更是不得了，斗争已是白热化了，就是为了皇位的继承问题。康熙20多个儿子，一个比一个能干，一个比一个野心大，最后雍正上台了。总之他登位不正，不是合法的继承。学术界也有两种意见，根据《清实录》看不出有什么破绽，那里讲得很清楚是如何继承，但《清实录》是经过雍正朝删改的。《康熙实录》是雍正派大臣写的，他能把自己夺位的事情写进去吗？当然不能。档案已销毁，故宫档案里康熙的档案少得可怜，康熙的实录也非常少，雍正讲的康熙死时的情况根本不是那么回事。雍正这个人很迷信。明朝的皇陵除了朱元璋的在南京，其他的都在北京十三陵。清朝的皇陵就不一样，一个东陵，一个西陵，康熙的东陵在遵化，雍正跑到西陵自己另外盖了一个。他非常迷信，他不愿和康熙在一起，康熙每年都到避暑山庄去，乾隆也到避暑山庄去，雍正当了13年皇帝，一次也没去。为什么他另外建西陵？他当时提出的理由是东陵没地方了，只好到西陵去盖，但后来乾隆又去东陵了。他后来立了一个规矩，说我的儿子都应该葬在西陵，所以他的儿子嘉庆后来到西陵陪爷爷一起，后来道光又葬在了东陵，慈禧也葬在了东陵。可见东陵还有很多地方。当然乾隆时代和其他几个皇帝不一样，风平浪静，接班非常顺利，没有什么争夺，也有他的客观条件，因为他的兄弟有10个，7个死的早，等到他继位时，只剩了3个。他的三哥在雍正六年去世，现在可以看出他是被雍正逼死的。雍正给他非常严厉的处分，把他发落到自己的政敌那里去。乾隆即位时，在活着的兄弟中是老大，而且是最聪明最能干的一个。关于他的聪明有很多记载，康熙末年春天，康熙到雍正的园子里去看花，碰到乾隆，乾隆这时已经12岁，康熙看到他很聪明，能背《爱莲说》,就非常喜欢他,把他带回宫里。这年他带乾隆去避暑山庄去,这个事情后来被大肆宣扬,说康熙把位子让给雍正是看上了他的儿子。其实也不见得,因为康熙喜欢好几个孙子,而乾隆跟他接触是很晚了,是在他死的那一年春天,半年以后他就去世了。乾隆和他的弟弟读书时,老师让他等着弟弟,看来他比他弟弟才能要高得多。他是老大,他母亲在宫里的地位最高,他两个弟弟的母亲地位较低,是一般的妃子,所以雍正一继位就写了乾隆的名字放在"正大光明"匾的后边,就是有鉴于在他的这一代斗争太残酷了,想避免这种继承人的争斗。所以乾隆非常顺利地登上了帝位。乾隆在位六十多年大事情很多,不能详说,我只说四句话:一个是承前启后,乾隆上边继承康熙、雍正,封建社会的后期,下边开了嘉庆、道光,进入了殖民地半殖民地。道光二十年(1840)发生了鸦片战争。第二个是国力强大,可以说是封建社会发展的一个高峰,军事力量、经济力量都非常强大。第三是由盛变衰,由盛世转向衰落,由上坡走向下坡,到乾隆晚期起义就很多。乾隆六十年(1795)开始发生白莲教起义,这是一场大规模的国内战争。第四是外力渗透,不但国内阶级矛盾尖锐,外国人也来了,外部矛盾也尖锐。

以下我来说说乾隆皇帝的事业,他的功绩成就和他的过失和缺陷。乾隆朝前期、中期社会稳定,没有大的危机。我简单说几个方面,第一,经济方面:经济上生产高度发展,经济繁荣,国家财政富裕。我认为康乾时代是中国历史上发展的最高峰,有历史学家认为唐代是最高峰,汉代是最高峰,我认为清代是最高峰。乾隆时人口3亿,道光4亿,新中国成立以后的13亿人口都是半个世纪以来增长起来的,汉朝、唐朝、明朝,从人口登记上最多7000万,汉朝盛时曾近6000万,唐朝7000万,明朝7000万,达到最高数字,可能估算得少了,据说明朝已有1亿人,但和乾隆时的3亿人口相差很多。人口增长那么多,相应的农业生产要增加,可见当时的农业生产远远超过前朝。应肯定说,清朝要比汉朝、唐朝农业生产力高,这个3亿数字是比较准确的,它是乾隆六年(1741)开始正式统计的,那不是估计。农业之所以能够发展,主要有三个因素:一个是统一。由于统一安定,大批人口到边疆去垦荒,闯关东、走西口,这都是清代的事。闯关东就是到东北去,山东、河北的人大批出关。走西口就是到内蒙古去,山西、陕西的都往西走，还有到新疆的。乾隆收复新疆，新疆原来是割据政权，汉民族不可能去的，乾隆统一新疆后，实行移民政策，所以新疆人口除南疆外，汉族人口占多数，统一移民垦荒，所以粮食生产增加了。第二是新的农作物的推广。白薯、玉米，这两样农作物明朝开始从拉丁美洲传入中国，还有花生，这些都是高产作物，如白薯一亩能产上万斤，玉米、白薯、花生为耐旱作物，没水也能长，不像小麦、大米需要水，这些都为低产作物。从康熙、乾隆以后，大力提倡高产作物，到处种玉米、白薯，这样山上旱的地方也能种。近代人口之所以能增加，近代农业产量之所以能增加，这是个非常重要的因素，即从国外引进了新的农作物品种。第三是水利。清朝非常重视水利，乾隆亲自到浙江视察海塘工程，朝廷对水利投入很多，有时是全年的三分之一收入都要用于水利，还设有专门的河督，河道总督，地位比省长还高，省长为二品，河督为一品，所以非常重视治河。乾隆时的经济和世界先进国家横向比较也是很高的，当时中国人口有3亿，全世界9亿，当时人口占世界的三分之一，粮食产量也占三分之一，为世界第一，工农业总产值也是三分之一，18世纪中国工业的总产值占全世界的百分之三十二，中国在世界并没有落后，当时全世界超过50万人口的城市有10个，6个在中国：北京、南京、苏州、杭州、扬州、广州，而世界上其他大城市还有伦敦、巴黎、东京、伊斯坦布尔，欧洲只有两个，亚洲有8个。大城市都集中在中国，意味着中国的商业、工业都非常发达。当时中国拥有世界上最长的运河，世界上没有一条运河能比得上。中国拥有最大的矿场——云南铜矿，工人100万，体制上为官办，国家财政强大，铜矿产量也高，它随着国家的命运而兴衰，不是通过商品交换，而是靠国家拨款，每年拨款100万两作为本钱。它生产的产品国家百分之九十收购，百分之十流通到市场。这种体制不行，规模再大也没有生命力，清代工业因而没能发展起来。拥有最宏伟的水利工程黄河，乾隆经常去视察海塘。财政情况非常好，乾隆时库存达到七八千万，国家储备七八千万，相当于两年的国家收入，这是很大的力量，康熙、雍正时达不到。乾隆六次减免全国农业税，他在位60年，十年免一次，轮免农业税。

阶级斗争情况，乾隆朝前期、中期比较安定，没有很多的起义和反抗，但随着人口增长，乾隆六年统计人口为一亿六千万，到晚年为三亿，人口膨胀，翻了一番，人口压力很大，土地面积不能增长很多，所以阶级矛盾尖锐起来。乾隆三十九年(1774)，山东发生了王伦起义，这次起义规模虽不大，但揭开了清朝中后期阶级斗争的序幕。从这以后，阶级斗争不断激化，到乾隆末年，就发生了白莲教起义。白莲教起义是一次很大的起义，再过30多年，就发生太平天国起义了。

还有中国的版图，基本上是在康乾时代奠定的。我们说中国自古以来就是一个多民族统一的国家，但在清初像蒙古、新疆、西藏、西南、云贵，有很多地方还存在独立和半独立的政权，并不是完全统一。汉唐军队到了西域，这里的国王都归附中央，汉唐衰落，这里又脱离中央。原来的各级政权还都存在，内蒙、外蒙、东北都是这种状况。西南地区存在许多土司，土司制度也是半独立的政权，它尊奉皇帝，但下边完全是独立的统治，它不听中央政府的。土司死了儿子继承，不是由中央政府来任命。清朝经过康雍乾三朝100多年的努力，用军事、政治的手段，统一了中国的边疆地区，包括内外蒙古、新疆、西藏及台湾、西南地区。在边境治理上，跟内地的州县制不一样，根据各地的实际情况设置行政机构，并不都是州县制。蒙古实行盟旗制，把其部落制改变了。盟旗制有点仿照内地的州县制。新疆伊犁将军主要是军事权威，南疆维吾尔族地区设置伯克。西藏树立达赖、班禅的权威，派驻西藏大臣。西南改土归流。这些改革进行得非常艰苦，通过了多次的战争，最重要的战争是平定准噶尔，乾隆二十年(1755)平定准噶尔，平定南疆，这是一个艰苦的战争。当时要到新疆打仗不像现在这样可以出动汽车、火车和飞机，当时刘墉的父亲是甘肃的一个总督，他说这个仗不能打，粮食没有准备好。准噶尔内讧，很多人投降，投奔清朝，要求清出兵，清朝没有准备好，乾隆决定一定要打。他说粮食可因地就食，到别人那去找粮食，内地粮食如果一两银子一担，运到那边就等于二十两。准噶尔部战斗力很强，如果不是内讧打不下来。乾隆的贡献很大，最后平定了准噶尔。这样抢在帝国主义到来以前把中国统一了。如果乾隆没有把中国统一起来，新疆还是割据，西藏也是离心离德，台湾也还统一不久，帝国主义到来100多年中国就会分崩离析，不可收拾。抢在列强们到来以前完成了统一，加强了凝聚力，帝国主义进来以后，各族人民都反抗帝国主义。没有造成分崩离析是清朝一个很大的功绩,维护了中国的统一。当年中国统一的领土比现在还多,多达1300万平方公里,后来主要是俄国割去了中国几百万平方公里,剩了960万平方公里,不到1000万了。

政治上清朝为专制主义,乾隆时权力也都是集中在皇帝手里,皇帝的意志就是最高法律。雍正设立了军机处,提高了权力集中的程度,加强了工作效率,更有利于加强封建专制。中国的封建专制存在着很多弊病。在中国历史上,母后干政,汉朝、唐朝都很厉害,可清朝就没有这些。除了到末年有个慈禧太后,引起大权旁落,旁落后引起政治上的纷争混乱。乾隆时这些毛病都没有。所以清朝的专制统治达到了一个最完备的程度。封建主义专制高度发展,能够保持社会稳定,保证社会生产力有一定程度的提高,能够保证统治的加强。但这种统治没有地方上的积极性,没有人民的积极性,没有机动灵活,它的弊端也是极为严重的。康、雍、乾三个皇帝都是非常能干的,乾隆晚年起用了和珅,他是个贪官,搞得政治上贪污风气极为严重。那时清朝治贪手段也非常厉害,每年要杀掉好几个尚书督抚以上的官。甘肃有一个冒赈案,这个案子牵涉到全省,杀掉了50多个县一级的,还有50多个充军,包括总督、巡抚,全部杀掉。当时清朝的官是很少的,一个省里只有一个省长,知县只有一个正的,没有副的。所以杀掉50人,充军50人,杀的没官了,几乎无人可以担任官职,杀到这种程度还是不行,矛盾尖锐,人民起来反抗,发生了川楚白莲教起义。

当时的对外关系是什么状况呢?中国封建社会是自给自足的社会,闭关政策,与外隔离,自我封闭,乾隆时尤其严重,自以为是天朝上国,其他国家都是未开化或半开化的蛮夷之邦,自以为是文化高的、文明的,其他国家都不行。自我封闭、自我陶醉,不了解世界上的情况,这就是最大的问题。康熙时还有四口通商,还允许耶稣会传教士在中国传教,到乾隆时四口通商改成一口通商了,就是在广州,外国人来了只能在广州,别的地方不能去,传教士全部禁止在内地传教。明末清初很多传教士到中国来传教,同时也带来了西方的科学知识,利玛窦、汤若望他们的墓现在还在西直门外的市委党校里面。到了乾隆时传教士都没有了,只有郎世宁等几个画家,因为乾隆喜欢画,喜欢建筑。他尽可能堵塞中国与世界的交流,自我孤立、自我满足,这是一个十分有害的政策，这种政策使得中国落后，不了解世界的状况，英吉利在什么地方也不知道。这种闭关政策一方面限制、禁止外国人到中国来，另一方面也禁止中国人到外国去做生意，限制出去的时间，限制船，不能带武器，不能带铁，铁锅也不能带，铁制品严禁出口，怕中国的铁流失，船不能太高太大，人在大海中漂，遇到强盗也没有武器，所以这种自我封闭的政策非常有害。乾隆后期当时的英国已经开始产业革命，可以说是突飞猛进的发展，对外贸易扩大，当然英国和中国的贸易扩大也会有负面影响，使英国对中国的侵略加深，但现在看来当时英国和中国做生意，还不可能使用武力，因为中国是一个很强大的国家，在世界排在前列，英国不可能用武力来侵略中国，它没有这个力量，当时苏伊士运河也没有开通，英国人到中国来要绕过非洲，走南非的好望角过来，要走一年时间，到中国来很不容易，也不可能派那么多军队到中国来，它当时只能用和平的方法和中国做生意，不可能用武力。中国有一个强大的政府，如果中国和外国的接触多加深了了解，加强了学习西方，可以促进中国的进步，乾隆失去了这个时机，过分地封闭。所以当年英国派了一个600多人的使团到中国来，即马嘎尔尼使团，带了很多礼品，用先进的科学仪器要求和乾隆交往，当然其中一些要求有些侵略性，也有些是正常通商性质的，但乾隆因为礼节的问题争执，只见了一面，也不知他们磕头没有，中国方面说磕头了，外国人说没有磕头，各说各的。最早的俄国使团也是为磕头问题康熙根本就不见，不是乾隆皇帝如此，所有的皇帝都如此。当年在封闭的环境里，产生了封闭的心理、封闭的思想，礼仪是个大问题，不磕头就违背了中国的礼仪，不能容忍，就因为这个问题闹崩了，把他们驱逐了出去。本来乾隆非常欢迎他们，所有路上的供应，600多人的吃饭朝廷都包了。他们要求和中国通商。乾隆不知道与外国通商的重要性，以为是来为他祝寿的，就因磕头的问题谈崩了。所以见了一面就把他们给遣送回去了。这个使团没有完成使命，很懊丧，他们要求在北京派使者，要求能减轻关税等等，这些是通商的正常要求，谈都没谈就被赶走了。这是乾隆统治时期最大的失策。所以说开放的重要性，一个国家封闭起来怎么行？不知道外国的发展那就必然落后。国家和民族要在交流中发展，没有交流就没有发展，这就是关于对外关系方面。

文化方面，对乾隆的政策都要一分为二地看，他有英明的一方面，如治水利、统一都很出色，但也有失策的地方。乾隆很重视中国的文化，尤其精通中国的传统文化，你看乾隆的字，他是中国留下墨迹最多的皇帝，他还喜欢诗，一辈子写了4万多首诗。中国写诗最多的诗人属陆游，一辈子也只写了一万首诗。乾隆的诗与唐朝全部诗人留下的一样多，《全唐诗》有4万多首，他一个人就写了4万多首。编《四库全书》，这是个大工程，收集天下图书，对保存古代文献促进文化发展，是有重大贡献的。还把《大藏经》译成满文，也是大工程，还搞十三经的石刻、三希堂法帖，这些都是乾隆时期搞的。同时他对中国文化也有重大的破坏。一个是文字狱，乾隆搞的文字狱最多，康熙的文字狱少，雍正的文字狱还有点道理，他怀疑汉族有反满的情绪，还有一个和他的兄弟争位。乾隆的文字狱有些是莫名其妙的，有时是捕风捉影，完全是莫须有的冤狱。这也是乾隆的失误之一。

还有关于土木建筑工程。乾隆本人非常喜好建筑，喜好游览，同时财政富裕，所以土木建筑在乾隆朝还是很兴盛的。拿北京来说，北京有今天这样的面貌，和乾隆是分不开的。故宫虽在明朝就有了，但极大的改建在乾隆朝，除了中轴线三大殿，东边和西边两个建筑群都是乾隆朝兴建的。中南海宝月楼、紫光阁等都是乾隆朝建的，宝月楼就是中南海的大门，新华门原来是宝月楼改建的墙角，辛亥革命以后袁世凯的总统府搬到中南海去了，要开个大门，就把宝月楼前的围墙拆掉，把楼改建成一个门楼。关于宝月楼有一个传说，香妃(容妃)是维吾尔族人，乾隆平定新疆，把香妃抢回来了，香妃想念家乡，中南海南边住着回族、维吾尔族人，香妃登上宝月楼就好像看到了家乡。宝月楼建成是在乾隆二十一年，香妃入宫是二十四年。宝月楼建成有非常明确的文章和各方面的材料记载，香妃进宫时，宝月楼早已建成了，并不是为香妃而建的。北海白塔以北的景观，如五龙亭那边小西天、静心斋，都是乾隆朝建的。北京的西郊明朝时是一个荒凉的地方，有一些太监的坟都在那儿，没有很多的园子，清初时开始盖。康熙朝盖了一个畅春园，雍正朝盖了一个圆明园，乾隆朝盖了清漪园，是为他母亲寿辰盖的。香山是乾隆朝开发的，玉泉山也是乾隆朝开发的，所谓三山五园，大多是乾隆朝建的。还有避暑山庄、外八庙，也是乾隆朝建的，康熙朝建了两个庙，另外六个庙都是乾隆朝建的。乾隆在土木建筑方面花的力量很多，花的钱也很多，所以好多人批评他在土木上花的钱太多。

还有巡幸，到处去游览，东到沈阳，南到杭州，西到五台山，北到热河，每年避暑都到热河，那是清朝的第二个政治中心，很多政务都是在热河办的。

关于土木建筑、六次南巡东巡怎么看？这反映了乾隆的个人性格和爱好，喜欢游览，喜欢建筑，用钱挥霍，花了很多钱，受到很多人批评，连乾隆自己也说土木和巡幸这两点是我的毛病。但今天看来，这两点并不是太大的问题，刚才我讲的如对外的封闭、专制统治、文字狱，这些才是主要缺点。土木问题不是太大的问题，作为一个最高统治者，他关在宫里哪儿也不去，还是到各地去走走，哪个好？中国历史上所有有为的君主都四处巡视，秦始皇、汉武帝、唐太宗、明成祖，从来都不是关在宫里，他们到外地去了解各地的情况，民情、风俗，特别是看水利工程，黄河工程。康熙曾亲自去测量黄河的水，乾隆也几次去黄河看堤坝，关于永定河他写的诗也很多，江浙一带他每次去都要会见很多知识分子，团结笼络他们。关于土木建筑当然要花钱，但在封建社会里还没有今天意义上的工业建设、农业建设，所以乾隆的很多钱不知怎么花。他留给后人的是什么？除《四库全书》这些文化工程外，就是城市的宫廷建筑园林，如果当初不盖这些花园，也不会留下什么别的东西，北京也就不会有今天的面貌，成为全世界最优美的文化名城之一。这和乾隆朝的建筑园林是分不开的。北京今天如果没有颐和园，没有香山，没有故宫，会是什么样子？北京的城墙也是乾隆朝改建的，从前的城墙很薄，意大利人专门研究，写了一本《北京的城墙》，他研究勘察了城墙，一看乾隆年间盖的城墙砖最厚，工程最坚实，因为当时有钱，舍得花钱。另外那时候的技术达到了一个很高的水平。样式雷就是当时的著名建筑世家，雷家留下的许多建筑模型听说就收藏在我们国图，我看到了圆明园模型，圆明园现在烧掉了，但他的样子非常具体，非常细，细到所有的建筑都有样子，都可以摆开来，窗户都能看到，还能开闭。所以将来要重建圆明园也不是很难的事，因为我们有当年的模型。样式雷几代人都是工程建筑技术人员，他家保存的这些东西都是国家瑰宝。

以上我简单讲了一些乾隆时代的重大事件和他个人的一些重大的活动，总之，他是一个有功有过的历史人物。一方面在他统治下，中国封建社会达到了最高峰，当时横向和世界比较并不逊色，中国是规模最大的经济实体，但是他这个时代西欧正在迅速前进，等到他晚年这个世界已经大不相同了。当时发生了世界性大事件，改变了世界的面貌。第一件事是产业革命，英国的产业革命，瓦特发明蒸汽机是在乾隆三十四年（1769），这一发明摆脱了人类对自然能源的依赖，能源问题解决了，开辟了工业的新时代。一大批纺纱机、织布机等各方面的机器出来了，大工厂兴起，这是全世界第一方面的大事情。第二方面的大事情是思想解放，法国的启蒙运动以卢梭的《民约论》为代表，此外还有德国康德的《纯粹理性批判》，还有法国狄德罗的《百科全书》，都是出现在乾隆时代。这些大思想家，整整一个时代的启蒙思想家的出现，使世界发生了很大变化。第三个是美国的独立战争，美国本来是英国的殖民地，打了一场独立战争，是在乾隆四十年（1775）到四十八年，打了八年，从英国的殖民地变为一个独立的国家。华盛顿当选第一任大总统，建立资产阶级民主共和国。第四是法国大革命，乾隆五十四年（1789）发生法国大革命，使得法国王冠落地，法王被推上断头台，扫荡了法国封建制度，也扫荡了欧洲的封建制度。法国革命第二年，乾隆正在庆祝八十大寿，东方的专制皇帝的权威还在高峰，这是一个时间差。法国的专制覆灭，中国的专制还有它的生命力。所以说从横向比较，中国已经落后于世界了。乾隆时代逐渐落后，虽然中国当时农业产量、工业产量、城市经济文化状况还是很繁荣的、昌盛的。但从另一方面看，人均生产、科学技术、民主自由思想、对外开放都不如西方国家，已经逐渐落后于西方，落后就要挨打，尽管乾隆时代这个规律还没有显示出来，所以还没有挨打，英国还没有力量来打中国，40 年以后它就有力量了。人们也没意识到落后，当时最先进的知识分子也没有看到这点，因为他们不知道世界是什么状况，不了解世界，没有和世界的交流，等到 19 世纪就一落千丈。18 世纪后期，中国的生产总量是全世界的三分之一，到了 100 年以后，1900 年时，从百分之三十二跌落到百分之六，这个 100 年的落后，我们几代人一直在努力追赶，近代的革命和建设都是为了缩小差距。我们今天搞现代化，我们正在医治历史的创伤。中国原来是一个文明古国，本来是世界上一个很强的国家，18 世纪还很强大，但是我们在许多方面有缺陷，这种历史创伤也不是乾隆一人造成的，这是历史的创伤,是一个历史时代的悲剧。当然乾隆作为 18 世纪最高统治者,他也有自己的责任。

我们今天研究乾隆不是赞美什么人,也不是谴责什么人,而是站在现实来反思历史,重新回顾我们中国曾是什么样子,怎样导致 19 世纪被动挨打的局面。19 世纪我们被打得非常狼狈,屡战屡败,结城下之盟。大浪淘沙,历史上的有些东西已经被洗刷掉了,一去不复返,还有些东西依然存在于我们的现实社会中,人们正是回顾过去总结过去,来开辟自己前进的道路。这就是我们研究 18 世纪,研究乾隆的目的。

原载《中国典籍与文化》第二辑

楼宇烈

道家与中国文化

"道家与中国文化"这个题目,是我们古委会和国家图书馆的善本特藏部给我出的,其实我对道家、《道德经》的研究,并没有那么的深入,当然多少也有一些心得,所以我想到这儿来跟大家一起分享。

老子《道德经》这本书,可以说是中国历史上影响最大的书之一。我曾经讲到过,从本土文化来讲,中国文化的源头性或者根源性的典籍,我们可以用三、四、五这样三个数字来表达。所谓三、四、五,就是三玄、四书、五经。三玄里边包括《周易》、《老子》和《庄子》;四书,当然是《大学》、《中庸》、《论语》、《孟子》;五经里边也包含有《周易》,还有《诗经》、《尚书》、《礼记》、《春秋》。这三、四、五可以说是中国文化的一个源头性的、根源性的典籍。要了解中国文化,大概离不开三、四、五这样一些典籍。其实这三、四、五,如果概括起来讲,《周易》是重要的。三、四、五加在一起一共是十二,去掉重要的《周易》,就是十一。如果再把《大学》、《中庸》还原到《礼记》里边去,又减少两种,所以实际上只有九种了。应该说,中国的源头性的典籍,就可以从这九种里边来看。

《道德经》是代表了道家的,以至于后来的道教的两个最根本的经典之一。从中国传统文化的儒释道三教鼎立的状态来讲,《道德经》就是非常重要的那条腿。也正因为如此,再加上它本身的思想可以说是非常的深刻,所以不仅对我们国内有影响,而且对世界也产生了巨大的影响。上个月在西安、香港两地,刚刚举行过一个非常盛大的《道德经》世界论坛。《大道流行》这本书,好像就是配合这次会议来做的。参会的人是非常之多,从西安一直开到了香港,关心这本书的也很多,我们可以看到这本书的影响。

《道德经》这本书,我们从文字上来讲,字数一共才 5000 多一点。但是历来对它的注释或者,那不是 500 万字能够打得住的,可以说是非常之多。而且历来都把《道德经》这部书,看做是一本养生的书,我们通常讲道家的人讲养生。其实,《道德经》是一本非常重要的治国的书。汉代一部著名的《道德经》注释《老子章句》,河上公的注。这部书里边很明确地讲到,不仅仅是养生,而且是治国,把治身和治国的道理完全关联在一起。老子又讲"以正治国,以奇治兵",所以历代又把《老子》看做是讲兵法的一部书。所以《道德经》里边,可以说内容十分的丰富,涉及中国文化的方方面面。而且这个五千言里边,可以说许多的名言、警句,也有许多对我们处世、安身立命非常有启发的一些教导。所以我觉得这部书,在中国的历史上对中国文化的影响是非常深刻的。以至于有些人认为,中国文化从外表来看,是儒家占了主导的地位,儒家是中国文化的主体,但是如果从内在的角度来看,道家的文化可能是影响更深刻,所以也有的人提出来,道家是中国文化的主干。所谓道家文化是中国文化主干,当然主要就指的是老子的《道德经》,当然也包括《庄子》这部书。所以《道德经》可以说是中国文化的一部非常重要的典籍。

虽然说有那么大的影响,但是这部典籍存在的问题也很多很多。首先是作者的问题。《道德经》的作者究竟是谁?其实这个问题在汉代的时候已经搞不清楚了。所以司马迁在他的《史记·老庄申韩列传》里边就举出来,可能有三个人是老子。我们传说中的老子,著《道德经》的老子,可能有三个人:一个是跟孔子同时略早的,而且孔子向他问过礼的,东周的守藏史李耳,他的字叫聃,所以叫老聃,可能是这个人;另外一个呢,也可能是老莱子;再一个呢,就是孔子死后一百多年以后的战国时期的一个太史儋。司马迁时已经说有这三种可能性,但是他的态度也比较明确,他是比较倾向于作《道德经》的就是李耳,是孔子问过礼的那个守藏史李耳,老聃。所以以后一般也就把李耳作为著《道德经》的那个老子。关于这本书的作者,我们说已经有这样一些不同的看法,但是有一个相对的大家共识的这么一个作者。

至于这部书在历代的流传过程中,从版本学的角度来讲,版本那是很多很多了,我觉得《大道流行》这本书里边收集得相当完整。特别是上个世纪以来,地下文物的发掘,让我们看到了《老子》最早的一种版本。我记得我做《王弼集校释》的时候,整理了王弼的《老子注》。最初我整理的时候,还没有马王堆帛书的发现。后来,到"文革"以后,马王堆帛书出土,我们看到了比较早的，至少是汉代的《老子》的本子，可以解决许多原来《老子》流传的各种版本里面的问题。后来又有湖北荆门郭店竹简里面《老子》的出现，那就更早了，那个是战国时期的版本了。所以，我们今人很有幸，能够看到可以说自汉代以来一直到20世纪，许多学者所不能看到的最古老的版本，解决了我们的许多问题。

比如说从马王堆帛书里边，我想至少有一个问题给我们提供了很好的版本佐证。比如说《老子》里面有一句话大家都很熟悉的，就是"大器晚成"，这句话大家都是非常熟悉的，而且这句话也应该说非常好，"小时了了，大未必佳"，但是大器晚成，对我们来讲这是非常熟悉的一句话。那"大器晚成"，这句话对不对呢？在《老子》这部书里边，是不是应该就是"大器晚成"呢？过去我们看到许多流传的《老子》的文本上面，有作"大器免成"的。过去许多训诂，都说这个"免"是"晚"字的假借字，所以还是把它训成是"晚"，因为习惯上都用"大器晚成"这个词。马王堆帛书出来以后，它有两个《老子》的版本，我们后来称为甲本、乙本。这两个本子上面都作"免"。这就可以引起我们的思考，应该是"免"是对的呢，还是"晚"是对的？这样一来，我们如果按照这一章的前后文字以及老子的整个思想来看，我们就可以知道作"免"是对的，作"晚"是后来的人引申出来的。为什么作"免"对呢？因为我们可以看到，老子讲到具体的事物，都是有形、有象的，可是讲到事物的总的根源方面，他就无法用一个具体的形象来描述它了。所以在《老子》这部书里边，凡是加上那个"大"字以后，它就变成无形无象、无声无名的了。比如说《老子》讲到，"大象无形"，"大象"就是不能讲形了，具体的象是有形状的；"大方无隅"，方是有棱角的，"隅"就是角，可是"大方"就没有这样的角了；"大音希声"，"音"是有一定的声音的，可是"大音"就没有声了。所以这样来看"大器"，因为"器"是有成的，有一个形状规定性，那么"大器"是没有形的，所以"大器"应该是"免成"的。我们再想一想，《论语》里边有一句话，叫做"君子不器"。为什么讲"君子不器"呢？因为君子应该是度量很大的，君子应该能够包容一切的，所以不应该有一个具体的大小或者形状来局限他，所以叫做"君子不器"。从这些角度来讲，我们觉得马王堆帛书提供了非常可靠的一个版本证据，再加上思想方面的考证的话，那就不是简单地用文字学的、训诂的通假来解决。当然我讲的这个意思,不是要废除"大器晚成"这个成语,我觉得"大器晚成"这个成语还是很好的,但是我们如果结合老子整个思想来讲,我们应该体会到,他一加"大"字,就应该是没有局限性的。任何的具体的东西,都是有一定的形象来局限,一加"大"字,它就不应该有局限性。所以一切事物都是有名的、有象的、有形的,而讲到这些事物的一种最后的根源,就是无名的、无形的、无象的,这是老子的思想。

我想从版本来讲,有许多是可以研究的,包括郭店竹简的《老子》里边,也有很多跟现代流传的那个本子不同的,这也引起了学术界很大的兴趣来研究。特别是这里边很多原来直接针对儒家思想的,反对儒家思想的一些语言,在郭店竹简里边好像都不怎么强烈,不那么鲜明。所以就可以推想,孔子向老子问礼,大概还是有道理的。因为后来流传的很多《道德经》本子,里边批评儒家思想是非常严厉的。是不是它源头上就是如此?这些版本其实给我们现在带来了许多新的思考和研究。

今天我不做专门的版本考据,我想从老子的思想为什么到今天还有那么大的生命力这个角度,来讲三点。

第一点,老子所讲的这个道,究竟是一个什么含义?因为《老子》开宗明义第一句话就是:"道可道,非常道。名可名,非常名。"那么"道可道"这个"道",我们现在很多的研究,都把这个"道"看作是万物生成的一个最后的根源,或者根据,或者是把它看做是万物存在的一个依据,所以就是把它看作是在万物之外或者在万物之上、万物之后的这样一个概念来理解。特别是结合了我们对西方哲学的了解、研究,所以常常把老子所讲的"道"比喻成一个最后的物质的根源,譬如说讲"道"是气,我的老师任继愈先生就是这么讲的。那么更多的人认为,《老子》的这个"道"是无,或者是一种精神,精神性的实体。"道生一,一生二,二生三,三生万物"嘛,"天下万物生于有,有生于无"嘛,所以好像这个"道"是万物生成的根源,而且根源是无,具体的万物都是有了,所以它是无。于是就把它看做是精神性的,甚至于有的人把它比喻成柏拉图的"理念",或者更有的人把它比喻成黑格尔的"绝对精神"。柏拉图认为一切都是从理念里面演化出来的,黑格尔讲一切世界的现象万物都是绝对精神自我的异化,所以这样来解释。这样一来,老子的这个"道",确实就变得比较玄乎,而且把它定位在无。

当然，这样一来就把《老子》第一章"道可道，非常道。名可名，非常名"后面接着的"无名天地之始，有名万物之母"这句话，断成了"无，名天地之始；有，名万物之母"。当然，这样的断法并不是从现在开始，宋代的王安石已经是这样的断法了。那现代人的断法，就是有点强调"无"和"有"。所以有的人讲，道就是无；有的人讲，道是有无的统一。不管怎么样，都是万物的根源。那么，"无，名天地之始；有，名万物之母"，强调的是："无"是"天地之始"，"有"是"万物之母"。其实，这句话这样标点应该说是不符合老子的原意的。因为过去也有很多断法，不是这样断的。"无名天地之始，有名万物之母"，是这么来断的，应该说更符合老子的原意，因为我们也从马王堆帛书里边看到了。这两句话在帛书里边是非常明显的，它就是"无名"、"有名"组一个词，它是"无名也"，如何如何，"有名也"，如何如何，有一个"也"字给隔断了语气，完全是清楚的。而且它也没有怎么来强调"天地之始"、"万物之母"。为什么呢？我在校王弼的时候，碰到这句话，觉得王弼的注跟那个《老子》的原文对不上。因为王弼注"天地之始"，他不是注"天地之始"，他还是说成"万物之始"，所以无名是万物之始，有名是万物之母。这跟现在流行的本子对不上。后来帛书出来了，帛书果然是"无名也，万物之始。有名也，万物之母"。王弼的著作有落脚点了，原来他就是根据这样一个古本来注的。所以从这里边就可以看到，就是"无名"跟"有名"，也就刚才我讲的无名、无形、无象、无隅，这样跟有名、有象、有隅，这样来对。所以它不是一个孤零的无和一个孤零的有，这样来对的。

《老子》讲的"道"究竟是一个什么意义的"道"呢？我们可以从现存，最早来阐述《老子》道的思想的文献里边，去寻找它的答案。我觉得我们现在可以看到的、最早的流传下来的解释《老子》思想的文献有两个：

一个是战国末年的韩非所作的《韩非子》。《韩非子》里有一篇叫做《解老》，还有一篇叫做《喻老》。对于《喻老》的作者，有些不同的看法，但是《解老》这一篇应该可以说是韩非的。这是我认为现在可以看到的最早来介绍《老子》思想的文献。在《解老》篇里边，韩非对《老子》的"道可道，非常道"这句话做了很详细的解释。我们一般认为，"道可道，非常道"讲的"道"就是常道。常道就是一个恒道，永恒的。这个“常”字过去也有很多解释，有的把它解释成通常，就是普通的；有的给它解释成恒常。马王堆帛书出土以后，就很清楚了，这个“常”就是恒的意思。因为马王堆帛书中就是“道可道，非恒道；名可名，非恒名”，所以这个“常”是恒常的意思，就是永恒的意思。

再看韩非的解释，他特别对这个“恒”作了一个解释。他说，什么叫做恒常？凡是恒常的东西，就是在天地开辟之始就已经有了，而到天地消散之后还存在的，这样的东西就是恒，就是恒常。韩非在《解老》里边说道，“与天地之剖判也俱生，至天地之消散也不死不衰者谓常”，这就是恒。但是《老子》讲的道不是这样一个道，《老子》讲的道是一种“无常操”的道。所谓“无常操”，这个“操”就是操守。我们讲一个人要有操守，他要有品德。道是无常操的，也就是说道不是固定的，不是不变的。那么道怎么样变呢？道是随物而变的。所以就讲到，道在尧舜那儿就体现为一种智慧，道在桀纣那儿就体现为一种暴虐。所以道是存在在具体的事物中间的，离不开具体的事物的。因此，它怎么可能是永恒的呢？所以韩非最后概括《老子》的“道”的特性，就是“柔弱随时”，它是“无常操”的。《老子》里边也讲道，“天得一以清，地得一以宁”，道在不同的事物中间表现出不同的特性来。所以道也就在我们的身边，也就在每个具体事物的中间。所以，道就不是一个远离事物、在事物之外、在事物之上的东西。

司马迁的父亲司马谈总结先秦的各派思想，归纳成六家，这中间他特别推崇的应该说就是道家。因为汉初黄老之学占了主导的地位，所以他对道家的思想有特别细致的描述。他说道家思想的特点是什么呢？就是“虚无为本，因循为用”。所谓“因循为用”，就是随着事物的变化而变化。所以他说，圣人正是学了“道”的这样一个品德，“时变是守”。他也看到道家的思想核心精神是“无成势，无常形”，没有固定的形状，没有固定的势态，而是“柔弱随时”的，也是因循的，就是“时变是守”。这里说明了《老子》讲的“道”，并不是事物最后的生存根源，而是存在在所有的事物中间的，一种体现出来的事物的具体特性，所以也可以说“道”就是每个具体事物特性的总括。这也就是韩非讲的，“万物各异理，而道尽稽万物之理”，道统摄了万物之理，所以它不是离开万物之理的一个孤立的东西。我们要了解“道”，就应该到万物中间去理解这个“道”，到万事万物的理中间去理解这个“道”。所以这个“道”是不能离开任何具体事物的，它不是一个抽象的概念，不是我们现在西方哲学概念上的那个道，而是就在每一个事物中间。我们可以从它的运行规律中去了解它，这也正是《老子》的“道法自然”思想。所以我觉得，我们了解老子“道”的原意，就会理解中国的这样一种思想，即任何规律都存在于事物中间，就是“道不离器”。离开了“器”是无法讲“道”的，“道”和“器”是体用的关系。

这是我这几年读《道德经》，研究《老子》、道家思想的过程中的一点心得，就是要纠正我们过去把“道”说成完全抽象的、万物之上的一种精神世界或者物质世界的观点。这是我想讲的第一点。

第二点，我想《老子》思想概括起来，就是“自然”、“无为”。从某一个角度来讲，“自然”跟“无为”是无法分的，也可以说“自然”就是“无为”，“无为”就是“自然”。但是事实上，在历史的发展中间，可以说“自然”跟“无为”又可以从不同的角度来加以认识和阐发。事实上，我们的前人也已经看到了这一点。清代的魏源，有一本书叫《老子本义》。《老子本义》收在《诸子集成》中，很有意思。其实《老子本义》很难说是一本书，更确切地说是一篇论文。他对《老子》的分章等等，都有他自己的见解。他重新作了分章，并不是现在流行的81章。《老子本义》前面的总论里边就讲到，《老子》的思想，核心是“自然”和“无为”。而且讲到《老子》的后学里边，实际上分成了两个大系：一个系统是着重发挥《老子》的“自然”思想；一个系统是着重发挥老子的“无为”思想。这样的话，我们从“道常无为”和“道法自然”这两个角度去理解《老子》，我觉得是非常有意义的。

首先我要讲的是，老子的“无为”其实是建立在“自然”的基础上的。老子讲“道法自然”，这个“自然”不是我们现在自然界的概念。“自然”这个概念在中国历史上就是一个本然的含义，就是事物的本来状态或者本性。在中国古代，一般都是用“天地”、“万物”来表示我们现在用的自然界这个概念。而讲“自然”呢，都是本然这样一个含义。所以《老子》讲“道法自然”，就是说要效法事物本然的状态，或者是尊重事物本然的状态。

我觉得，《老子》强调“道法自然”这个思想有很深刻的意义。

我们可以看到，其实它在里边包含着一种反异化的思想，用我们现在的话来讲是反异化。也就是说，人们的许多文化创造，都本来是为了要使得人们得到更好的发展，更充分地获得自由，使得他的本能、本性能够得到充分发展。但是，人类创造的文化往往成为人性自由发展的一种外在的约束力量。这在哲学上来讲，就叫做异化。应该说《老子》比较早的就看到了文化本身的一种双重性——其实后来庄子也看到了。它既使得我们的生活，使得我们的各个方面可以得到更好地发展，而另一方面，它同时也会给我们带来一种负面的影响，因为束缚了我们的能力或者本性的发展。

最典型的，也就是儒家的仁义这样一些伦理的概念提出来以后，对于人性是一种束缚。不光是《老子》，后来的《庄子》也对提出了这样一个认识。道家提倡道德，儒家提倡仁义，所以在那个时候，道德这个概念跟仁义其实是相对的。道家是用道德来批评仁义，或者说来破除仁义对道德的束缚。所以道家讲的道德概念跟我们现在讲的道德，概念其实是不一样的。其实我们现在讲的道德概念，就是讲仁义，“仁义道德”嘛。而道家讲的道德，道就是自然，就是本然；德就是得之于道的每一个具体事物的本然状态。所以道和德都是强调事物的本性，而儒家提倡的仁义恰恰是来规范或者约束人的自然本性的。

我们现在有的时候去看先秦儒家的书，比较关注就是《孟子》，《孟子》讲人皆有“恻隐之心”、“羞恶之心”、“礼让之心”、“是非之心”，这是四端。我们如果能够很好地来扩充这四端，那么就可以让人们建立起仁、义、礼、智这样一些道德的规范。我们现在常常讲，孟子是认为人生来就是性善的，人生来就具有仁、义、礼、智这样一些道德或者这样一种伦理规范的意识的。其实孟子也不是那么简单的，刚才说到孟子讲人有“恻隐之心”、“羞恶之心”、“辞让之心”和“是非之心”，这些只是“端”，也就是出发点或者是可能性，“恻隐之心，人之端”嘛。所以孟子一直强调要扩展其性，才有可能的。

另外一位先秦儒家的学者荀子，看到了人的本性的另一面，就是自然的本性，而不是带有某种道德意义的本性。荀子看到的人“饥而欲食，寒而欲暖，劳而欲息”这样一个本性。饿了要吃、冷了要穿、累了要休息，他说这才是人的本性。我想这个本性就是“本始才朴”，它是本来状态的这种特性。他又从儒家的角度来看，这就是一种性恶，所以他讲“人之性恶，其善者伪也”。“人之性恶”，怎么恶？就是这种自然本性，“饥而欲食，寒而欲暖，劳而欲息”这个本性，其实这个恰恰是人的一种自然的本性。那么荀子非常明确地强调，如果任凭人的这样一种自然本性发展的话，就会产生种种的争夺，这个社会是会混乱的。所以要用礼，或者要用仁义这样一些伦理的规范来改造或者是改变人的自然本性。所以他强调要化性，于是就用各种各样的礼来教育，来树立起这样的观念，来自我约束。大家都饿了，现在有长辈在前面，有幼儿在前面，那你有了东西以后，首先要让长辈、幼儿来吃。对不对？这就是礼的要求。所以人不能够单纯地按照自己的自然本性去发展，而要有一定的礼仪来加以规范，加以约束。这就是荀子的化性。他提出这样的一个理论。

道家，就非常注重这个问题，注重人的自然本性。所以外在的这种约束，用仁义这种礼仪的规范来约束，我想没有问题。从这一个角度来讲，它就要约束你。你饿了，你不能够随便想吃就吃，力气大抢来就吃，一定要有这样的约束，这是肯定没有问题的。当然，这种约束如果超过了它的度，可以说是对于人性的一种抑制，在某种角度来讲是这样。在《老子》那儿，其实并没有把自然绝对化，但是到了《庄子》那儿，应该说是发展到极致了，完全崇尚自然。所以《庄子》就强调，“牛马四足，是谓天；落马首，穿牛鼻，是谓人”，应该“无以人灭天”，不要以人为的东西去灭除它的天性、本性。这是《庄子》公开宣称的主张。在《老子》那儿，应该说并没有这样极端主张。

这个问题一直延续下来，到了魏晋玄学的时候，实际上讨论的也是这个问题，名教和自然的关系问题。所谓名教就是这些礼仪规范，自然就是人的本性。我们不管玄学讨论多少玄妙的东西，实际上它的落脚点就在怎么样使得名教、礼教跟人的自然的本性能够达到和谐，能够调和起来。整个玄学，它的实际作用应该说就是这个。因此玄学就非常强调，仁义礼教的行为规范应该要根据人的自然本性的要求去制定，这些礼仪的规范应该符合人的自然本性，而不应该成为自然本性的一种制约，不应该压制人的自然本性。所以他们当时拼命地来证明这两者的统一性。玄学家们有一句最著名的话，“自然亲爱为孝”。礼教里面强调

“孝”,这个孝是跟人的自然本性相合呢?还是相违背的呢?他们非常明确地讲:什么叫做孝?“自然亲爱为孝”,孝的含义是“自然亲爱”,所以孝应该是跟人类的自然本性不相违背的,而且是完全一致的。他们是来协调这个。所以,仁义、道德就这样融合在一起了。而在开始,道家的道德跟儒家的仁义,实际上是相对立的,但是通过玄学这样融通了以后,这个道德和仁义,可以说就是结合在一起了。

到了魏晋玄学的时候,形成了我觉得非常重要的中国的一种理论思维模式。什么样的理论思维模式呢?我称之为自然合理。玄学还是非常强调事物都有它的规律性的。王弼在《老子指略》、《周易略例》都讲了“物无妄然,必有其理”,都有它的理。而且这个理不是说各自的理,还都是有一个共同依据的理,所谓“统之有宗,会之有元”。不是毫无秩序的,所有的理都是有秩序的,这是玄学家的一个非常重要的理论思想。于是就形成了中国传统思想中一个非常重要的思维模式,就是自然合理。什么叫做自然合理呢?也就是说,当我们要证明这个事情是合理的,那么我们就必须要说明它是符合自然的。所谓符合自然,就是符合事物的本来状态或者规律。那么反过来呢,凡是符合事物的本来状态和规律的,它也一定是合理的。我想这大概是中国人非常重要的一个思维模式。在以后的思想发展过程中,都遵循了这样一个规律。

后来,宋明理学讲到“三纲五常”。“三纲五常”完全是礼教的东西,宋明理学要证明这个“三纲五常”是合理的。怎么来证明呢?给“三纲五常”戴上一个帽子?叫做天理。我们讲天理,好像是很抽象的一个东西,不是的,天理是很具体的。朱熹明确地讲:“天理者,张之为三纲,纪之为五常。”天理就是“三纲五常”。所以“三纲五常”为什么是合理的?因为它是天理。我们知道,所谓天,就是自然的。中国文化中,天这个概念中非常重要的一个内容,就是它代表了自然。所以我们一讲到父子之间的关系、家庭的关系,就是天伦,它是一种自然的关系。

宋明理学的另外一派——陆王心学,也是强调“三纲五常”的。“三纲五常”是在什么地方?理在什么地方?理在心中,“心外无理,心外无物”。什么叫做“理在心中”?这就是你的良知。心学家认为,这个理就在你心中,“三纲五常”这个道理就在你心中,这是你的良知。什么叫做良知?这个概念是从《孟子》这儿来的,《孟子》讲良知良能。什么叫良知良能呢?“不学而能谓之良能,不学而知谓之良知”,也就是它是天然的,它是本来就具有的。所以心学家就把“三纲五常”这样的东西,植到你的良知里面去了,变成了你的良知,所以心学家就强调“知良知”。刚才讲的朱熹,程朱理学家强调的是天理,要“明天理”。一个是“明天理”,一个是“致良知”,而天理、良知都是强调它的自然合理性。

其实这样的思维模式,我们现代人身上都有。可能我们不太自觉,但事实上我们每个人想问题也是这样。我们经常在考虑这个问题是合理不合理的时候,实际上也隐含着考虑它符合不符合事物本来面貌的意思,或者用现在的话说,符合不符合客观规律,这是一种自然合理的思维。中国的这样一种自然合理的思维模式体现出来的,是对于自然的尊重,也是对于事物本然状态的尊重,所以它强调是要“因循为用”,要因,要循。我们现在一用“因循”这个词,马上就联系到固步自封、不思进取,常常联想到的是“因循守旧”。其实“因循”并不是这样的意思。从先秦的《管子》这部书里边,一直到后来的《老子》,到《吕氏春秋》,到《淮南子》这些跟道家思想有关的文献里边,都讲到“因循”。“因循”的含义,主要的就像《老子》里边的“不为物先”、“事来则应”,也就是你不设定事先的主观愿望,而是非常尊重事物的本性。所以因循是因势利导,根据事物发展的趋势来很好地引导它,让它向更好的方向去发展,而并不是用我们的意志去改变它。所以中国自然合理的思维模式,就是要尊重自然,必须要根据事物自己的发展趋势去推动它发展,去帮助它发展,而不是按照自己的意思去改变它,去改造它,让它符合我们人类或者个人的意志。我想这是非常重要的一个思维模式。

第二个,在自然合理的思想里边又体现出非常尊重个性化的内容,而不去强调它的所谓普遍性。自然合理的思想,实际上就是中国人强调的天人合一。天人合一这个概念,我们现在用得比较简单,好像是人跟自然的和谐,这个自然指自然界。现在我们讲人跟自然的和谐,好像就是天人一思想的精髓似的。其实这只讲了天人合一的字面,而且这个天实际上变成了我们现在的自然界,而天人合一里面“天”的概念就是自然,就是事物的本性。

“道法自然”,那么人呢?“人法地,地法天,天法道,道法自然”,所以人要法地、法天、法这个道,法自然。所以“圣人则天”,对人是以天为则,所以圣人也要效法道的这种自然的品德,所以人道也要自然。天道自然,人道也要自然,这就是道家讲的天人合一。道家讲的天人合一,就合一在自然,也就是尊重事物的本来面貌。儒家也强调“圣人则天”,同样的“则天”,但是儒家对天的看法就加上了伦理的色彩了。儒家也强调天道和人道的合一,虽然内容其实是相同的,但是天道和人道的合一的表达方式是不一样的。那么儒家怎么来表达呢?儒家的表达方式是带有伦理色彩的,就是《孟子》里边那句非常典型的话:“诚者,天之道;思诚者,人之道。”或者说像《中庸》里边讲“诚者天之道也,诚之者人之道也”。“诚”的内容,实际上也是自然规律。诚是天道,思诚者是人之道。人道和天道在哪一点上契合呢?在诚。那么诚是什么呢?为什么说天道是诚呢?我们圣人要则天,则的也是这个诚,诚是什么?诚就是自然规律。就像《论语》里面孔子讲的:“天何言哉?四时行焉,百物生焉。天何言哉?”就是这个“四时行焉,百物生焉”这样一个道理。我想在《易传》里面有一句话说得更清楚。《周易》里边有一个卦叫观卦,《易传》观卦的彖辞里边有这样一句话:“观天之神道而四时不忒。”我们观察天的神道是“四时不忒”,“忒”就是一个“弋”字里边一个“心”,意为差错,“四时不忒”就是四时不差错。“圣人以神道设教”,来教化众生,我们现在常常用这句话。我们用这句话的时候,“神道设教”常常是把它理解成圣人借助一个神来设教,来教化民众,其实这不确切。我们如果联系前面那句话,“观天之神道而四时不忒”,那“神道”是一个天的神道,也就是天道。天道是什么?“四时不忒”。所以“圣人以神道设教”,也就是圣人以天的这样一种“四时不忒”道来教化民众。所以这个神道它不是借助神来设道,我们现在常常用的这个意义,实际上不是“天之神道而四时不忒”的原意。天的神道是“四时不忒”,所以儒家讲的天人合一,就是天道和人道的合一。这合在什么?在“诚”字上面。而这个诚呢,也是自然规律,但是在伦理含义上来表达。

所以我说合儒、道两家的天人合一思想来讲,中国的文化就是非常强调“以天为则,以史为鉴”,中国文化最大的一个特点就是“以天为则,以史为鉴”。效法天道,又要借鉴人道,“以史为鉴”就是借鉴人道了。所以我们看汉代的许多人都讲这个,比如董仲舒讲“奉天法古”。我们过去常常批判董仲舒这句话，说它复古、奉天，给董仲舒扣的帽子就是天人感应神秘论，所以“奉天”好像就是奉一个神，“法古”就是倒退。其实“奉天法古”，“奉天”就是“以天为则”。那么天的则是什么？道家来讲就是自然，儒家来讲就是诚，奉这个天。《论语》里边赞扬尧：“巍巍乎大哉，尧之为君也。”为什么大？为什么尧那么伟大？底下接着“巍巍乎，唯天为大，唯尧则之”，因为尧以天为效法的对象。所以“奉天”就是奉天之自然和诚这样的道。“法古”就是以历史为借鉴。所以司马迁《报任安书》里边就讲“究天人之际，通古今之变”。“究天人之际”就是“以天为则”，效法天道；“通古今之变”就是“以史为鉴”。中国的文化非常强调这两点，所以中国人对天文、地理的考察也是世界上可以说最古老、最详尽的，现在要研究最古老的世界天文史，必须要到中国的典籍里边去找。在这一点上面，我认为中国的天人合一的思想，它就是由天道来明人道，以人道来弘天道，是这样一个天人合一的思想。我们效法自然，又要效法对自然所体现出来的这样一种伦理的精神；尊重事物的本性，又要在事物的本性中间来体现出一种伦理的精神，就是诚的精神。所以我觉得，道家的自然合理的思维模式体现出我们对于事物本性的尊重，对于事物个性的尊重。

自然合理其实在中国文化的方方面面都体现出来。我们的文学艺术里边，也是以自然合理的这样一个根本的精神在指导，我们的文学艺术都强调要自然，“外师造化，中得心源”。“外师造化”是什么？这“造化”就是自然。我们中国的医学，中医的核心的理念，也是自然的医学，也是具有自然才合理。包括我们的整个思维方式，一直到中医的实践，文学艺术的实践，可以说都是贯穿了这样一个思想。

我们如果把这个思想跟西方近代以来形成的西方理论思维模式相比较一下的话，就可以看到这里面的问题。西方近代以来所形成的一个思维模式，就是科学合理的思维模式。我想请大家注意，我不是在笼统地讲西方整个的文化，我讲西方近代以来形成的这个思维模式，一种科学合理的思维模式。其实近代以来，主要是实证科学领域内形成了这样一种思维模式，到了上个世纪的70年代，从爱因斯坦开始已经是在打破这个传统的实证科学的科学合理思维模式了。特别到了70年代以后，就是现代科学的概念已经发生了变化，但是我们现在基本上还是沿用实证科学的科学合理的思维模式。这种科学合理的思维模式，应该说从本源来讲，也是非常有意义的。科学是什么？科学的根本精神是什么？科学的根本精神尊重事实，科学的探索就是去探求事物的本来面貌，或者我们也可以说是探求它本性的问题，这些都是毫无疑问的。问题是，当我们探寻到了这个事物的本来面貌以后，我们去怎么样对待它。我刚才讲的，我们尊重事物的本来面貌，因势利导，不去干预它。可是科学合理的思维模式，当我们探索到了事物的本来面貌以后，我们是要想尽办法用科学去改造这个客观的世界、客观的环境，让它来按照人的意愿发展。我们现在发现了这个蔬菜非常好吃，但是它只在春天才能长。我们去探索，为什么在春天它能长，我们把它生长的规律都掌握了。到冬天我也想办法，造一个环境，适合于它生长，我们现在冬天能够吃到春天的东西，春天的菜了，很好啊，这是科学给我们带来的福音啊。到底是不是福音？反季节的东西，实际上从总体来讲是不顺从自然了。人们一直在吃反季节的东西，不知道以后会潜移默化对我们产生什么样的问题。所以科学是好，科学它是探索事物的本性，但是我们探索以后我们要想办法，要让它来服从我们的意志。这跟我们中国原来的自然合理的思维模式大不一样。

另外，实证科学的基本原则是它的普适性，对一个人适用的，对所有人都适用，这才是科学。我们讲人是不同的，人的体格不同，地域不同，民族的传统不同，不应该一致来对待，那好像就没有科学性了，所以不被科学合理所认同。所以我们现在在这样一种科学合理的思维模式下，我们想一想，现在所产生的一切问题，环境的问题，生态的问题，是不是都是在这样一个思维模式的推动下所造成的呢？所以现在西方一些有见识的科学家、思想家，都反过来探求怎么样回归自然的问题。其实我说回归自然，并不是回归自然界的问题，主要是回归对事物的自然本性的尊重。

我常常讲，我们人类可能是要经过这样一个阶段：最初我们对于自然界的一切事物、天地万物的本性不了解，所以发生什么事情我们都很害怕，非常地畏惧，束手无策，只能够等待，我们姑且叫做“畏天”。后来，慢慢地我们对事物的发展规律掌握了，于是我们就想要去掌控它，中国古代就叫做开始可以“戡天”了，去征服天了。我们近代科学强调的就是这个，我们要改造自然了，让自然为人来服务。我们恰恰忘掉了，我们对自然界的任何改变，按照人类的意志去改变，早晚都会受到自然界的报复。这个问题，其实恩格斯在他的《自然辩证法》这本书里面早就讲到了，当时他举的例子就是澳洲。澳洲原来土地肥沃，一片一片的牧草，于是就大量地去放牧，结果把牧草都吃光了，连根都吃了，出现了问题，然后再想办法来补救。他就举了这个例子，讲到我们人类对自然界的任何一种行为早晚都会受到自然界的报复。所以"戡天"、改造自然的结果，让自然为人所利用的结果，最后是要遭到自然的报复。所以我想到现在，我们人类应该再进一步要"敬天"。我们从"畏天"到"戡天"，现在应该"敬天"。这个"敬"是敬重、尊重，尊重自然，就是尊重万事万物的自然本性，顺着它的本性去推动。

我想我们应该比古人更有智慧。古人是懂得这个道理的，懂得要尊重事物的本性，所以大禹治水是顺着水性去疏导它，而不是像他的父亲鲧到处去堵，越堵越糟糕。掌握了水性以后，顺着水性去疏导它，去因势利导的话，水灾就解决了。这是中国古代人最典型的一个例子，因势利导，顺着事物本性，按照自然合理的思维模式去做事情。我们现代人是不是比古人更应该有智慧？我们更应该尊重事物的本性。所以在这个意义上，我认为道家的"道法自然"的思想在今天是有它深刻的、深远的意义。这就是为什么现在世界上那么多人对《道德经》感兴趣。

大概在六、七年以前，北大也曾经开过一个道家思想、《道德经》的世界性的研讨会，当时也来了许多欧洲的、美国的一些研究道家、《道德经》的学者。在这次会议上，有一位德国的汉学家非常感慨地说，现在欧洲很多大学里边有很多学者都非常喜欢《道德经》，有很多读《道德经》这部书的小组，学者们聚集在一起读。他说非常遗憾，许多中国去欧洲的留学生，有的时候我们问起他来，他连老子是谁都不知道，连《道德经》是什么书都不知道。当时我听了以后，真是非常的汗颜。这说明对历史上这样珍贵的文化遗产，我们在自己的国民中间，都没有能够很好地传承。我认为像这些根本的典籍，是应该全民皆知的，是应该在基础教育里边就要给予知识，至少要有一个简单的知识。在中等教育、高等教育里边，应该有更多的课程来介绍、讲述、阅读这样一些典籍和这样一些思想，我想这才是对的。这是我想讲的第二个问题。

第三个问题，我想谈谈道家的“无为”思想，“道常无为”。“无为”的思想，涉及刚才所谈的跟自然相关的这一部分就不讲了，我想更多地从我们现在非常流行的管理哲学，或者说管理思想这个角度来讲。我想道家的“无为”思想，给我们提供了非常有益的一种启示。道家“无为”的思想在政治上的应用——实际上也就是在管理上的应用，政治也是一种管理——最早是由哪个方面来应用？其实道家这种“无为”思想，最早是法家来应用的，法家来开发的。我们一讲到法家，就会想那是搞专制主义的，中央集权的，怎么还能够推广道家的“无为”思想？其实恰恰是法家最早来应用。法家的思想跟道家的思想可以说有很大的关联。我想大概大家会琢磨这个问题：司马迁在他的《史记》列传里边，怎么会把老庄跟申韩连在一起列一个《老庄申韩列传》呢？司马迁的分类不是随随便便的，这说明老庄跟申韩有关联。老庄是道家，申韩是法家。我们现代人把道家、法家分得太清楚了，在那个时候没有这么清楚，我觉得司马迁心中是很清楚他们之间的关联的。我们讲汉代是以黄老之学来治理政治，其实黄老之学就是道家思想、法家思想再加一点儒家思想结合在一起的政治学说。其实从思维模式来讲，我想法家的思想跟道家思想也是很相同的。道家的思维模式是什么呢？“道法自然”，“一尊于自然”，一切都要以自然为标准。法家思想的思维模式是什么呢？“一断于法”。司马谈在《论六家要旨》中讲到法家思想的特征，就是“一断于法”，一切依法，都有个标准。“一断于法”跟“一尊于自然”，我想这个思维模式，是非常容易就过去的。一个一切以自然为标准，一个一切以法为标准，在思维模式上来讲，是完全一样的。所以道家跟法家有一种可以说天然的关联。

再进一步来讲，法家是强调君主要掌握法。具体来讲，这个法就是赏和罚。君主最重要的是掌握什么？就是掌握赏、罚。臣下他做对了，做好了，就赏他；他做错了，做坏了，就罚他。这就是法家。所以司马谈就讲“刻薄寡恩”，他一切以法为标准。既然君主就掌握法，法家特别是韩非就提出来，“君道无为，臣道有为”。君主就掌握这样一个权和法，所以不要去做具体的事情，也不应该去做具体的事情。所以法家是反对事必躬亲的，它是非常强调“君道无为”的。我们去看《韩非子》，这本书里面有一篇

《主道》就讲这个内容。君道是无为了，但是臣道要有为。臣下是要具体地去做的，不能臣道也无为。当然这个君臣是相对的，就像我们现在领导和被领导也是相对的，臣还有大臣、小臣，我们现在还有各个级别。所以“君道无为，臣道有为”，它的精神就是要充分发挥臣道或者是被领导者的主动性、能动性、积极性。领导者不应该代替被领导者去做。同样的，如果你是整个部门的管理者，那你更要充分发挥底下各个部门管理者的积极性、主动性、能动性；而每一级的管理者，也应该发动这个部门所有人员的积极性、能动性、主动性，也不应该去包办代替。所以从精神上面来讲，就是充分发挥下面人的积极性，而不是去代替他们。所以讲“君道无为，臣道有为”，这是法家的非常重要的一个理论。法家是强调中央集权的，甚至于是专制的，我们常常给法家冠以专制。其实专制也好，集权也好，是怎么样的集权？是怎么样的专制？是不是我说了就算，一切都要自己去做？也不是这样的。所以《韩非子》里边还有另外一句话，叫做“政在四方，要在中央”。所谓“政在四方”，政就是政事，各种各样的事情，具体地都要由“四方”去做，各个地方也好，各个部门也好，他们去做；但是“要在中央”，中央是掌握这个要害、要领的，是这样的。它跟“君道无为，臣道有为”是完全相应的一个提法。它体现在汉初“无为而治”的黄老之学的政治里边，我们就可以看得清清楚楚，就是这样一套思想的具体贯彻，具体的做法。这种“无为而治”，也并不是坐在那儿什么都不动了。

“无为而治”，不是都不去做，这里面同样也体现了一种因势利导的思想。而更重要的一点，后来在《淮南子》里面把它表达出来了。《淮南子》里边在讲到道家的“无为而治”思想的时候，非常明确地讲，“无为而治”它们核心理念，就是“不以私志入公道”。就是不以个人的意愿去干涉“公道”。“公道”就是大的原则，共同的规律，这就是“无为而治”。所以“无为而治”也可以用到刚才我们讲的“法自然”这个原则上面去。中国遵守自然合理的规则，就是“不以私志入公道”，不是以人类的愿望去改变整个自然界的自身规律。而用在政治上也是这样，不要以你个人的喜好去改变整个的政治环境、政治局面。所以这个“无为而治”，可以说已经成了中国理想的政治模式和观念。其实儒家也很向往这样一种模式。《论语》里边也赞扬尧“垂拱而治”。“垂拱而治”,我们也可以说是一种“无为”。儒家也非常羡慕,非常赞扬这个模式。怎么样去把握和体会它,是一个非常重要的问题。

美国有一个智囊集团,叫做贝尔实验室。实验室的门口挂着一个大的标语——无为而治。他们对这个“无为而治”作的解释,就讲到让你的工作人员感受到你在领导他们,但又没有感觉你在干涉他们。所以“无为而治”其实是非常高超的一种领导艺术,是一种能够充分发挥每个人的积极性、主动性、能动性的领导方式。如果事必躬亲的话,你累死也做不好。所以我觉得,如果我们能够真正地领会了我们传统文化中间这样一种“无为而治”的政治智慧、政治艺术,我想可能对于解决现在的许多问题可能会有启发,就是不那么多地去干预。

所以我觉得,我们这个《道德经》里面所包含的这样一些智慧,特别是“法自然”的智慧,“常无为”的智慧,不仅对于古代人有启发,对我们今天也有很多的启发。所以《道德经》这部书虽然只有五千言,但是它的影响是深远的。当然我们也无法来估量,它究竟能够发挥多大的一个作用。我今天就简单地从这几个方面来讲一些我的心得和体会。有不对的地方,希望大家批评指正。

宁可

敦煌的历史与文化

敦煌是一个很古老的城市，但是我们讲它的历史先从100年以前开始。100年以前，就是20世纪之初的1900年，这一年在中国历史上乃至世界历史上的标记是八国联军侵犯中国，这是一件在当时世界上具有轰动性的大事情。正当八国联军攻打天津继续向北京进犯的时候，在中国的遥远的西北边疆有一个很小的城市，叫做敦煌。在这个城市发生了一件震动世界的大事，但是不是在当时震动世界，是以后，这就是敦煌藏经洞5万多件文书的发现。造成这个事情和引起轰动的是两个人，一个中国人，一个外国人。中国人是一个道士，叫做王圆箓；外国人是一个英国籍的匈牙利人，考古学家斯坦因。

敦煌在历史上曾经是一个很重要的城市，有过辉煌的时期，但是这个时候已经默默无闻了。在这个默默无闻的城市里，有一个古老的佛教石窟群，就是有名的莫高窟。这个石窟当年是非常辉煌的，但是到了20世纪时已经在人们的记忆中间淡没了，只有很少一点记载还能让人们知道在敦煌还有这么一个石窟。这个石窟本来是一个佛教的石窟，但是佛教在这里衰落了，石窟的一小部分变成了道士的道观。住持是个道士，叫做王圆箓。这个人想修整道观，就开始清埋石窟。结果一个很偶然的机会，他发现在一个石窟的边上有一个小窟。打开来一看，这个小窟里面从底到顶密密麻麻地堆积了大量的从十六国、北朝一直到宋朝初年的文书、卷子，还有一部分绘画及丝织品和刺绣。这是一个极重大的发现，都是1000年至1600年以前的经卷文书，纸写的文件，还有丝织品、刺绣，这样多的东西集中在一个地方出现，在世界上也是少有的。王圆箓不能说一点都不知道这些东西的价值，但他其实是糊里糊涂的。另外，清朝的政府知道这些东西以后已经要他负责好好保存保管，但他也稀里糊涂把它们当做他自己的东西。这样过了几年，人们还是不太知道这些东西。

到了1907年，一个外国人，就是斯坦因，他来进行中亚和中国西北地区的考察，到了敦煌，听到了这个消息。他就去找王圆箓，然后连哄带骗再加上很少的一点钱，他就得到了几千件的敦煌遗书、敦煌文物。他将这些东西拉到英国，一公布出来，立刻引起世界性的至少是欧美的震动，说这真是一个重大的发现。原来，敦煌是丝绸之路上的一个很重要的城市，已经随着丝绸之路的衰落而衰落了。但到了20世纪初期，又立刻引起了轰动，敦煌又重新进入了国际的视野。以一大批丰富的敦煌遗书加上敦煌的石窟，还有其他的重要文物作为研究对象的一门学科兴起了，这就是敦煌学。

敦煌学到现在也有差不多100年了，现在看起来这个学科还没有衰落，还好像有点方兴未艾的样子。随着敦煌的发现，外国人首先是斯坦因，然后是法国人伯希和，然后还有俄国人、日本人，最后当然也少不了美国人，都跑来了。他们从这里或多或少地掠夺了大量文物。敦煌的文物流散到世界上的各个地方，也使敦煌学成了国际性的学科。不只是中国人在研究它，恐怕还是外国人首先注意到了它，开始研究它，敦煌学成了一门国际性的学科。敦煌文物被掠夺盗骗出去以后，留下的部分还有不少，就集中到了北京图书馆，也就是我们今天讲座所在的国家图书馆。这里也是世界上收藏敦煌文书最多的地方，是世界上研究敦煌的一个点甚至于是一个中心。

20世纪初年的时候，敦煌已经衰落了。当年敦煌可是一个非常光辉的城市，从西汉开始一直到宋朝初年，这里都是一个非常煌辉的城市，以后衰落了。敦煌为什么能够经历了这样一个1200年左右的辉煌，然后又经历了900年左右的衰落呢？这是因为敦煌是处在当时中国历史乃至世界历史的一个枢纽地带，敦煌之所以衰落也是因为它失去了这种枢纽地带的作用。敦煌处在河西走廊，是河西走廊最西边的一个城市。河西走廊是中国历史上的一个枢纽地段，敦煌在它的西边，是朝西的一个出口。这个枢纽地段，是今天我们中国境内的古代各个民族交往的十字路口。这个地段的北边是草原，是蒙古高原；它的西边是所谓的西域；南边是青藏高原；东边是中原大地。它处在一个东西南北的中国古代民族交往的十字路口。河西走廊从地理上讲确实是一条走廊。这个走廊的南边是祁连山，祁连山再往南就是青藏高原了，就是现在藏族活动的地方。在它的北边基本上是蒙古高原，它的南缘是沙漠、戈壁、荒山，就是所谓的荒漠地带。河西走廊正好是北边的荒漠和南边的高高的祁连山之间的狭长地带，在这个地带，祁连山的雪水流下来形成了一连串的绿洲，绿洲的外边又是一些草原。所以这条走廊既适于农业又适于畜牧业，人口比较多，物产也相当丰富。这条走廊正好是草原民族南下，青藏高原民族北上的一个通道，人们往往在这个地方交汇，然后再流到四方。另外，祁连山又是东西方向的走廊。因此，中原地区跟西域乃至于更远的中亚、印度、西亚、伊朗、阿拉伯乃至欧洲的交通和交往都要经过这样一个狭窄的河西走廊。所以，这个地方是一个枢纽地带，它既是今天中国境内各古代民族交往的一个枢纽地带，又是中国和西方交通的“丝绸之路”通道上必须经过的地段。因此，河西走廊在中国历史上就很重要了，它是一条地理的走廊，也是一条历史的走廊。

在这个地方，汉族、其他的民族进进出出，有打仗也有和平相处。中原王朝往西伸展的话，一定要先到这个地方，然后再往新疆、往中亚伸展。中原王朝也要依靠这个地方来抵御北方草原的游牧民族。在这个枢纽地段，更重要的是从东往西这条路。这个东西的路从中原伸展到西北，然后再伸展出去，就是丝绸之路，到中亚到印度到西亚，最后到欧洲到非洲。敦煌在河西走廊的西口，是东西交通中间的一个转换地点，丝绸之路在河西走廊进入一个比较窄的通道。丝绸之路不是一条，有很多条。但到这里就收缩到了河西走廊上的一条，再到中原。从这里出去，也是到敦煌这个地方，然后就展开，有好几条道出去了，这地方是一个很重要的关口。河西走廊是一条历史的走廊，同时当然也就成了一条文化的走廊。因为随着民族之间的交往，比方说东西方民族的交往，有政治的、经济的，当然也有军事的，随着交往而来，各族的文化也汇拢到这里，在这里互相接触、融会。汉族的文化、西域的各民族的文化，再远处的亚洲其他地区的文化都往往汇到这个地方。河西走廊有点像一条河道上的一个蓄水池，各种地方来的流水到这里都汇集一下，停留一下，然后再分别流出去。因为这个地方的自然环境和人文环境都比较不错，人们和文化就有可能在这里停留，这么转一下，然后再出去。

从西汉开始，这个地方主要属于中原王朝的版图，汉族成了主要的居民，当然其他民族也有，汉族的文化也就成了这个地方的主导的文化。其他的文化在这个地方开始跟汉族的文化交汇、融合、互相作用,汉族的文化也从这里传播到世界其他地方。汉族文化传播出去,这个我不多讲。其他文化传进来,河西地方就起了相当大的作用。因为我们知道汉族的文化是长期的、延续的,而且是比较先进的、传统很深厚的一种文化。它之所以如此,很重要的一个原因,就是它实际上是黄河流域开始的所谓华夏文化,融会了中国其他地区的各种文化形成的。然后这个文化再融会其他地区文化形成更深厚的一种汉文化。汉文化的形成和发展不是靠排斥抵制其他的文化,而是靠吸收融会其他的文化来丰富自己、发展自己,跟中华民族一样,是所谓的"多元一体"。其他的文化,哪怕是一些跟汉族差距很大的距离很远的文化,汉族都可以把它吸收、融会进来,形成自己的东西。这种外来文化的进入是不断的。在历史上虽然也有过战争、冲突,也有动乱,但是基本上外来文化,特别是从西方传过来的文化是采取一种逐步地渗透的形式,逐步地渗入。它不是暴风骤雨式地冲过来,跟原来的文化产生一种很大的冲撞,这种情况之下,东西方文化的冲突是相当激烈的。这种冲突的后果是好是坏,或者哪些好哪些坏,我们先不说,但对中国的震动是极大的。但是在古代,从国外来的文化,进来是徐缓的,中国文化就有时间把它融会吸收变成自己的东西。

这里面最突出的就是佛教,我们知道佛教起源于印度,这种宗教的观念和它的种种东西跟中国传统的东西并不是完全契合的,有差距甚至是相互排斥的。当时许多中国人对外来的佛教是不满的,比方说有两条。第一条是"沙门不敬王者"。中国崇拜权威,认定权威是皇帝,而佛教徒不认为国王、皇帝是权威,这就有冲突。还有佛教讲究佛是最高的,而各种人都一样,跟中国传统的家族观念,跟中国的孝道是有距离的,所以又出来一个"沙门不敬父母"。这都跟中国传统的东西有冲突。这种冲突加上其他的一些经济、政治方面的因素,例如佛教传来了以后,它要存在,就要发展自己的经济,要有产业、有收入,要控制劳动人口,这跟中国封建国家的利益是冲突的。由于这样种种原因,历史上也曾经发生过几次所谓的灭佛、毁佛、废佛的活动,但是这个问题慢慢地就解决了。解决的方法很简单,就是佛教的东西向中国传统的观念靠。忠君靠过来了,孝顺父母靠过来了,佛教的祈愿后来加上了希望国家安定、希望皇帝平安,甚至皇帝就是今世佛、"老佛爷”,拜皇帝和拜佛是一致的。还有,做法事首先就是祈愿三代乃至于七代的祖宗安安生生地在天国享受欢乐,这都出现了。佛教也接受了封建王朝的管理、控制。当然还有佛教的教义,还有佛教的各种仪轨等等都在变化,慢慢的佛教就跟中国传统的东西融会起来。这样,原来起源于印度的佛教就中国化了,就成了中国式的佛教了。中国式的佛教最后成了今天世界佛教的主流,还影响到了周边的地方。反过来,佛教反而在它的起源地印度衰落了。这是中国文化对外来文化融会和使它中国化的最好的例子,这个过程从魏晋南北朝一直到隋唐大体上完成了。

在这种逐渐融会的过程中,像河西走廊这样一个起着文化蓄水池作用的地区,在外来文化中国化的过程中的作用就很值得注意了。先在这里打一个转,然后再出去。这个流向也是双向的。换句话说,中原地区的佛教的一些特色又回过头流到这个地方来,在这里和西方的东西糅合,这么一个关系。这是一个很有意思的问题。

在敦煌地区佛教是最繁荣、最兴盛的。我们先不说在这个地方的佛教教派等等,我们就说一下莫高窟这个佛教的石窟艺术宝地。佛教过去有个传统,就是在山上打洞,作为安放佛像、膜拜的地方。莫高窟就是这么一个佛教的石窟,莫高窟佛教艺术中反映了佛教跟汉文化的结合。从印度来的佛教,从艺术形式上讲,有希腊的影响。佛教的兴盛首先是在印度。印度的西北部,也就是现在的巴基斯坦和印度河这一带地方,在公元前4世纪是希腊的亚历山大所征服的地方。亚历山大东征一直到了今巴基斯坦、印度河,这个地方成了希腊的领土,所以这个地方受希腊的影响很重。随后,又是一些受希腊影响很重很深的人,比如巴克特里亚人,就是所谓的大夏的贵霜王朝的人在这个地方。因此这个地方的艺术就具有很强烈的希腊艺术的风格,就是所谓犍陀罗风格。这个地方佛教的佛像跟希腊的神的雕像的风格差不多,带翅膀的天神、十字架等都有过。这种犍陀罗风格随着佛教西传到了西域一带,又染上了一些西域的风格,像龟兹这些地方的风格。再到敦煌来,慢慢地就变成纯中国式的了。

另外,中国的佛教还有一个特点,就是中国佛教实际上是“入世”的,要跟社会接触,要去劝化世人。它本身也就有一种世俗化的倾向,这是中国文化的一个特点,也是中国佛教的一个特点。世俗化的倾向比较注意人的地位、人的作用、人的活动,人在佛的面前就不只是一个只知道礼拜、皈依的可怜虫了。他还应该跟佛对话,要能够提出问题,要能够在佛面前有所表现等等,这可以算是佛教中国化的一个特点,当然我这说法是非常肤浅的,真的要探讨起来,这个问题可说的话太多了,我简单这么说一点。这些中国的特点逐渐地就在敦煌的石窟艺术中反映出来。比方说,首先我们看敦煌石窟的窟,这算是一种建筑形式。从印度传来的这种窟基本是两种,一种是所谓的"禅窟",还有一种是所谓的"中心塔柱窟"。"禅窟"是供僧人坐禅、打坐,摒除俗念、清静修行的。"中心塔柱窟"是窟中间有一个塔,有像个大方柱子似的塔柱,四面有佛像,供人在窟里头顶礼膜拜和观佛,就是在那里体会佛心佛性等等,是转着圈的,绕着塔柱走的。这两种窟,禅窟是供和尚个人打坐、坐禅的,属于个人行为。中心塔柱窟,它给信徒们活动的空间是很小的,这是印度来的,可是后来逐渐发展成中国式的窟了,中国式的窟大体上接受了中国木构建筑的特点。本来窟是石窟,可是中国的石窟是仿照了木构的建筑,不但里面是这样,而且外面还有用木头修出来的窟檐、柱子等等,等于是造一个房子把石窟盖在里面。但这些东西现在都毁的差不多了,因为是木头的,只剩下几处。这种形式的石窟里给人的活动空间就大了。所谓殿堂式的石窟,有点像我们现在的佛教寺庙。而且当时敦煌的殿堂石窟佛像的位置还更靠墙,甚至在墙里面,其余空地全是人们活动的地方。它的建筑式样向中国的木构建筑靠拢,它活动空间的扩大也反映了中国佛教世俗化的一些特点。这是讲佛教的石窟建筑。

莫高窟的很大一个特点是它有大量的塑像和壁画。这些塑像和壁画里的人物及服装等等,早期是犍陀罗式的形象,印度式的、犍陀罗式的服饰是最突出的,人物造型希腊式的、印度式的、西域式的风格非常突出。逐渐的就成了中国式的人物、中国式的服饰了。佛像从外观上就可以看出是中国人,不再是印度人了,也不是希腊人。它穿的衣服、服饰也都向中国的服装靠拢,当然还是有些特别的东西,但总体上向中国靠拢。壁画形象也有变化,比方有名的飞天,在天上的宛转流动,完全是靠它的身材、靠它身体的形状和它身上衣饰的飘带,让你感觉到它宛转飞扬,这种风格希腊是没有的。希腊的人要表现飞,他们古代的传统是要凭借翅膀的。包括表现基督教的画面,上帝下面的天使都是带翅膀的。可是,到中国干脆就不要翅膀就可以在天上飞,而且表演各种优美的姿势。这个实际上就融入了中国的风格。中国至少在战国以后,在南方的长江流域和长江以南,这种流转的、不带翅膀的人物和动物的飞翔动作形象已经大量的出现了。如果我们看战国、汉代的漆器,这种形象很多。就是往天上飞的神也就是这种形象。中国原来也有带翅膀的仙人,就是所谓的"羽人",但后来飞起来就不要翅膀了。中国道教的神仙不要任何凭借,就可以在天上走,也许要踏一朵云,什么翅膀都不要。这个恐怕是来源于庄子,因为庄子讲过一个古代的神人列御寇,列御寇"御风而行,泠然善也",顺着风飘飘然就走了,"朝苍梧而暮北海",到处逛去了。这是中国人的一种思维,中国人的一种想象,中国风格的东西,这个东西充分融会到了敦煌的飞天里面。

另外,壁画的形象,除了人物的服饰以外,慢慢都在变。我们还看到,壁画中间有佛像,有菩萨像,有各种的像,另外还有一些佛的故事,佛经的故事、佛教的传说等等。这里面除了佛、菩萨等等以外,还有人的活动。到了中国,佛、菩萨的题材之外,这种涉及人物故事的形象很多。比如观音怎样幻化各种形象,救苦救难等等,有好些像连环画似的,这里面有很多人物形象,这些人物当然都是中国人,中国面孔。不单是中国面孔,而且佛教故事产生的地方、背景也从印度转到了中国,是中国本时本地的故事画。另外,各种人物画,各种风俗画,各种风景画都有了。而且慢慢有些佛教壁画题材跟佛教脱离了,纯粹是世俗的人物、世俗的故事了。另外,修窟造像是需要有人贡献的,就是布施、功德,换句话说,就叫供养。供养一个佛,供养一幅画,供养一个窟的施主,就是供养人。人们掏了钱做了好事情,也希望留名。所以在敦煌石窟的壁画中就有一些供养人的画像。这些供养人的画像,原来都是很小的,地位也很低,在一个石窟最下面一层里面密密麻麻地排着很多小人像,现在年长日久有时候看不清楚是什么样了。可是后来慢慢这些人像大起来了,大到最后以至于到了五代宋朝初年的时候,供养人的像已经是脱离非常低的地位,到甬道的两边去了,而且个儿非常大,画的漂漂亮亮、清清楚楚的,比真人还要高。当然,这是一些敦煌当时的统治者,他们大概独立花钱修窟,这些窟就带有个人的性质了。还有些干脆跟佛教没关系了,比如张议潮，敦煌后期的一个统治者，他在一个大石窟的两边，让画工画了两幅很长的壁画，是他和他的夫人出行的图，浩浩荡荡，车马乐舞，还有杂技表演等等。这完全是表现他自己，表现他的威风，表现他的高贵，跟佛教、跟佛的题材已经没有直接的关系。当然，他是这个窟的所谓供养人了，是唯一的供养人，他就把他自己表现到这种程度。这些都反映了一种中国式的佛教的特点，跟原来印度的已经相差很多了。

在河西走廊，敦煌是最靠西边的一个城市，这个城市正好是河西走廊的西口，中国的中原王朝往往控制了河西走廊，就是控制了这个地方。从这个地方往西是西域，再往西是中亚印度了，这是一头。倒过来，从敦煌向东进来主要就是汉族的地区，汉文化所在地方。所以这个地方是个关口，丝绸之路的商业在这里也是一个关口。刚才说了，从敦煌出去以后，这个丝绸之路分成两条或许三条或许几条，最主要的是两条。分别沿着天山南边和昆仑山北边，绕过塔克拉玛干大沙漠到帕米尔会齐，再往西出去。敦煌是一个关口。从这里一条线往东，经过河西走廊，到中原去了。过了河西走廊大概又分好多道，但首先，是汉族聚居的地方，再出去，就是各种各样的民族，各种各样的文化了。这一点，过去人们似乎也认识到了。像唐朝很有名的诗，如“羌笛何需怨杨柳，春风不度玉门关”，这就是咏西北的。换句话说，从自然景观上来说，从自然条件来说，这个玉门关就是一个界限了。还有一首诗“劝君更尽一杯酒，西出阳关无故人”，这好像是写人文景观的，就是说，西面外头都没有你认识的人了，里面还有，这是人文景观。玉门关和阳关，在汉朝时候都是在敦煌的境内，是汉朝建立的关。从玉门关出去是一条道，从阳关出去是另一条道。出去以后景色全非，阳关一出去，就是沙漠荒原，玉门关出去到吐鲁番这边，景色也不一样。到唐朝的时候，玉门关挪到了敦煌的东边，但是应该说也还在敦煌这个大范围里面。所以当时的人似乎把玉门关、阳关，也就是把敦煌作为中原王朝和西方的关口、交界的地方。从这里我们可以看到敦煌的重要，敦煌在河西走廊上地位的重要，在“丝绸之路”上地位的重要，乃至于在中国历史上各民族关系中间地位的重要，尤其是在东西交流上敦煌的位置非常重要，可以想见。

敦煌的重要辉煌地位，可以说是从西汉汉武帝开始的。在这以前，敦煌不是没有文化也不是没有居民。最早，在新石器时期的时候，这一带已经有了一种具有彩陶文化特点的遗址。它的年代跟夏朝差不多。到了商朝和周的时候，在这里活动的人是乌孙人和月氏人。后来月氏把乌孙赶跑了，成了这个地方的主人。大概到了秦朝末年汉朝初年的时候，很强大的匈奴来了，又把月氏赶跑了，匈奴成了这里的主人。西汉的汉武帝跟匈奴发生了大战，大大打击了匈奴。当时的大将霍去病占领了河西的地方，西汉在这里设了四个郡，所谓河西四郡，就是武威、张掖、酒泉，从东往西，最后设的是敦煌，这个地方就正式归入了中原王朝的版图，成了汉朝北御匈奴、西通西域的重要地方。汉朝在这个地方修长城、修烽燧、派兵戍守、屯田、积谷、移民，使这里发展起来。这时候东西的商路也打开了。敦煌成了一个重要的政治、军事重镇，同时也成了一个重要的商业城市。丝绸之路上来往的大量货物，中国的丝绸、国外的珍宝等等，通过这条道路来回交通。敦煌的辉煌历史就从这时开始。随后，汉族渐渐成了这里的主要居民，汉族的文化也就成了这个地方的主导文化。魏晋南北朝的时候，中国中原地区发生了一次民族大动乱，就是所谓“五胡十六国”，河西地区包括敦煌也被卷进去了。河西地区在十六国时期，先后建立了五个政权，就是所谓的“五凉”。这“五凉”也互相打仗，跟中原地区其他的一些民族政权也有冲突，但是河西地区终究是在边沿上，所以它还好一点。有时打得很厉害，多数时期还是保持比较平和的局面。尤其是敦煌，由于最靠西边，所以受动乱的影响最少，基本上还能维持它原来的局面。不仅如此，由于动乱的缘故，大量的流民、移民从中原地区，从东边往这跑，迁到这里。这里成了动乱期间比较安定的地方。由于大量移民，人口增加，敦煌经济也有发展。同时这次移民不只是原来的那些戍卒、农民，也包括一些文化层次比较高的所谓世家大族。这些人在动乱时迁移过来，东汉时有一次，三国时候有一次，五胡十六国时候又有一次，慢慢这个地方的文化积淀加厚了，特别是儒学的传统。以至在后来，对在黄河流域、长江流域建立的政权，河西地区包括敦煌的儒生，反过来对当时的南北朝的南朝和北朝的文化建设，甚至政治建设都有相当大的影响。本来这里的文化是从东边来的，现在反馈回去了，可见这个地方文化传统、文化沉淀也开始积累加厚了。

就在这时，敦煌出现了一种外来文化，就是佛教。佛教从印度传过来走两条路，一路是走海路，一路是走陆路。走陆路经过河西。所以敦煌在很早就有了佛教，中原有些佛教的高僧，还是西域来的。从印度来的和尚当时还不太多，主要是西域和尚，先学了佛教然后跑到这来，影响非常大，所以这个地方慢慢成了一个佛教圣地，从这里又往东传过去。中原地区的佛教在十六国时候就开始兴盛了，东边的佛教又返回来到了这里。这么来回一转，这个地方的佛教就非常兴盛。加上当时统治者的提倡，地方官、地方的政权领袖的提倡，佛教大为兴盛。兴盛之后，当然要有信徒，要有和尚，还要有庙。当时内地流行禅学，讲究坐禅。坐禅要有一个比较安静的地方，当时的佛教信徒往往就找一个偏僻的地方坐禅，修心、养性。所以佛教的庙，多半都建在山里面，当然不是山顶上，大都是半山腰，大部分都这样，在敦煌也是这样。所以敦煌就出现了石窟寺，出现了石窟。禅窟就是给和尚打坐修禅用的，也给信徒们顶礼膜拜。据说最早是在前秦时候，大概是公元366年，敦煌出现了第一个窟，是一个叫乐僔的和尚建的。建立这个窟，还有一段传说。相传乐僔到了莫高窟，忽然发现天上好像有很多佛呈现出来，他感觉到这是一个圣地，于是在这里开了一个窟。从此以后窟越开越多。从一些小的禅窟开到后来很大很大的窟，慢慢从中心塔柱式的窟变成殿堂式的窟，而且越来越富丽，装饰得金碧辉煌。直到今天，莫高窟现存的大大小小的窟700多个。从前秦一直到元朝，不断地开窟、修窟。敦煌历史也在这中间几起几落，但是佛教始终兴盛，一直到元代。

刚才讲到了南北朝，然后就是隋唐了。隋唐是中国历史上一个鼎盛时期，这个时期和汉朝差不多，也是北边打败了突厥，然后通过河西走廊向西域进发，中央政府控制的地区一直到了中亚细亚。因此，西方北方的各民族跟中央王朝的政治关系是非常密切的。丝绸之路上的商业非常繁盛，文化的交流也很兴盛。在这中间敦煌达到了历史上最辉煌的时期，可以说是一个高峰。这个高峰，持续了一段时间以后，势头有点下降了。主要因为唐朝中期有一次变乱，就是“安史之乱”。“安史之乱”中唐朝把西北方的大量军队都调去对付安禄山、史思明的叛军，所以西北方向唐朝的势力大大削弱。这时，青藏高原势力强大的吐蕃乘机从东到西逐步占领河西走廊。敦煌是河西走廊最西的一个城市，最后还是被吐蕃攻陷了。然后,吐蕃接着又把新疆的唐朝势力给扫掉了,把新疆南部也置于他们的控制之下,这样敦煌处于吐蕃的控制下有70年。吐蕃极力想使敦煌吐蕃化。要把人们按吐蕃的部落编制起来,但是看来只能收一时之效。到了唐朝末年,这个地方有一个汉人叫张议潮,他率领汉族及其他族起兵,把吐蕃赶出去,控制了河西。但是没有多久,河西地区其他的民族政权又起来,控制了河西走廊的东部,这样张氏政权主要是在河西走廊的西部,最后实际上控制了两个州,一个是沙州,就是今天的敦煌,一个是瓜州,就是今天的安西。我们说的敦煌,实际上在唐朝包括这两个州。这样,敦煌跟中原王朝实际上被割断了。后来张议潮的张氏政权又被曹氏政权代替。当时张议潮的官号叫作归义军节度使,这是唐朝的官号。张氏归义军和曹氏归义军在瓜、沙各个民族的活动中,维持了一个相当不错的地位。原因有几个,一是当时除了吐蕃,附近民族没有一个特别强大的政权,而吐蕃已经衰落了。其次,瓜、沙这个地方的重要性和经济方面都是比较好的,文化也是比较先进的,还能维持。另外,瓜、沙的佛教势力很强盛,附近的民族大都信佛教。佛教也是维系瓜、沙地区长期存在而且保持和平局面的原因。归义军政权也注意到了这一点,所以他们也注意跟附近的其他一些民族搞好关系,扶持佛教。扶持佛教不但可以借着佛教保持当地地区社会内部的稳定,同时也还可以改善跟其他民族的关系。敦煌在唐朝末年、五代和宋初的时候,俨然成了西北方向的一个佛教的中心,也是一个比较稳定的政权。这时候归义军始终跟唐朝保持关系,希望跟唐朝打通联系,避免失掉与中原的文化联系。不管有什么变化,佛教在这里始终是一个很大的势力,是一种文化势力,也是维系敦煌地位和繁荣的一个因素。

但这个局面宋朝初年以后就被打破了。首先就是西夏占领了这个地方。西夏占领了这里以后"丝绸之路"实际上被隔绝了。因为西夏面向的是东方,它跟宋朝是敌人,是经常打仗的,所以敦煌与中原的交通都被切断了。另外,这时敦煌成了西夏的后院,包括河西走廊,整个都是西夏的后院,不是西夏要着意经营的地方。之后,蒙古灭西夏,蒙古倒是把东西方的通路大大地开通了,但是靠武装靠打仗,一直打到欧洲,是这么开通的。商业也大大地开通,但商路主要不是经过古老的丝绸之路,更多的是从西面经过北方的草原，到蒙古高原然后南下。所以敦煌就不是占着过去交通要冲的地位了。而且，这个时候东西方海路的交通上升到了更重要的地位。在唐朝以前，跟西方的通路有海路也有陆路，但是陆路似乎更突出一些。到宋朝以后，陆路由于被切断衰落了，海路就更加重要。

还有一个原因，就是这个时候，中国造船的技术和航海的技术有很大的发展，所以走海路比过去要通畅多了。而且这个时候，中国出口的商品中除了丝绸又增加了一种东西，就是瓷器。瓷器的分量是很重的，又很容易破损。瓷器如果走陆运，用骆驼用马运时路途遥远。唐以前中国王朝的军事政治的重心，大体上在现在的关中或东边一点，就是以长安为中心的这一带地方，这个地方离西北比较近。人们说丝绸之路的起点就是长安，这是不错的。但是在宋以后，政治军事中心逐渐往东、往北去了，到了北京，元明清建都都是在北京。中国的经济重心也从黄河流域移到了长江流域，移到了南方，离丝绸之路远了，对外贸易更便利于海运了。随着这样一些原因，丝绸之路就衰落了，慢慢被人遗忘了。到了 19 世纪才有人再次提出来，是德国地理学家李希霍芬提出来的，说有这么一条丝绸之路，大家才重视起来。丝绸之路衰落了，敦煌也慢慢地被人忘了。

另外，还有个因素也许很难说是不重要，就是佛教在这里也衰落了。伊斯兰教传进来了，伊斯兰教到了新疆，也到了敦煌，佛教衰落了。像莫高窟什么的，都不被人知道了。明朝时候，敦煌是在它的疆域之外的，明朝最西边的关口是嘉峪关，嘉峪关以外它就不管了。原来还设了卫所，后来也放弃了。清朝又重新在西域地方经营，这时候敦煌已经不比过去了，甚至于包括从甘肃到新疆的通道也不经过敦煌，从它的北边走。

到了将近 1000 年以后，敦煌又重新知名了，是靠原来那 1200 多年的丰富的文化遗存。今天莫高窟列入联合国世界遗产名录，是靠它过去 1000 多年辉煌的历史和它遗留下来的非常丰富的遗存，这些遗存也正是今天大家关注、欣赏、研究的对象。这些遗存大概包括四个方面，第一个，是汉朝时候的长城及关口等，这个长城很长，文化内涵很丰富，也很特别。第二个，就是在长城、烽燧遗址里面挖出来的从汉朝到晋的简牍，这个数量不少，到目前为止发现的有 25000 多件。20 世纪以来中国发现了大量的简牍，从居延汉简的发现开始，居延离敦煌很近，跟敦煌的汉简是一个类型的，后来内地还有战国的简、秦简、楚简、汉简、三国简等等，发现了很多。但是居延一带的汉晋简牍无疑是其中很重要的数量也很大的一部分。

但是更引人注意的，是石窟艺术和石窟里发现的文书。石窟，不止是在莫高窟，河西地区可以说是一个石窟带，沿着河西走廊有一群一群的石窟，但是敦煌莫高窟是最出名的，是最重要的。我们常说中国有三大石窟，龙门石窟、云冈石窟和敦煌石窟，敦煌石窟的规模大于云冈绝不小于龙门。从它的内容上说，又具有了云冈、龙门所没有的一些特点。敦煌石窟，现在编过号的，里面有东西的大概有500个左右，这里面有极为丰富的宝贵的文物。首先是石窟本身就是一种建筑艺术，其次是石窟中间的塑像和壁画。一般的石窟往往是在石头上雕像，龙门、云冈都是这样，但敦煌因为地质条件的关系不行。敦煌莫高窟的石壁是一种砾岩，所谓砾岩就是河里头的石头和泥沙粘在一起经过地质的作用压成的，是一些大小卵石加上一些沙子、泥沙压成的。这种砾岩要在它上面雕石像是雕不出来的。鹅卵石硬得让你下不了刀，泥沙一凿就散了，雕不出像来。敦煌莫高窟的雕像除了个别大像是石胎泥塑外，绝大部分塑像都是木胎泥塑的，用树枝或木架束上苇草然后糊上泥敷上白粉做出来的，再涂上彩色。这在石窟艺术中是非常特别也非常突出的。这种彩塑在敦煌各个窟里面有3000多尊以上，而且保存得非常好，这是很少有的，艺术水平非常高。另外同样因为地质条件，在墙上雕不了东西，结果就糊上泥巴抹上白粉什么的，然后在上面作画，这种彩色的壁画共有5万多平方米。在各种佛教艺术、石窟艺术中，这种塑像和彩色的壁画表现的内容比石雕丰富细致、深入传神。这是敦煌莫高窟的石窟艺术的一个极大的特点。另外还加上一个因素，就是气候特点，这个地方非常干燥而且又很少人去，所以这里的塑像和壁画保存非常的好，基本上保存下来了，自然的破坏是很少的。有些洞窟几乎跟刚刚开凿后的情况一样，五彩缤纷，光彩夺目，让人大吃一惊，就好像是唐朝人进到唐朝开的石窟一样。这是别的石窟所没有的。再就是文书。敦煌出土了5万多件文书，这5万多件文书里绝大部分是佛经，但是佛经以外也还有很多的东西，差不多社会生活各方面的都有。佛经以外，像道经也有，儒家的经典和文学作品也不少,其他各种各样的书也不少。还有当时官府的档案文书、私人的信件、契约、账册,此外还有日历、占卜等,还有医书药方。我看过一个药方,上面记载好多东西,比如说怎么让你不掉头发,用什么药治你掉头发。社会生活的各个方面,通过文书差不多都可以呈现在你面前,这些文书就成为丰富的研究材料。汉文文书以外还有古代吐蕃的藏文,还有于阗语、突厥文、回鹘文、西夏文和印度的梵文,还有很重要的粟特语。粟特是一个商业民族,从中亚到中国做买卖,他们的文书内容也是非常丰富的。这都是非常丰富的文化遗产。

这批敦煌的遗物、敦煌的遗址具有这样一些特点。第一个是数量极大,两万多枚简牍,那么长的长城烽燧,5 万多件文书,将近 500 个洞窟里面大量的壁画塑像,内容是非常丰富的,类型也很多,时间也很长,至少从汉朝到元朝,保存得又很好。在国内一个地区集中了这么多的文物,时间这么长,而且又互相关联,这是很少见的,特别是莫高窟的石窟艺术和文书。这样,人们就会用一种新的眼光来注视敦煌。敦煌不只是中国值得注意的文化遗存丰富的地区,而且在世界历史上由于"丝绸之路"的关系,由于东西文化交流的关系,它也是一个值得重视的地方。以敦煌为研究对象的敦煌学已经发展了近 100 年,现在还在继续发展之中,说明这些问题还没有研究完,还大有研究的空间,远远不到结束的时候,不到结题的时候。

敦煌是中国的敦煌,也是世界的敦煌;敦煌学,是中国的敦煌学,也是世界的敦煌学。敦煌学涉及的学科很多,历史学、地理学、民族学、文学、语言文字学、音韵学、美术、音乐、舞蹈、民俗、科技还有种种方面在里面都能找到丰富的材料进行研究。无怪乎现在关注敦煌的人越来越多了。中国的敦煌学者原来是一支很小的队伍,"文革"以后,呈几何级数增长,现在研究的人成百上千了,这就是敦煌辉煌的历史和文化遗存的魅力!

原载《敦煌与丝路文化学术讲座》第一辑

廖育群

传统医学与传统文化

提起传统文化，中国人自然会想到“中医”，其实在国外也有各种传统医学存在。可是，在中国近几十年来听到的一种言论就是当今世界上存活的传统医学唯有中医，好像中医很神秘，其他的传统医学都不存在了。其实并不是这么绝对，就这话题我在下面简单地说一说。

首先，扼要地介绍几个我所知道的周边的传统医学。因为全世界有那么多传统医学：日本的汉方医学、印度的阿输吠陀医学、韩国的四象医学、印度尼西亚的甲姆医学、非常流行的顺势疗法以及少数民族医学等等。这说明当今世界仍然存活并仍在使用的传统医学并非唯有中医。然后过渡到讨论中国传统医学与固有文化之间的密切关系。我想包括几点：一、医学的性质及其在中国文明中的位置；二、有关医学文化的研究；三、中医与儒释道三教的关系。

一、有关国家传统医学

1. 日本的传统医学

众所周知，在日本存在的叫做汉方医学。那么汉方究竟是中国的传统医学还是日本的传统医学？由于评价者的视角不同，所看到的东西也不同。虽然是同一事物，但在不同的视角中所看到的却是不同的景象。在日本，关于日本文化的起源、兴隆和发展，向来有两种观点。一种认为是绳纹文化时代，即新石器时代以来日本人已经居住在日本列岛，并创造出了自己的固有文化；另一种观点认为自绳纹文化时代以来，携带各种其他文化因素的人，漂洋过海来到日本列岛上，形成一种重叠的多元的混合文化。那么，前者主张新文化的出现是内在力量发展的结果，而后者除了肯定内在因素之外，比较强调外来因素的重要性。我想没有什么疑问，任何一种异文化在传播到新的地区和固有的文化体系当中之后，都要经过选择性的吸收，按着固有文化特性加以改造，并会因为新的文化要素的传入而引起创新。就医学评价来说,对于日本传统医学与汉方的区别主要有几点:第一,强调固有文化的人认为它是内在力量发展的结果,比较注重研究"和"医方,日本自己固有的一种民间传统的药方;强调外来因素的人,他们会注重从韩国传入的一些经验,中国传入的以及随着佛教从印度传入的,后来荷兰人传入的,所以叫"汉医方"、"和医方"、"兰医方"。第二、日本经世以来,所谓16纪世纪以来,医学主要分为三大流派:古方派、后世派、折衷派。

强调内在力量的人非常注重评价古方派,因为古方派代表日本传统医学和日本民族的特征。后者则认为三大流派各有各的特点,各有各的贡献,认同多种文化混合的这种比较折衷的态度。第三、强调内在力量的人非常赞赏日本的腹根。它是医生看病时,中医讲"望闻问切",病家不必开口,便知病原何在了。日本医生说"中医的摸脉这件事太玄了,我们掌握不了",然后他们就发明了另外一种方法,就是摸病人的肚子就知道病在身体的什么部位了,这叫"腹根"。现在日本医学界认为它是日本汉方中最具有特色的独创,是与中国的医学不同的地方。所以,他们对自己发明的东西特别赞赏。其实世界各国都存在这种观念,欧洲有欧洲中心论,中国有中国中心论,甚至韩国、日本、印度、阿拉伯等国家都有作为自己文化起源中心的现象。日本也一样,那么小的国家也要讲哪些是自己独创的东西。

汉文化东传日本,在不同的历史时期各有特点,北大有一位专门做中日文化交流工作的严绍璗先生把这特点归纳为:第一是以人文交流为自然通道的历史时期,大概是在公元6—8世纪。人文交流确实是非常重要,在人类文化学以及早期的人文交流当中充分考虑。没有书籍,没有其他传播形式的时候,只有以人为载体,把一种文化传播到另一个地方。第二是以贵族知识分子为主体的传播时代,大概是12世纪。第三是以禅宗僧侣为主体的传播时代,大约是13—16世纪。第四是以商业为主要通道的传播时期,主要是江户时代

近代科学发展之前,文化传播活动就像我们刚才说的两种,一是人,二是书。人和书比较起来,有的特点还不一样。

首先是时代不同,人的身份不同,传播的重点自然也不同。前面讲到的僧侣贵族为文化传播媒体的时代,大部分日本的书籍

主要是佛经,他们叫做“仏典”。而涉及到政治、历史、文学、自然科学等其他方面的“外典”非常有限。如729—748年,圣武天皇时代的20年,流到日本的书籍,按它的史书记载统计,大概有43本,其中医学著作只有3本。所以,当时中日之间文化交流并没有想象的那样繁荣,主要是以佛教等宗教事宜往来为主。江户时代达到了一个高潮。日本人和中国人不一样,当年每一条船上所记载的书和货物的账目仍保存至今。所以,随便挑出一条历史记载就可作为一个很珍贵的资料。记载中有中国的南京港、宁波港、广东港等等,几号到哪条船,其中哪条船载了哪些书等等,我数了一下,大概有18种70部。这种文献很多,关西大学有位叫大庭修的教授,一辈子专门做这方面的研究。

第二是人的归属不同,也就是人的阶级社会地位不同,文化传播的范围也不一样。早期的朝鲜人规划到日本以后,日本政府给他们户籍和十年的免税权。他们已经不是贵族的奴隶,不归贵族私人所有,而是归国家所有了,可以充当政府的官吏或在政府所属的企业当中,做一些手工业的生产。那么,这样就决定了最早传进日本的文化只能是一种宫廷文化,它既不是私人的,也不是民间的,而是属于中央集权所有的一种文化。当人的身份不再受到这种制约以后,他们身上所携带的文化有可能在民间得到广泛传播。时代演进之后,书的作用超过了早期起过一些作用的人。我想这是日本文化的最主要的概况。

再说日本医学发展的状况。早期主要模仿唐朝的建筑和特征,政治上模仿唐朝的官僚制度,属于一种学习和引用。但他们没有采用中国通过考试来选拔官员的科举制度。一种文化传过去以后他们有所选择,始终是“权力世袭”,人的地位和职务都是以家庭出身来决定的。医学领域里有两个家族,一个是和气氏,一个是丹波氏。这两个家族具有雄大的医学博士的位置,后来他们的儿子续学医学博士。当然这博士的意思不是现在所说的学位的博士,而是古代混饭吃的位置,是个工作岗位。最早,984年丹波康赖编了一本医学著作,把中国传进的医书分编,应该叫“类书”,现在中国的学者经常引用这本书来校勘、研究中国已经不存在的书籍。这样文化逐渐从宫廷独立出来,就像中国古代所出现的变化,随着文化逐渐进入民间当中,各种文化得到初步发展。日本也一样,官府所垄断的文化结束之后,民间的文化逐渐兴起来，私学取代了官学，教育也非常普及了。

还有一点，日本文化没有先进性，有后进性，这是日本文化发展的特点之一。所谓后进性是指某一事情、制度或思想学说往往会晚于周边先进国家一段时间才在日本出现。这现象的产生是因为日本民族具有积极学习先进的传统与性格，同时又由此决定了日本文化与周边先进民族文明成长过程的不同之处。他们没有独立成长所必须经历的循习渐进的过程，因为他们引进来后，直接利用到一些领域中。当以商贸为主要通道的文化交流开始活跃、知识的传播从宫廷转向民间时，代表着中国当时最新医学水准的"宋明医学"即首先为日本医界普遍接受。不像中国是由《黄帝内经》、《伤寒论》、《脉经》、《本草经》、《本草集注》、《新修本草》、《证类本草》、《本草纲目》这样一步一步沿着历史的轨迹发展下来的。所以，在日本医学界当时最先兴起来了后世方。不是先接受了最早的《黄帝内经》、《伤寒论》，而是中国宋明代的医学在日本得到了普及。"后世派"在当时多称"道三流"，意谓以曲直濑道三为开山之祖的医学流派。他们办了一个"启迪院"，就是私学，有 800 多个学生。启迪院对日本医学有启迪作用，日本医学史家评价他们是沿袭中国医学的产物。中国医学金元四大家：朱丹溪、李东垣、刘完素、张子和，叫李杲医学，在日本首先得到普及。日本学者说，后世派虽然具有日本医学的一定特性，但是不得不承认资格是非常薄弱的。

后来又出了比较有名的人物吉益东洞，他的特点就是从《伤寒论》中寻找医疗的理论和方法。对像《黄帝内经》这样的著作采取了完全否定的态度，他是非常具有日本文化特征的代表人物。《伤寒论》在日本形成了一种新学派，至今为止日本很多人在使用出云广贞的理论，他是古方派的特殊人物。如果大家看过《伤寒论》则知道其药方特点是药味非常少，就五、六味或三、四味，甚至是一、两味，都能组成一个药方，分量等都有一定的规矩。现在，日本的医生仍然在这样做，配成成药使用，这是古方派。

第三是折衷派。折衷派有两种概念，一个是就中国传统医学或日本汉方医学而言，里面有古方和新方。不太注重《黄帝内经》理论体系和《伤寒论》这样不太讲阴阳五行的理论，而注重临床实践这种两个学派之间的结合。如果一直生活在中国，则不会认为《黄帝内经》和《伤寒论》之间有什么本质的区别，会把它们认为是我们中国传统医学一脉相承的两大经典。而日本人看，它们完全是两个不同的体系，《黄帝内经》是一种讲阴阳五行，不切实用的理论，《伤寒论》则是不讲阴阳五行等哲学抽象概念，完全注重临床示兆，讲有什么病就吃什么药的医书经。这是折衷派，经后来医学的传入，又产生了一种新的折衷派——汉兰医学折衷派，相当于中国的中西医结合这样的一种折衷派。

2. 顺势疗法

顺势疗法也是非常流行的一种传统医学，它的奠基人是德国的哈内曼（1755—1843）。大家知道，根据早期的试验报告，最早治疗疟疾是用奎宁，从金鸡纳树皮中提炼出来的有效成分。当时经过试验证明，吃了奎宁以后会引起和疟疾相同的症状表现。反过来奎宁就是从金鸡纳树皮中提炼出来的治疗疟疾的药物。哈内曼从中受到启发，突发奇想，把药物稀释到一定程度，非常微量的时候，它就会引起和疾病相反的症状。这是他的一种思维过程。为什么叫顺势疗法？是因为吃了金鸡纳树皮后其症状和疟疾的反应是一样的，所以这是顺势的结果。他就用这种方式来治疗疾病，与顺势疗法相反的就叫对抗疗法，两派之间展开了激烈的辩证。对抗疗法的思维方式是中药中的"寒症则用热药，热症则用凉药，缺则补之、多则去之"等等，非常好理解。中医中也有类似的说法——正治法、反治法。如果是热病，发烧了还要吃补药，看大夫怎么说，用反治法治不了则用正治法，热病还要用热药。中国学者把顺势疗法译作"以毒攻毒"，这个概念译得不准确，因为它和"以毒攻毒"之间没有本质的联系。

3. 阿输吠陀

阿输吠陀是印度的传统医学，阿输吠陀是音译，是印度四大吠陀之一。"VEDA"是"知识"的意思，前面的"阿输"在古代不读"shu"，应该是形声字，发音很接近，用印度阿育王的"阿育"，也可以是"阿育吠陀"，是"生命的知识"的意思，原音是"阿输吠陀"，音译为"生命吠陀"、"长寿吠陀"，但有人这样译过，甚至再现代化就可译作"生命科学"。印度的传统医学不像中国，不是说我们中医一个学说体系就可以概括中国传统医学。在印度也非常流行顺势疗法，刚才提到的顺势疗法和对抗疗法这两种传统医学在印度非常流行。第三种是生命化学疗法，它的基本主张很简单，用十种盐类的合成治疗所有的疾病。第四种是尤那尼。尤那尼是印度人对西方野蛮人的叫法。印度人眼里从西方过来的人都是野蛮人,把他们叫尤那尼,主要是从希腊一直到阿拉伯人在印度被称为“尤那尼”。随着伊斯兰教传入印度,传入新的医学体系,对印度传统医学增加了新的要素,这些要素主要来源于波斯医学、阿拉伯医学,本质上可以追溯到古希腊的概念。公元12世纪或稍微晚些时候,在印度最兴盛时期,现在的印度政府对以阿拉伯医学为主体的尤那尼医学还是采取保护措施。还有一个叫自然医学,其核心为饮食疗法,也可以叫菜食医学。当然阿输吠陀是最重要的,最代表印度传统医学精髓的医学体系。印度有三大宗教,是佛教、婆罗门教、耆那教。悉达是耆那教的一个名词,意思是“圆满成就者”,本意是“神愿、仙愿、预言家”,“魔术师、圣者、使用魔法”等等,所以简单地说它实际上是神灵医学的范畴。还有一个叫瑜伽,中国人很清楚“瑜伽”这个词,电视里经常看到有位女士把胳膊腿蹶到普通人蹶不到的部位。其实瑜伽在印度不是这样的,它最原始的本意是“结合”,是相当于中国人讲的“天人合一”,他们讲“灵与肉的结合”、“精神世界与物质世界的结合”,都化为一体,达到一种境界叫瑜伽。它讲一切肢体的锻炼都是为了使精神达到一种境界。换成中国话就是“天人合一”、“性命双修”。印度的医学最基本的叫八科:第一叫身体治疗,现在的话叫“内科学”;第二个叫特殊外科学,这也是印度独有的概念,它只治疗锁骨以上的疾病,也就是眼睛、鼻子、嘴、耳朵疾病,可以把它翻译成“五官科”,因为使用其他一般外科中不太用的器械,所以叫特殊外科学;第三个叫一般外科学;还有毒物学,鬼神学、儿科学、强身不老学、强精法,这叫印度八科。阿输吠陀里还讲,生理要求不可医治,如果医治了都要生病,那是顺应自然的。阿输吠陀的第一经典叫《阇罗迦集》,是一个以阇罗迦为命名的一个大乘之作,内容主要讲内科学的治疗方法,所以后来习惯于把它称为内科学的完美体系。但实际上另一种观点认为在那个时候没有内科、外科的绝对界限,所以都要把它叫做内科学的体系。成书年代非常不确定,就像中国的《黄帝内经》等著作一样永远都存在时代考证的问题。究竟成书于什么时候没有确定的结论,但流传到今天的文本不晚于公元2世纪。另一本叫做《Susruta-samhita》,音译叫《苏斯鲁塔本集》或《苏斯鲁塔全集》,以这个人的名字为命名叫《妙闻释》,梵文辞典里译成《妙闻集》,医学界通用这个词。它里边外科讲得比较多,一般把它认为外科的大乘之作。成书年代也不确定,很像中国《黄帝内经》的《素问》、《灵枢》这两部书。但在内容上还是有一定的区别。

4. 韩国医学

早期的韩国医学毫无疑问是从中国传入的,但我认为有点特别,就是出现了一个叫李济马的人物。他在哲学体系思想史上都有一定的地位,他创造了所谓的"四象说"。当然这里所说的"四象说"是用在医学体系当中,另外在整个社会结构的解释以及思想史、数学体系当中他都使用"四象说"的概念。韩国国旗上的四个卦是从李济马开始才确定,其他哲学上的归类也是如此。这点大家可以和《黄帝内经》比较看,都分太阳人、太阴人、少阳人、少阴人,只是在中国《黄帝内经》中多了一个阴阳和平之人,所以构成了五个。《黄帝内经》中对于人格的分类在两篇当中是不同,一篇当中采用的是阴阳之方法,所以分成太阴之人、少阴之人、太阳之人、少阳之人和阴阳和平之人。另外一篇当中是按着金木水火土五行来分的。先秦的时候,阴阳和五行是两家各自为说的,所以在《黄帝内经》里也能体现出这种特点。而韩国的李济马则分成四个。

5. 中国的传统医学

中国传统医学至少包括两大方面。首先是历史最为悠久、内容最为丰富的、使用人数最为多的汉族医学,那就是我们平常说的中医。同时还存在各种各样的少数民族传统医学。另外还有一种中国的西医,中国的西医肯定和西方的西医不一样,就按我刚才说的任何一种文化传入另一个地区之后都要发生变化。中国的佛教不是印度的佛教了,完全是中国的佛教了。那么,中国的西医难道就是西医吗?那肯定不是。现在西方一般的分类是科学、技术与医学,数学也是独立在外。但谁都不能彻底否认医学,它的确是一门科学。这个矛盾的存在来源于"科学"这个概念本身的内涵十分不明确。但更为重要的还是医学本身的性质非常复杂。首先,以养护万民为目标的卫生保健制度体现了医学的社会性。第二,有关人体生理构造疾病的认识,应该说也是人类认识自然的一个方面,把人也作为自然的一方面。这毫无疑问,人是自然的一个组成部分,那么,只要认识自然的东西都是科学的话,医学则构成了这门学科的科学内涵。第三,利用和创造各种工具、手段、方法来治疗疾病是医学的技术要素。医学的对象是人,他又是自然的一部分,又是所有文化创造者、操纵者,因此无论是过去还是现在、未来,医学永远是十分复杂的多面体,而不是一门纯粹的自然科学。当人们谈到医学文化这个问题的时候,其中的医学无疑相当于科学文化中的科学,但医学显然又比任何一门其他自然科学具有更多文化色彩。尤其是传统医学理论的建立、技术的形成往往与自然哲学、巫术等等具有非常密切的联系。我想医学文化就会成为近年来科学史乃至一般史学界领域当中悄然兴起的热门话题。有位史学家早已讨论过这一问题,中国文化是一个以人为核心的文化体系,这一点我也赞同。中国民众的普遍心态是注重现实,关心今世,他们一般不太向往那种超凡脱俗的天堂仙境,所以才会有织女不堪天堂寂寞,来到人间结婚生子;王母娘娘的七仙女也愿意舍弃天仙的身份,在人间和董永相配,生儿育女,过上了男耕女织的幸福生活等等神话传说的存在。那么,这种民众心态、价值趋向决定了饮食、养生以及相关的医学等等,都会受到重视。所以如果把中西两种文化对比,中国文化是生命之树,西方文化叫知识之树。并且中国哲学叫生命哲学,中国道教叫生命宗教,中国文化就是以生命为本的文化。我们也没有必要一定去追究这种归纳和说法到底对不对,中国人照样也会有其他各种各样的表现,我们不做深入的追究。我只是以这个为话题,说两点可能超越作者本意的解释。首先,在时间坐标上中国人也有一种与西方亚里士多德相类似的灵魂阶梯论,承认人是天地万物中具有灵气的,位居阶梯的最高处,但是对于生命和健康的重视随着历史的演进逐渐达成的。早期的政治家并不注重个人生命的延续,而是更多地注重家族延续,所以孔子说"不孝有三,无后为大"。只要把家族延续下去就可以了,个人死生无所谓,多生孩子家族就繁衍兴旺。另一方面,我觉得只有把生命理解为人,而不是肉体生命,才能准确地概括中国的哲学宗教文化的特征。因为人多方面需要治理,肉体需要治理,精神也需要治理,以及相关之间的关系都需要治理。以人为本的这种文化的"人",并不是生命的意思。在中国历史上占主导地位的儒家学问——礼教讲的主要是社会秩序,是人和人的关系。孔子说"学而优则仕",治理万物之灵被视为最高等的工作。古代的睿智哲人在"近取诸身远取诸物"的类比似的方式下,以为天地一太极，人身亦一太极，天地大宇宙与人身小宇宙的构造、运动规律可以互证类通。因而他们往往以人身生理、疾病之因、治疗之道去阐说治世之道。这一点在《盐铁论》中表现得最为明显，叫做“缘医以知政”，根据医生治病的道理去治理国家。那么，什么是最好的医生？是政治家，因为政治家是在治国家的病，所以是最好的医生。而真正能够治理肉体疾患的医疗技术，却被视为“君子不齿”的百工贱业之一。道家治人怎么治？通常都说道家是以追求长生不老为终极目标。其实，早期道家的学问和儒教的礼教一样都是一种言说如何治理社会的政治论，这个在李泽厚写的《中国古代思想史论》中都有明确的交代。我觉得这一点李泽厚说得非常清楚，所有先秦的那些学问都是政治论，到后来才逐渐发展成具有哲学味道的思想体系。“养生”这个词最早出现于《庄子》里的《内篇・养生主》。《庄子・养生主》里用“庖丁解牛”的例子来说明如何治理社会，所以这个“养”字，就是“治理”、“治”；“生”就是老百姓。“养生”就是“治理生命”、“治理生物”，怎么来管理老百姓的意思。和大家现在所用的医学的“养生学”之间一点关系都没有。还有一个误解是，到了东汉出现了道家第一本经典著作《太平经》，里边有一句话“我命在我不在天”。这又被史学家引来说道教从一兴起就能够注重生命，通过修炼、养生之道来延续生命等等。但实际上《太平经》所鼓吹的却是：行善可以“增算”（延长寿命）、作恶必至“减算”（缩短寿命）这样一种宗教观念。这就是道教《太平经》的“我命在我不在天”的本意，所以它和养生学没有任何关系。随着历史发展，不仅道家学问注重这方面，宋代以后还有了儒医的说法。儒医的特点是把认识生命和治理生命提高到了和治人治世同等的重要地位，这不像原来说的“学而优则仕”、医学是“百工贱业”。这个价值观念在宋代逐渐出现后，有了根本的变化，当医生必须得“吾儒格物穷理之一端”也是一个方面，“不为良相，则为良医”的说法也出现了。所以我觉得中国的文化确实是以人为本的文化，人地位的逐步提高是文明发达的重要标志之一，或者说是文明沟通的钥匙之一。至于对人的伤残，那是对人的不尊重，所以刑法逐渐地改进，表明人地位在上升。郭沫若的《青铜时代和石器史料》书中写道“奴隶制也是人的地位的一个提高”，奴隶制前所有的俘虏都要被杀掉，而把他们留下来做奴隶也是社会的进步。所以人的地位是在一步步地提高,并不能指相对于封建社会而言,说奴隶制如何残酷,比起把人全都杀掉的制度又进了一步。从政治上和各个方面对人尊重的时候,诞生了医学的话题。医学的进步程度代表着文明程度的一个方面。

二、医学和文化研究

这方面确实很多人做过工作,不得不去关注它,比方说有本书叫《中国传统文化与医学》,是讲《周易》和医学的书。还有很多书讲时间、空间、气象、阴阳五行、相术等等与医学有关的话题,这些书虽然没有以文化为命名,但绪言中也会强调本书注重的是文化研究或者内容当中把医学当作文化现象来加以研究。以医学文化为主题的学术研讨会也不断地召开。据此,言“文化研究”风行于当代中医界,谅不为过。还有一类研究是注重于疾病、卫生、医疗等社会问题的关系,叫医疗社会史。我觉得这些研究的共性在于,第一、他们在史料的运用方面都超越了古代一些著作的范围,不再是以古代医书为唯一的史料来源,骚人墨客、九流十家、民俗故事等等,都在涉猎范围之内。第二、视野开阔,以至在许多情况下已经完全脱离了医学的知识体系,医家的时间活动或客观存在的疾病现象成了叫“没有医学的医学史”或者“没有疾病的疾病史”。因此,医学的理论和技术都已不是他们研究的核心内容。这种现象的生成有原因:第一是文化人类学的影响和史学的发展。大家知道,人类学分成两大部分,一个是强调对人躯体的研究,甚至于说骨头的科学,什么人种等问题要测量骨头,这是躯体人类学的生理原理,是比较早的。还有一种是注重研究西方之外的各种文化单元,对中国、印度等作为独立的文化单元来研究,最后形成了文化人类学。“文化人类学”这个词,在美国比较流行,在欧洲世界还是不采用,他们叫“民俗学”,内涵都差不多。那么这种情况下,西方学者之所以都说对中医感兴趣,我觉得他们不是把中医作为医学体系来研究,而是作为文化现象来研究,他们不会注重理论和技术。史学发展也是很明显的,国外免疫学科的最早的扩充之一就是扩大史料的利用范围。第二点是社会为文化人提供了更多的生存空间。就像刚才讲的宋代以来儒医增多的情况一样,知识分子多了,出路就业不一定非要去做官,可以从事学术研究。从最早摩尔根开始把人类社会的发展定义为野蛮人、开化人和文明人之后,很多人做了类似的划分,划分到最细的时候已经一直到共产主义社会。在里边一直都讲到社会进步是生产发展之后有一定数量的人可以去从事文化事业,他们不直接参与财富的生产,不直接从事经济活动,他们从事文化活动。当代社会为文化人确确实实提供了很多新的生存空间。这样学医的人不一定要去当医生,不当医生也有饭吃。或者原来是学文史哲出身的人,因为某种机缘对中医感兴趣,这些人大概不知道怎么治病,也不知道中医为什么能够治病,但是他们喜欢研究中医。这两种人天生有个特点,他们本来就是个文人,中医能够治病这一个客观性对他们感官没有产生任何刺激作用。也就是说,他们大脑没有产生共鸣,他们无视医学作为一种自然科学的这种科学属性,只是注重它是一种文化遗产的文化属性。所以,这些人自己没有注意到,他们只把现代医学定义为科学、定义为医学,而把传统医学定义为文化,即传统文化。无论如何,既然中医能够治病,那么它就有治病的道理,它毕竟是一种自然科学,它不是一个纯粹的文化,必须从两方面对它进行研究。

对医学文化当然也有我自己的理解。我觉得把所有的精神财富甚至于《道藏》、《大藏经》里的有关医学的东西等都搜集到一起就叫"医学文化研究"。我觉得这和一般史学没什么区别,只是扩大了利用的时代范围,关心的问题也不是医学问题。最早中国人所谓的文化的意义与西方文化的概念、内涵差不多。文化的特点是它有教化的过程,并不是天生就对医学非常接受。原来能够在自身发展的规定方向下自行驯化,这叫文化。举例来说,医学当中存在进化文化过程,答案无疑是肯定的。中国人有产后坐月子的习惯,不吃冷物、不妄劳作。西方人没有这习惯,日本人原来有这习惯,明治维新以后被西方医学同化了。现在的日本妇女生完小孩,床上就吃冰激凌。理论是凉的东西有利于子宫收缩,减少出血。这就是中国坐月子的教化被另一种知识体系改变了。我们都知道,受凉了会感冒,但西方人不承认这个事情,认为感冒是细菌病毒引起的一种感染性的疾病,和受凉没有关系。在南极不会得感冒,因为南极没有病毒、细菌。我们听了后总觉得有点不对劲,中国特考团到南极的时候,我们一些特考队员脱光了衣服在外边待四十分钟再看看,他们不流鼻涕、不打喷嚏、不感冒才怪呢。我想，按西方人认为的感冒完全是病毒引起的，这很难接受。实际上，刚解放时，在美国有很多越南难民和中国人在那里做工，他们的史学文章里对这个问题都进行过讨论。就说中国和越南的工人对厂房有空调等设施还不习惯，都觉得自己要感冒。其实他们都受到了各自民族文化传统的影响。空调和感冒没什么关系，这问题在美国成了热门话题。再举个很有意思的例子，就是肝火。中国人说肝火的意思是发脾气、头痛之类。法国的传统医学里讲，肝火不足则导致消化不良，就会得“肝急病”，大吃大喝就消化不良了，叫“肝急病”。胃就像一个锅，肝像锅扎在火炉上，是火源，所以“肝火不足”导致消化不良。迄今为止，法国人仍旧是这种观念。大家以为只有在中国传统观念影响着人们的思想，其实在西方世界也一样，他们也有他们的传统观念。

求生是动物的本能，但在有病时接受医学的治疗却不是本能，而是教化的结果。在司马迁《史记》的《扁鹊传》中有句话“病有六不治……信巫不信医”，信巫不信医就不能治，在那个时代是一种对社会的较好的研究。《汉书》中却和这观点不一样，其中说有病别治，你就得到了一个公正的医生。因为你选的医生可能是一个上等或下等医生。选了下等医生怎么办？本来还能活十年，最后反而只活了五年，那干脆遵守“有病不治，常得中医”的说法，意思是生病不治等于得到一个中等医生。其实这两例都反映了那个时代民众对医学的拒绝的态度。经过不断地教化，民众才开始接受医学，接受到现在却变成了医生怎么说就怎么治，绝对地接受，把自己完全交付给医生，对医生百分百地信任。大家知道，现在医院里病人没有权力看自己的病历，无法知道为什么医生给这样治疗，这是由医生来决定病人的命运。而在西方不是这样了，在西方病人有权知道自己的疾病，有权选择治疗方式。医生首先对病人讲治疗方案，由病人来选择，治疗权力都在于病人。如此医学教化的内涵不断地变化，我觉得这些都在教化的范围。

西方医学传入中国之后，在中国民众当中发生了什么变化？原来是不是很多中国人说宁死不开刀？觉得身上不能缺什么东西。中国人度过了从恐惧开始到普遍了解，慢慢能够接受手术治疗的过程。这些并不是医疗技术进步的过程，而是医学文化发展的过程，也是一个被西方文化所“化”的过程。如果不按我们老北京所说的文化就是“以文化人”,医学文化的研究未必一定搞得像文人墨客的闲情逸致,未必一定要避开医学理论、治疗技艺的核心内容,未必一定要把传统医学划分成科学和文化两个方面来说。

三、儒释道三教与医学

刘鹗《老残游记》里记“儒、释、道三教,譬如三个铺面挂了三个招牌,其实都是卖的杂货,柴米油盐都是有的。不过儒家的铺子大些,佛、道的铺子小些,皆是无所不包的。”儒释道三教的后面挂着三个刀叉,其实都是那时候的家伙,当时人都是这样。不过儒家的斧子是大戒,佛道的斧子是小戒,也是无所不挂的。这话提的也是很深刻,确实儒释道三教的教义很深刻。那么三教的医学而言,情况大不一样。道教给人的印象简直是古代研究生命科学的大本营。估计历史上的许多重要人物,比如六朝的葛洪、陶弘景,唐代的孙思邈等本身就是道教人物,而且诸如房中术、气功、内丹、外丹等所有代表神秘色彩的养生之道几乎都与道教有密切关系。以致道教研究者通常都会认为“道教是以追求长生成仙为最终目标的宗教”,所以道教医学的铺子比儒家医学和佛教医学的铺子大得多。那么,“儒”作为中国历史上占统治地位的思想体系,其实代表统治者的态度和政策。所以,“儒”对于医学的态度决定了医学的地位,从这一点上讲它的影响和作用最大,释道两家都难望其项背。从国家的角度出发,国家对医学的重视程度,始终具有政治色彩。举个例子来说,医疗疾病和预防疾病,哪一个投入少、效益大,那国家一定会发展那投入少的。提倡预防一定是预防的投入要比治疗的投入少,如果预防投入需要很大很多的经费,那么国家限于财力,宁愿让大家得病后去治疗,而不是先预防。所以,从国家和儒家的角度讲,医学始终是具有极强的政治性。我自己认为佛教的影响就是在寺庙内设立小规模的养精法等。道教是一种比较封闭的传统学术体系,它的目的不是普度众生,也不是为人解决疾病,而是追求自己的修炼成果、成仙长寿。这是我对儒释道三家的大概理解。刚才谈到儒家的政治色彩,还有恩泽民众、收买人心的双重性格。政治家永远有收买人心的目的在里边,这关系到国家和社会的安定。如果大家都得了病，国家和社会的安定就受到影响，这种现象越到近代越明显。据说，当年中日海战时，日本的书里写到，他们并不恐惧于中国舰艇，当时中国的舰艇队和火炮都比日本的历害。中国和日本都是从法国引进的造船技术，中国在福建的马尾建了造船厂，日本在横须贺建了造船所。开始的时候，中国造船的总的船只数、吨位等都超过日本，但日本人说他们怕的不是那个，怕的是日本人吃米喝酱汤出汗后，很容易得所谓"维生素 B1 缺乏病"，俗名叫"脚气"，瞎治会瘫痪。日本的海军最容易得这个病。所以他们和中国人打仗，最怕的是"脚气"。"脚气"使他们数百名水兵横躺在甲板上，毫无战斗力，这是最可怕的。

人的健康还关系到生产力。在当代，科学技术是第一生产力。在古代，社会人就是第一生产力。所以曹操强迫寡妇们赶紧结婚生子，繁衍后代，给他繁育人口。从学术的角度观察"儒"，第一是具有特殊身份的儒，他们可以当官，也可以是文人，他们懂得医学。对于大多数没有特殊身份的儒医来说，他们的性质、共同点是，第一都有较高的文化素质。从宋代之后，相当于儒医的还有另一种医生，他们被叫做外科医生。那些外科医生不读书，就拿着一些手术刀等器具，再弄点药及敷膏等治疮用品就足够了，因为那时的外科主要是治疮用。所以他们被称为"下甲人"，是社会地位非常低的一部分人。中国人在预防天花方面有过非常了不起的贡献，就是人痘接种的传播。那个时候人痘接种也不是由医生来做，而是专门有一种特殊身份的人，他们就干这一行，也没有任何医学知识，他们就专门靠这个吃饭。所以，西方发明牛痘，1805 年传入中国之后，引起的争论并不是在学术上，而是靠人痘接种吃饭的人们站起来反对了，"你们都种牛痘了，我们这些神痘医靠什么吃饭?"国民政府和解放初期，都出现过要取缔中医的社会运动。当时中医提出来的也是"我们吃饭问题怎么解决?"政府不取缔中医，一方面是为传统文化的保护，另一方面完全考虑社会安定问题。儒医有比较高的文化素质，另外在价值观方面像前面说的对皇上、自身、家族都要庇护，和作为谋生手段的价值观有一个本质的区别。比如《史记·扁鹊传》中除了有扁鹊的记载外，另有一位神医的记载，就是西汉的陈御医。他医术很高明，但他把医术传给别人的时候都告诉不能让孩子知道他会看病，那也是一种"君子不齿百工贱业"的观念，觉得懂医是一种耻辱。华佗也有类似观念，大家读华佗传记的时候，发现有这种思想倾向。李东垣和张子和两个人的共性都是因为家里人有病才学医的。李东垣的母亲得病之后，被庸医给治死了，所以他开始拜张元素去学医。李东垣的家有钱，他的官是花钱买的。他学医后却说：我不给人看病，你找我看病也不给看，我学医不是为了治病。这就是李东垣的价值观。张子和也是金元四大家之一，他的代表作是《儒门事亲》，完全是医学内容。朱丹溪是浙江义乌人，他最早随朱熹的四弟子许谦学儒，学来学去也没学好，再加上经常和人打架，后来许谦说：你不适合学儒，我又有病，别人也治不好，你能不能改学医算了？学好医先把我的病给治了吧。朱丹溪没听进去，继续考科举，当时在路上还算了一个卦，结果极不好，说考试考不上。他一生气，干脆把那书给烧了，这才改学医的。一路到河南、河北等地求医，成了一个非常有名的医生。朱丹溪是医学理论中滋阴派的代表人，反对前人，尤其是张子和的那种治病方法。张子和的医学理论是，病不是你的东西，你身上天生没有一个“病”，病是外来的，把它赶走就可以了。要把病赶走怎么办？用汗、吐、下三个方法，从汗的渠道、从攻下的渠道、二便的渠道把疾病赶出身体。张子和为什么反对吃补药？说那是毫无道理，吃补药怎能治好病？他坚持一定要用汗、吐、下的方法把疾病赶出去，所谓攻击派的代表人物就是张子和。朱丹溪说张子和简直是不伦不类，他坚决反对。朱丹溪这位儒家出身的人，认为人身是一个太极，一半阴一半阳，得疾病肯定是不平衡了，要不阳的多了，要不阴的多了。比如，流感用凉药是在砍，张子和也在砍，所以朱丹溪说：你们总是把多的那边砍掉来求得平衡，我坚决反对，我认为要补充。哪边少补哪边，阳多了补阴，阴多了则补阳。他的书里完全贯穿着儒家思想。不懂医学的人读这些书的时候，读不出里边的味道来。所以，这个时代真正想要做个好的文化研究者，就必须对某一个专业要有所了解。金元四大家每个人都提出过一个理论，无论是“火热论”、“邪气论”、“脾胃论”、“滋阴论”，都有一种宋代理学兴起之后追求终极真理的时代文化特征在里边。简单地概说宋代的理学兴起以后，它不注重对于社会自然的看法。因为有道教和佛教这两个学问在中国存在，所以通常理学研究者写的书中都会提到，理学是在旧有的儒学传统和佛教、道教这两门学问有关宇宙中心真理探讨的刺激下形成的。在形成的新的儒学、道学、理学里面也开始有了对于宇宙真理和自然规律的探讨。那么，归结一个构造就是无极太极、阴阳二气、五行、男女万物这样一个体系，用这样的体系来解释宇宙万物。这时候，《周易》的太极阴阳的思想非常流行。其实，金元四大家在提倡格物穷理的时候都追求一个理，用一种真理来解释一切疾病的现象。实际上治疗的时候肯定不能这样，否则就不需要好医生了，一个理论把所有疾病都解释了，那不成，这就是一种文化现象。到了明末清初，太湖边上出了个名医叫吴有性，写了非常有名的书《瘟疫论》。他真正去实地考察，结果发现瘟疫流行的时候，鸡病鸭不病，牛病马不病，猪病狗不病，人病其他动物不病。他在没有显微镜的情况下，沿着格物穷理这套思路去研究了瘟疫的现象，最后他说这种疾病一定有一种"气值"，所以才会鸡病鸭不病，人病马不病。有朝一日找到一个能够克这个"气"的东西，中医"君臣佐使"的这个配合也就不需那么繁杂了，就是一个东西能够克这个"气"就可以了。发现抗菌素之后，相对来说等于实现了吴有性的说法。它确实是一个物，一种病毒或一种特定的细菌，只有一个物能够克。沿着格物穷理这个思路去发展它，也会产生类似现代科学的学科，但中国没有这样的实验手段。

佛教也具有特殊身份。首先佛教徒一般是秉承"医方明"，其中包括对医学的了解，其学术与一般医学并无二致。他们没有真正地使用印度"医方明"的思想理论作为指导。比如，离杭州四五十公里的萧山竹林寺，是古代流传至今的寺庙，最后一代传人还在那里开业治病，其妇科药方大概有 30 多种版本在流传，是非常有名的专门治妇科病的寺院。所以，宗教只是一个形式，一个载体。那么，没有特殊身份的人有没有佛教医学存在？我觉得这有一些潜移默化地受到佛教教义和知识影响的人，比如读唐朝的孙思邈，明代的高武、万全等人的书会处处发现佛教思想和教义的踪迹，很难确定这一点不是中国人原有的思想或一定是外来的，这种思想已经完全融进他们的血液中了。

值得说的还是道教的"道"，包含"道教"和"道家"两个方面的含义。先说道教是否存在一个独立的道教医学，这是无法用三言两语能说清楚的问题。首先，我们肯定不能够将具有道士身份的人使用的医疗方法、医学著作、言论或者他所占有的领地当中进行的医疗活动统统叫做道教医学。那么是否应该像研究佛教医学者所定义的那样:是产生于特定宗教思想的医学。然而这时我们又会发现,与道教有关的一切生命之学和实践,诸如修身养性、顺应自然、药饵饮食与房中术等等,都可以追溯到道教产生之前。即便是最具道教色彩的金丹大药,也不过就是要将金石不朽之性转移到人体——建立在交感巫术思维方式上的一种具体实践而已。可以说,道教求仙与养生方面的实践,是各种神仙方术与医学知识的集合;道教的宗教哲学与思想体系,是在将作为一种政治论的道家思想解释成求仙与养生之道的基础上构建起来的。可以说,道教从一开始就缺乏睿智哲人式的奠基人物,他们没有领袖人物,所以只能封老子为教祖,以《老子》和《庄子》这两部经典为代表作。但从另一个方面讲,道教确实又是一个非常大的载体,被改造成养生之道后的道家思想在历史上的地位和影响已远远超过了作为一种政治论的道家思想,相对儒家正统礼教而言,更具有哲学味道的玄学与道家思想彼此呼应,各种法术借助这个载体获得充分发展,反过来滋养又融入这载体本身。自然的名山和人文的寺观等等都助长着道教文化的神秘性和民众对它的崇信度。一个宗教它都有特定的组织结构和规章制度或法规制度,是所谓的宗教仪轨。道教的医学在道教当中也存在,道教仪轨和传授方式对独立的道教医学的形成是有影响的。总体上说,道教医学和一般医学不同的地方是,它特别强调内视和气功修炼这一层。如果谈到中国为什么会对人身的经络有所发现等问题,用实践经验那种理论体系肯定解释不通。如果是一种临床经验,现在我们每一个大夫都应该有获得这种经验的可能性和机会。但恰恰相反,它一旦形成之后,几千年来有那么多医生使用它、证明它,却没有人对经络再发现或者修改它、印证它。以此完成的现象太让人觉得奇怪了,当然会有些人提出它是源于道家的气功修炼当中的反身内视等问题,这就没有证据了,又不能对它进行科学的论证,但这些人在这方面确实是比较特殊,他们秘传的知识和一般医学知识也有所区别。对于道家和医学的流行看法是,医学只有阴阳五行之说,缘由是道家渗入。这就不一般了,阴阳五行是中医最基本的技术,这是来源于道家。这是道家新创之医说,言外之意是如果没有道家的阴阳五行学说渗入中国医学,那原来的比较低级原始的方术就无法变成理论医学。道家思想特征之一是幻想通过各种养生修炼而达到长生不死,因而开创了中医的“养生学”,“寿命的无限延长说”即源自哲学特别是老庄学说。李约瑟曾对中国科学技术史、道家有非常高的评价,说“道家思想乃是中国的科学和技术的根本”。

前面提过有那么多人都说道家追求长生不老,我看了原始文献后却发现没有这种意思,都讲天地不能长久。连天地都不能长久,人能长生不老吗?“生死,命也”,“生之来不能却,其去不能止”,或者“不知悦生,不知恶死”,方为“真人”等等。而且人又希望寿、富、多男子,真正有道的人应该对这些不屑一顾。我看了后觉得道家生命里没有很多人所说的追求长生不老的内容存在。那道家的本质和养生到底是什么意思呢?《养生主》中说“吾生也有涯,而知也无涯。以有涯随无涯,殆已”。文惠君问庖丁:我们怎么治理国家呢?厨师就拿一把刀说:你看我这刀,割牛解体二、三十年了,现在还像新的一样,刃一点都没变。因为我顺其纹理走,顺其自然,所以至今我这刀还像新的一样。文惠君明白,治理国家也一样,拿这刀顺其纹理,顺其自然,刀才变成这样。这就是“养生”第一次出现的本意,和练气功毫无关系。又一篇《庄子·达生》中说“善养生者,若牧羊然,视其后者而鞭之。”管理老百姓就像放羊一样,管理落在后边的,跑在前边的不用管。还有一个例子是,有两个人,一个人特别注重保养身体,但被老虎吃了。另一人特别注意安全,包括外边和朝廷的安全,不乱说话、不乱动等。《庄子》中还有一种养生之术的说法,“吹响呼吸,吐故纳新,熊经鸟申,为寿而已矣。此道引之士、养形之人、彭祖寿考者之所好也。”可见当时这些思想都存在,但道家采取的是批判的态度。他们说“你们这是刻意尚行,无道之士”。他们批判的“无道之士”有“道引之士、养形之人”。首先这是“无道之士”,“山谷之士、非世之人”。看道家对他们的批判,在《庄子·外篇·刻意》的描述中把练气功的人都给批了,能达到“不刻意而高”、“不道引而寿”的境界才算有水平。这总得有个变化的过程,后来我看了一个成书于东汉的《老子河上公注》,其中把这些道家的思想全都用类似于养生之道或医学的东西去解释了。尤其是最后的“虚其心(除嗜欲去烦乱),实其腹(怀道抱一守五神也),弱其志(和柔谦让不处权也),强其骨(爱精重施髓满骨坚也)”等等,完全都是我们可理解为政治化的理论。还有《谷神不死》这文章里,谷神不死的东西很多,那么谷神和谷神不死很像我在前面讲过的印度的“五大”——地水火风空的“空”的概念。《老子》里的“谷神不死”很像“空”的概念，《老子河上公注》三章中给了这样唯物的解释。后来，最典型的是三国魏人嵇康提出的“君子知形恃神以立，神须形以存。故修性以保神，安心以全身。又呼吸吐纳，服食养身，使形神相亲，表里俱济也”。但在中国只有“既注重养生之术，又注重修身养性”这样一种养生学的基础才能扩展，当然后来得到了发展。

杜石然

科学·历史·文化·社会

——中国科技通史的若干问题

通过一次讲座，或是一篇文章，显然是很难讲清中国科技通史的所有问题的。时间、篇幅有限，这里拟讲以下六个问题：一，先秦科技与先秦诸子百家；二，秦汉，主要讲汉代中国古代科学体系的形成；三，魏晋南北朝、隋唐时期的科技；四，宋元传统科技发展的高潮；五，明清实学和西学的第一次的传入；六，“西学中源”、“洋务运动”、“中学为体、西学为用”。各小节的繁简虽有不同，但其内容却都是讲各该阶段的科技发展和历史、文化、社会背景之间的关系。

一、先秦科技与先秦诸子百家

中国是世界上古人类文明发展较早的地区之一。人类文明的发展，在远古时代，主要体现在生产工具的发展。而生产工具的发展也构成了早期人类社会发展的不同阶段。它们依次是：石器时代、青铜时代、铁器时代。中国的先民，到公元纪元前后，大致上依次完成了上述三个时代的过渡，前后经过了大约200万年。

旧石器时代的先民使用打击的方法制造各种石器，而没有任何进一步加工。到目前为止，中国已发现的旧石器时代遗址几百处，最著名的有：安徽繁昌人字洞遗址（距今约200万年前）；山西芮城西侯度人遗址（距今约180万年前）；云南元谋人遗址（距今约170万年前）；陕西蓝田人遗址（距今60—50万年前），开始有经第二次打击的石器；北京人遗址（距今约50—40万年前），石器大量出现。山西峙峪人（距今2.8万年前），出现石镞，等等。

在多处遗址中发现用火的证据。北京人遗址的灰烬堆积层厚达6米，当时可能还不会人工取火。大约又经过了20—30万年，我们的先民才逐渐进入了传说中“钻木取火”，即人工取火时代。火的使用第一次使人类支配了一种自然力，从而最终使人类可能成为动物界中的“灵长”。石镞的发现，说明这时可能已经出现了弓箭。它使狩猎得到很大发展。旧石器时代的先民也开始制造并使用骨器、绳索。

我们的先民大约是在距今约1万年前左右，从旧石器时代发展到了新石器时代。新、旧石器时代的区别是：出现了经过加工的、更加合用并有锋利刃口的磨光石器。由于可以在石器上钻孔而创造了绑扎得更好的带柄石器（斧、耙、锄等）。还发明了制陶技术（又一种火的应用技术），弓箭已被普遍使用，发明了最初的纺织、建筑和医药，并逐渐学会了栽培植物和驯养动物，即出现了原始的农业和畜牧业。到新石器时代晚期，甚至已经开始酿酒。

现已发现的新石器遗址，在全国各地有数千处。其中著名的有：湖南永州玉蟾岩遗址（距今约12000年前），现已发现最早的稻作遗址；河南舞阳贾湖遗址（距今约9000年前），发现稻作、鹤腿骨多孔骨笛；浙江余姚河姆渡遗址（距今约7000年前），以稻作遗迹著称；河北磁山—河南裴李岗遗址（距今约8000—7000年前），以北方农具遗迹著称；仰韶文化遗址（全国已发现千余处，距今约5000—3000年前），以发现的彩陶为其特征，以西安的半坡遗址为其代表，仍为母系社会；龙山文化（山东、河南等黄河中下游，距今约4000—2300年前），以薄胎硬质的黑陶器为其特征，已经进入父系社会。

与龙山文化同属新石器时代末期的还有：甘肃的齐家文化、湖北的屈家岭文化、江苏的青莲岗文化、浙江的良渚文化、山东的大汶口文化（已开始出现文字），等等。

大约在公元前21世纪之后，开始出现了最早的国家。最早的几个朝代是：夏（约公元前21世纪—前16世纪）、商（公元前16世纪—前11世纪）、西周（公元前11世纪—前770年）。

我国在新石器时代的晚期，就已经开始出现铜器。商代中期以后我国的青铜技术逐渐成熟。商代中期至西周早期堪称青铜技术的极盛期。礼器、兵器、生活用具、车马具，应有尽有，制作精美。著名的司母戊大鼎等可为代表。西周中期之后，青铜技术向四面八方扩展。“青铜时代”也是奴隶制社会时代。

青铜工具和大规模奴隶劳动的使用，使社会分工进一步得以实现，促进了农业和手工业生产的发展。

甲骨文、金文的出现和发展，使中国进入了有文献可考的历史时代。甲骨文中出现了关于天象、数字、农事、疾病、军事等记载。文字的出现使得文明发展大大加速。

西周之后的东周时期，又称春秋战国时期，通常认为这是中国历史上从奴隶制社会向封建制社会过渡的社会大变革时期。

中国是铸铁技术出现最早的国家，至迟春秋时代晚期已经出现。已出土的文物表明，在春秋战国之际已有了生铁冶铸、块炼铁、渗碳钢、生铁经热处理得到柔化等技术，为铁器的铺平了道路。

井田制的逐渐瓦解和冶铁技术的发展相辅相成，拉开了中国历史上封建社会的帷幕。

春秋战国时代，对中华文明史讲来，是一个非常重要的时代。“五霸”、“七雄”等强国相互争夺，战乱不断。但是社会政治、经济、科学、技术、文化、思想等等却快速发展。社会思想方面出现了诸子蜂起，百家争鸣的局面。各家学说争论的重心，乃是社会秩序如何变革以及道德观、伦理观、价值观等等如何规范。在诸子百家思想当中，涉及与科学技术有关的内容则不是很多，例如对后世曾经具有长期影响的儒、道两大家，他们的思想并不很重视科学和技术，相反，我们却可以说他们大都是轻视，甚至可以说是反对科学技术的。例如：

儒家的讲“六艺”，道家讲究“人法地，地法天，天法道，道法自然”等等。虽然他们都谈到了“天人关系”，但大都是要人们顺从天意，很少要求人们应该对天、地、自然界的实质进行科学意义上的研究。实际上，也可以说先秦诸子对自然科学的研究和关心都是比较缺乏的。虽然在《孟子》里可以看到“苟求其故，虽千岁之日至，可坐而致也”之类的话，但是《孟子》思想的中心并不是提倡人们应该利用“苟求其故”的精神去进行自然科学方面的研究和探索，《孟子》思想的中心还是讲究“性善”、“性恶”的伦理学说，以及讲究“王道”、“霸道”、“民为贵”等等政治思想，探讨人们应该如何修身、齐家、治国、平天下的大道理。

在诸子百家的显学之中，特别是儒、道两家，不仅缺乏关于自然科学和技术的研究，而且可以说他们对此都是持比较反对态度的。道家说：“道常无为而无不为”、“万物莫不尊‘道’而贵‘德’”等等。他们所追求的“道”，大都属于精神境界、伦理道德的范畴。“玩物丧志”（《尚书·旅獒》）、“君子不器”，君子要追求“大学之道”、“形而上者谓之道,形而下者谓之器”。儒家把它们看成是“奇技淫巧”,认为纣之所以失天下的就是因为他“作奇技淫巧以悦妇人”,还说:“作淫声、异服、奇技、奇器,杀。”,还认为“凡执技以事上者,祝、史、射、御、医、卜及百工。凡执技以事上者,不二事、不移官,出乡不与士齿”,可见科技工作者的地位是很卑贱的,而且不时还有被杀头的危险。而道家则认为:“人多利器,国家兹昏;人多技巧,奇物兹起”;“常使民无知无欲”;“民之难治,以其智多”“古之善为道者,非以明民,将以愚之”等等。

战国以后的中国社会,儒家一直处于统治者的地位。统治者心里也明白,在治理国家方面,单单只是一味地追求思想意识、伦理道德也还是不够的,还有必要解决国计民生的问题。这也就是儒家传统思想中“经世致用”的思想。而“经世致用”思想的提倡,又在于是为了统治者“长治久安”状态的维护。这一思想并不能形成对科学技术发展的强大推动。虽然如此,但它对科学技术的发展终归还是有好处的。但是单单是依靠“经世致用”的思想来发展科学技术,恐怕还是远远不够的。

战国时期,诸家蜂起,百家争鸣,名家辩学很是发达。这种争鸣对学术的发展,包括科学技术在内是有利的。在其后的中国历史进程中,也是如此。

在先秦诸子百家之中,相对地说,墨家比较重视科学和技术,而且墨家还对古代逻辑学的发展有所建树。但是墨家的许多建树,其目的也并不是为了对自然奥秘的探索和对各种技术的深入研究。他们是为了贯彻墨家的政治主张——“尚贤”“上同”、“节用”“节丧”、“非乐”“非命”、“天志”“明鬼”、“兼爱”“非攻”等五组十大主张(“十事”)来服务的。人们还知道,墨家并没有像儒家和道家那样得到持续的发展,秦汉以后几乎成为“绝学”,在社会上也没有什么影响力。当然这并不排除它的某些思想、某些论辩方法被儒、道两家所吸收。

在战国时期形成的上述许多思想、许多意识形态方面的东西长期地影响着其后的中国社会。

二、两汉——中国古代科技体系的形成

秦始皇横扫六合完成统一大业，但是秦帝国十分短命。吸取了秦二世而亡的教训，经过楚汉相争而夺得天下的汉王朝，虽说是“秦皇汉武，略输文采”，但汉王朝却以其浑厚刚强的气魄，不只是开创了它自己的四百年家业天下，而且也开创并且构筑了其后持续了大约二千年之久的封建国家方方面面的基本模式。两汉时期，从社会经济形态（以小农经济为主的农本主义）、国家型制（中央集权）到官僚体系（六部、百官，以及从中央到地方的各级官员），甚至它的“罢黜百家，独尊儒术”的意识形态政策，都无不成为其后持续大约二千年历朝历代封建帝国所效法的模式和样板。

两汉时期，就是这样一个开创模式和树立样板的时代。在科学技术方面，也是如此。科学技术的许多门类，大多是在两汉时期定下其后影响悠久的模式，并且出现了，实际上是为后世树立了样板的各种著作。例如：

汉武帝时期编制的《太初历》，通过西汉末年刘歆编制的《三统历》，在《汉书·律历志》中记录、流传下来。《汉书·律历志》以及其中所录载的《三统历》，便成为其后历代《律历志》以及历代各种历法的模式和样板。阴阳合历的模式，其中包括了气、朔、闰、交食、五星、晷漏等完备的具有中国特色的体系。虽然中国历法在漫长的发展进程中不断地被改进并取得成就，但是其基本的模式、框架则一直被遵循下来，甚至在西方近代历法已经传入的明、清时代（《大统历》、《时宪历》），也没有改变。

数学方面则出现了以算筹为主要计算工具、以解决实际应用问题为主要目的、以《九章算术》为模式范本的体系。

医药学方面：形成了以《内经》、《伤寒论》为代表的医学理论经典和以《神农本草经》为代表的传统药物学体系。这两种书，至今仍然被中医界奉为经典。

地理学方面：形成了以《汉书·地理志》代表的疆域地理志的体系，成为后来历代正史中的《地理志》所遵循的模式。

水文、地理、水利方面有《史记·河渠书》、《汉书·沟洫志》。此外地图绘制、建筑，还有制瓷和造纸，这些造福全人类的发明，

也都在汉代形成其基本模式。

对后世产生久远影响的学科的体系大都在汉代形成,这与汉代政治上"大一统"局面的出现,虽然还不能说有什么直接的联系,但是,"大一统"作为时代的潮流、时代的趋势,也不能不对各个学科体系的形成施以时代的社会影响。人们开始总结先秦以来各个学科所积淀下来的知识和经验,继往开来,形成了诸多学科自身发展的体系。

两汉时代也就成为一个明法度、立规矩、创模式的时代。其间所创立的许多事物均为后代所效仿,在中国历史上的影响往往可以持续到近代。正如明末思想家顾炎武(1613—1682)所说:"汉兴以来,承用秦法,一至今日者多矣。"确实,两汉以来所创立的事物以至影响中国社会发展各个方面的东西太多太多了。对科学技术的发展来说也是如此。

三、魏晋南北朝、隋唐

由于篇幅所限,关于魏晋南北朝就简单概括为:魏晋南北朝,发展小高潮,改朝换代多,道教加玄学。

隋唐时期不论是大运河的开凿,还是长安城的建设,都体现了官营、官办——中国古代科技发展的又一特点。其实,这一特点也源自两汉。

两汉、隋唐统一的中央集权国家,首先体现在从中央到地方一整套官僚管理体系的形成。就科学技术而言,则表现为一系列有关天文、农、医、建筑、水利、冶铁以及各种手工业管理机构和各级官员的设置。科学技术的发展,几乎完全被控制在这些机构和官员的手中。科学技术在许多方面都形成了官办、官营的局面。根据《汉书・百官公卿表》等资料,在汉代,这些机构和官员有:太常:(下属有)太史、太医、都水等。大农令:太仓、均输、铁市。郡国诸仓农监、都水等。少府:太医、考工、左右司空、东织室、西织室、东园匠、都水、尚方等。中尉(执金吾):武库、都船等。将作大匠:石库、木工等。水衡都尉(管理上林苑中的):钟官、技巧六厩、办铜等。内史(管理京城中的):都水官。

在其他资料中还可以见到:铁官、盐官、服官、船司空、楼船官、木官、铜官、金官等。

这些管理机构和管理官员的设置,毫无疑问,对新技术的快速推广会起到良好的作用。从而可以使农耕、钢铁、土木建筑、漆器等技术迅速在全国各个地方推广开来。不少机构中都有“都水”官员的设置,这说明当时水利工作得到了相当的重视并取得到发展。

科学技术的官办和官营,其优、缺点都是显而易见的。其优点在于新技术可以得到迅速推广,产量也有可能在短期内就得到提高。由于财力、物力、人力都可以做到“雄厚”,因此可以兴办比较大的项目和比较大的工程。对中国古代科学技术官办官营的情况,英国著名的科学史家李约瑟(J. Needham, 1900—1995)曾经评论道:“在技术创造性方面,古老的中国官僚社会当然比不上文艺复兴时期的欧洲,但它却要大大胜过欧洲封建社会或希腊奴隶社会。”

汉初数学家张苍、耿寿昌都曾担任过太史或是大司农等官职。东汉时期著名的科学家张衡以及对造纸术进行过重大改进的蔡伦,也都是官府或是内廷的官吏。其他如天文仪器的制造、水利工程的修建、东西两京的建设、宫廷和皇家园林兴建、两汉长城的整备、隋唐时期南北大运河的开通、对外对内战争的补给等等都无不仰仗官办官营的优势。

但是,官办官营的缺点也是十分显然。其最明显的缺点便是不计成本,形成资源的浪费。虚报产量,或是盲目追求数量而不顾质量。再就是,官办官营往往是产生贪官污吏的温床。西汉中晚期,在冶铁官营的过程中,产生了不少的弊病,“县官鼓铸铁器,大抵多为大器,务应员程”必须完成分派的任务,“不给民用,民用钝敝,割草不痛。”以及“今县官作铁器,多苦恶,用费不省,卒徒烦而力作不尽”和“铁器苦恶,贾贵,或强令民买卖之”。笔者本人就曾在陕西省的县级文化馆见到出土于地下的汉时“县官鼓铸”的“大器”——大铁犁,在黄土高原上真的是“十头黄牛也拉不动”,真的是“不给民用”的废物,除非是将其利用于祭祀、供奉神灵。可见,万事一经官办官营,不论古今中外,如果产生弊病,其流弊大都会是与此相类似。

四、宋元时期何以会形成古代科技发展高潮

一般都认为,宋元时期是中国传统文化、传统文明发展的高潮时期。正如英国科学史家李约瑟所说:“每当人们研究中国的文献中科学史或技术史的任何特定问题时,总会发现宋代是主要关键所在。不管在应用科学方面或在纯粹科学方面都是如此。”

的确,在科学技术的许多领域,到了宋元时期都达到了各自领域里的高潮。这里我们将其扩展至元,实际上也就是扩展成宋、辽、金、元。因为这样才更符合数学、天文历法、医学、农学等多学科、多领域、全方位、深层次、普遍达到高潮的历史情况。

例如中国的传统数学就出现了四大数学家以及他们的数学著作:秦九韶及其所著《数书九章》(1247 年);李冶及其所著《测圆海镜》(1248 年)、《益古演段》(1259 年);杨辉及其所著《详解九章算法》(1261 年)、《日用算法》(1262 年)、《杨辉算法》(1274—1275 年);朱世杰及其所著《算学启蒙》(1299 年)、《四元玉鉴》(1303 年)。

宋元数学在高次方程和高次方程组、高阶等差级数求和、联立一次同余式解法、“天元术”“四元术”(中国古代特有的代数学)等方面都取得了领先世界数百年的辉煌成就。

宋代的天文观测仪器比较齐备,多次进行了恒星观测,多次制作星图。整个有宋一代,一共进行了 18 次历法改革。也有人把宋元时期的天文历法称之为“体系高峰期”,认为除了天文仪器的巨型化、精细化、多样化以及各种天文数据的精确化之外,对各种测算方法和计算方法也进行了许多改进。在元代则出现了郭守敬、王恂等所编《授时历》(1280 年)。一般认为《授时历》乃是我国传统历法中最优秀的一部。

在传统医学方面,则有金元四大家的出现:以刘完素为代表的“寒凉派”;以张从正为代表的“攻下派”;以李杲为代表的“温补派”;以朱震亨为代表的“养阴派”。“儒之门户分于宋,医之门户分于金元”,医学门户、流派的出现,极大地丰富了传统医学的发展。

在农学方面,也出现了宋元时期的四大农书:陈旉的《陈旉农书》(1149 年),是第一部关于南方稻作的农书;《农桑辑要》

（1273年），是元政府“大司农”组织人力编写的；王祯编写的《王祯农书》（1313年），是第一部兼论南北农业技术的农书，书中“农器图谱”部分为前代所无，并为后代所效仿；鲁明善（维吾尔族）所编《农桑衣食撮要》（1314年），是一部月令体，比较通俗，还包含有西北少数民族的一些农事活动情况。

中国古代的三大发明，火药、指南针、印刷术等与社会经济、民生密切相关的各种实用技术，到了宋元时期都达到了广泛使用的成熟阶段。三大发明的西传，使得西方社会在各个方面加快了其进步的节奏，促使自给自足的经济形态逐渐转型为以商品经济为主的经济形态，向社会近代化的方向迅速推进。

宋代对中国历史的影响可以说一直达到近代。例如著名的近代学者严复曾经说过：“若研究人心政俗之变，则赵宋一代历史最宜究心。中国所以成为今日现象者，为善为恶，姑不具论，而为宋人之所造就，十八九可断言也。”国学大师王国维也曾说过：“天水一朝人智之活动与文化之多方面，前之汉唐，后之元明，皆所不逮也。”历史学家陈寅恪也曾经说过：“华夏民族之文化，历数千载之演进，而造极于赵宋之世。”宋史专家邓广铭也曾说过：“宋代是我国封建社会发展的最高阶段，两宋期内的物质文明和精神文明所达到的高度，在中国整个封建社会历史时期之内，可以说是空前绝后的。”而日本汉学家内藤湖南则早就认为：“中国中世和近世的大转变出现在唐宋之际，是读史者应该特别注意的地方。”“唐代是中世的结束，而宋代则是近世的开始。”当然严、王、陈、邓、内藤等先生是在泛指一般文化而言的，其中也应该包括科学和技术。

宋元时期科技发展高潮及其顶峰的形成，宋元时期科学技术的繁荣，都是有着深刻的时代原因和社会背景的。

首先，宋太祖、太宗两朝采取了一系列加强中央集权的措施，独揽大权，使军、政、财等权力集中于中央，集中于皇帝手中。较高层次中央集权的国家形态（皇帝独裁）及其官僚架构的模式，也为中国以后又大约持续了一千年之久的元、明、清等各个王朝所效法，为其树立了中央集权、君主专制的政权样板。

其次，从社会经济发展方面来看，唐中叶以来，以杨炎两税法的财政改革为法律标志，土地国有的制度——均田制崩溃瓦解，庶族地主经济以及小自耕农经济逐渐并在最后形成社会经济发展的主体，自唐中叶开始的这种土地占有制度以及地租形式的变革，使得土地买卖更加自由化，到了宋代，更用法令的形式固定下来了。土地所有权频繁地发生转移现象，正如词人辛弃疾所写的“千年田，换八百主”，土地买卖过程加速。土地占有制度的改革对以农业立国的中国来讲，是带有根本性的改革意义的。改革以后，土地制度新的占有模式及其影响，也都贯通在其后千年左右的中国社会之中。

再次，科举考试制度，尤其是贡举制度的日益成熟，取士不问门第，而且在录取的名额数量上也远远超过了唐代。有人统计过，仅北宋一代即开科 69 次，进士和诸科共取士约为 61000 余人。为了打破门阀贵族的世袭制度，自隋唐时期开始的科举考试制度，到了宋代方才可以说发挥了实际的效果。反映在科学技术方面，则是出身低微的人的一些发明创造事迹，有更多机会出现在各种著作之中。

第四，从文化思想方面来说，自唐中叶开始，也发生了许多变化。例如元稹、白居易所提倡的“新乐府运动”，提倡诗歌“为时而著”、“为事而作”、“咏性不咏情”；韩愈、柳宗元所提倡的“古文运动”，提倡“文以载道”的散文，文体由骈文转为以“古文”为主，而且较之汉代古文更为易懂、亲切，更接近当时口语的体，文体的变革反映了社会中下层的要求；啖助、赵匡所倡导的新经学运动，突破死守汉注、唐疏的旧经学传统，甚至于进一步疑经、改经等等。为了使儒家思想复苏、复兴，人们进行了多方面的努力。

第五，如果我们没有注意到宗教思想方面所发生的变化，那么关于宋元社会思想背景的讨论则将是很不全面的。当时的宗教思想主要有佛、道两家，而且是以佛家为主。佛家思想随佛教于西汉时开始传入我国，到了唐代中期以后，林立纷呈的各个宗派逐渐式微，而以六祖慧能（638—713）为开山祖的南禅宗却一枝独秀，得到了很大发展。有人说：南禅宗的出现说明佛教思想中国化的最后完成，使佛家思想由出世的变为是入世的、平等的，从而和中国的传统思想更加接近。六祖号召回到世俗中间去，“若欲修行，在家亦得”“离世求菩萨，恰如求兔角”。有人更进一步认为：禅宗思想的这一发展实际上是在中国发生的一次宗教改革，而其意义并不亚于马丁·路德在西方进行的宗教改革。

第六，在教育思想方面，唐代科举以辞赋取士，崇尚声律浮华，积重难返。号称北宋三先生之一的胡瑗则有针对性地提倡“明体达用之学”的思想，深受欢迎，影响甚大。特别是“分斋教学”的教学方法，更是他教育革新思想的核心。“分斋”就是整个学校分为“经义斋”和“治事斋”，相当于现代的分科教学。“治事斋”中又分治民、讲武、堰水、历算等科，承认自然科学在学校教学中的地位。其实，“经义斋”所讲究的乃是中国转统的“读经”，而“治事斋”乃是学以致用方法的提倡，这标志着传统儒家思想中的“经世致用”思想再次抬头并且上升到一个新的高度。

第七，北宋时期出现了一批“博学善文，于天文、方志、律历、音乐、医药、卜算无所不通，皆有所论著”百科全书式的人物，沈括及其所著《梦溪笔谈》，得到各方面的称颂。沈括还和苏颂一道编辑了《苏沈内翰良方》，这是一部医书。林灵素在为这部书所写的序言中说：“（沈括）凡所至之处，莫不深究。或医师、或巷里、或小人，以致士大夫之家，山林隐者，无不访求。”

这些博学多才的人物“成批的”出现，明显的是与当时的时代背景、社会风气、思想潮流有着极其重要的关系。

在这些和沈括极相似的人物中，就有欧阳修之子欧阳发。《宋史·欧阳修传》后记有：“子发，字伯和，少好学，师事安定胡瑗……自书契以来，君臣世系，制度文物，旁及天文、地理，靡不悉究。”

和沈括同样也曾奉使赴辽并同样也是以熟知地理、描绘地图而闻名的刘敞，据《宋史·刘敞传》记载：“敞学问渊博，自佛老、卜筮、天文、方药、山经、地志皆究知大略。”

类似的人物还有参加研制水运仪象台的宰相苏颂（1020—1101）。《宋史·苏颂本传》说他虽官高为宰相，但却：“自书契以来，经史九流百家之说……律吕、星官、算法、山经、本草无所不通。”

大名鼎鼎的王安石（1021—1086）也说自己是：“自百家诸子之书及于《难经》、《素问》、本草、诸小说无所不读，农夫女工无所不问，然后‘经’方能知其大体而无疑。”

再如陆宰在为其父陆佃所著《埤雅》一书所作的序中说：“先公作此书，自初追终……四十年。不独博极群书，而岩夫牧夫，百夫技艺，下至舆台皂隶，莫不诹询。苟有所闻，必加试验，然后记录。”

一代名臣司马光也是:“于物澹然无所好,于学无所不通。”在这些人物当中,王安石当然要比其他人物显得更为突出一些。作为“新法”的创始人,其政治思想、经济思想以及哲学思想,甚至于文学方面的修养,都可以说是出乎其类、拔乎其萃的。因此,有必要对王安石的思想进行进一步的剖析。

其实,上面所引述的王安石亲笔信件,是写给亲戚、友人曾子固(同是散文“唐宋八大家之一”的曾巩)的一封信。讨论的问题是“读经”。换句话说,王安石实际上是在讨论一般知识分子如何研习中国古代传统经典的问题,也就是在讨论“新时代”的“新儒家”应该“怎样学习”和“学习什么”的问题。王安石是这样写的:

> 世之不见全经,久矣。读经而已,则不足以知经。故某自百家诸子之书,至于《难经》、《素问》、《本草》、诸小说无所不读;农夫、女工无所不问。然后于经为能知其大体而无疑。盖后世学者与先王之时异矣,不如是不足以尽圣人故也。

王安石在这里首先强调:时代变了,时代不同了,“后世学者与先王之时异矣”。在这样变革了的时代里,如果不博学多问,将学不到任何东西,“不如是不足以尽圣人”。他已经从简单的“反佛”思想超脱出来。也可以说,这是学习思想的革新,思想方法的革新,一时间几乎形成了一股强劲的时代潮流。一改汉唐以来从书本到书本的“汉注”“唐疏”的读经、做学问的方法,提倡亲自走出书斋,“农夫、女工无所不问”,经世致用,接触实际社会、解决社会实际问题;博学多能,“于书无所不读”,力图开创属于自己时代的新的思想方法、建立属于自己时代的新的思想体系。换句话说,这才真正是有宋一代的新的思想潮流和新的时代精神。

在这种思潮的社会背景之下,影响其后千余年的新的儒家学说,后来被称之为“宋明理学”的哲学思想体系逐渐形成。在宋代,由北宋的邵雍(1011—1077)、周敦颐(1017—1073)发其端,由张载(1020—1077)、程颢(1032—1085)、程颐(1033—1107)创立体系,至南宋则由朱熹(1130—1200)集其大成,由陆九渊(1139—1193)为代表,又形成了朱、陆相互抗辩的反对派等等,这也就是宋明理学——“新儒学”的兴起和建立。此外,还有以王安石、陈亮、叶适等人所主张的反对理学的观点,和理学不断相互辩难，十分活跃。

理学在宋代，既不像汉代儒术那样被崇为一尊，更不像元、明时期把朱熹思想定为不准逾越的官方哲学那样不可侵犯。在宋代，一定程度上参加讨论的各方，可以做到自由讨论，抒发己见。这种学术空气无疑对科学技术的发展是有利的。

理学家们主张“穷理”，主张“格物致知”。“穷理”和“格物致知”的精神如果能够以自然科学的研究为目的，其成果自当是不可限量。而且“理”“气”二元论，在一千多年前的当时，不论是用来开拓思路或是阐述终结成果，都堪称是相当不错的工具。但是经过研究，我们还没有发现任何一位知名的理学家曾经在自然科学研究方面做出了十分突出的成就；同时我们也没有发现任何一位卓有成就的科学家，他们成就的取得是基于理学的思维。在这里，我们只不过是想说明：是理学（清人因其产生的时代而将其称之为“宋学”）得以创立的时代精神，同时也正是这种时代精神，构成了宋元科技高潮的社会思想原因。

我们想说的乃是：是产生两汉经学的两汉时代精神，使得两汉时期成为在科学技术的许多门类中立模式、创样板的时代。同样我们想说的也是产生魏晋玄学、竹林论辩的六朝时代精神，形成了六朝时代很有创造力的各学科的科学思想。同样关于宋元时代，我们也只不过是想说，产生宋元理学的时代精神，促成了宋元时期中国传统科学技术发展顶峰时期的到来。

在两宋持续存在的三百余年间，在中国的北部地区陆续出现了少数民族所统治的西夏、辽、金等国家，最后是由蒙古族所建立的元王朝统一了整个南北中国。而在金元时期，中国的科学技术依然得到了持续的发展，其原因是：

一、北宋虽然灭亡，但是中原地方的文化基础还在，掌握这些文化的知识分子有相当一部分人也还在。在当时的山西（临汾等地）、河北（燕京等地）形成了可与南宋都城临安（杭州）、福建、四川相抗衡的印刷出版中心。

二、新复兴的儒家——理学，在北方一带仍然保持发展的势头，程朱理学陆续传入北方，使北方学者感到耳目一新。

三、金、元统治者迅速汉化。汉化程度之快，在中国历史上也是罕见的。金的太祖、太宗是如此，元世祖忽必烈更是如此。特别是在元世祖忽必烈的周围还形成了以刘秉忠等人为中心的汉人智囊团。

四、南宋、金、元时期，社会上仍不乏北宋时期沈括那样的"百科全书式"的人物。例如：南宋时期的数学家秦九韶就是："性极机巧，星象、乐律、算术，以至营造等事，无不精究，迩尝从李梅庭学骈俪诗词，游戏、毬马、弓箭，莫不能知。"金元之际的数学家李冶也是"世间书凡所经见，靡不洞究，至于薄物细故，亦不遗焉"。忽必烈汉人智囊团的首领人物刘秉忠："于书无所不读，尤邃于《易》及邵氏《经世书》，至于天文、地理、律历、三式六壬遁甲之属，无不精通。论天下事如指诸掌。"

五、在金、元之际，我国北方有道教的"全真教派"兴起。有人认为这也是一次很实际的宗教革新。全真教派的兴盛，一直持续到元代中期之后。金元时期数学方面的重大成就之一——天元术的发生和发展或许与此有些关系。

五、明清实学和西方科学技术的第一次传入

明代初年（明初至天顺年间，1368—1464），中央集权进一步加强，思想控制严酷，程朱理学被尊为官方哲学。明代中叶（成化至隆庆年间，1465—1572），经济发展，土地日益集中，社会矛盾加深，皇帝昏庸，宦官（刘瑾等）、奸臣（严嵩父子等）当道，特务（东厂、西厂、锦衣卫等）横行，社会动荡。程朱理学不能救世济民，加之繁琐无用，代之而起的则是王阳明的"心学"。到了明代末年（万历至崇祯，1573—1644），社会的各种矛盾不断加深，政治腐败，党争加剧，农民起义次数增多，规模越来越大。最后起义军攻入北京，清兵入关，导致明王朝覆亡。

明末清初一段历史，在漫长的中华文明史上，虽然比较短暂，但它却是一个特色鲜明的重要时期。它的这些特色可以概括为以下几个方面：

第一，腐朽的明王朝的逐渐衰亡和新兴的清王朝的逐渐兴起。第二，在经济上则是传统封建经济的繁荣和商品经济的抬头发展。第三，为了开拓海外市场和殖民地，西方国家向东方挺进，并且开始进入中国。伴之而来的则是西学的传入及其影响的日益扩大，科学技术是主要内容之一。第四，在思想方面，明中叶所兴起的王阳明心学开始分化。在人们对王学末流的批判过程中，

兴起了一股经世致用,以求实、务实为中心内容的实学思潮。

上述第三、四两项:西学东来和实学思潮流行是本小节的重点。而历法改革问题成了三、四两项的接点。

明王朝施行的《大统历》,实际上是沿用了元朝的《授时历》(1280 年颁行)。到明代成化年间已经累计使用了 300 余年。因此"成化以后,交食往往不验,议改历者纷纷"(《明史·历志》)。但又向后拖了 200 年没能进行改革历法。直到万历三十八年(1610)十一月朔,朝廷的日食预报再次发生错误。明王朝才开始考虑利用当时传入的西方天文知识进行历法的改革。明亡之后,传教士们又将明末所编《崇祯历书》改头换面成《西洋历法新书》,献给清朝廷,成为编制清代《时宪历》的基础。

当中国的传统文明还在传统的老路上徘徊不前的时候,西方的近代文明经过文艺复兴时期,却在大踏步地向前发展。伴随着西方早期的殖民活动,传教士们展开了世界范围的广泛活动,来到远东。利玛窦(Matteo Ricci,1552—1610,意大利,1582 年来华)是成功进入中国内地的较早的传教士之一。经过长期摸索,利玛窦终于找到了可以通过科学技术打开向中国传教的途径。

于是根据利玛窦的请求,罗马教廷陆续派来了比较熟悉科学技术的一批批传教士。如:龙华民(Nicolaus Longobardi,意大利,1565—1655,1597 年来华)、庞迪我(Didaco de Pantoja,西班牙,1571—1618,1597 年来华)、熊三拔(Sabbathinus de Ursis,意大利,1575—1620,1606 年来华)、阳玛诺(Emmanuel Diaz,葡萄牙,1574—1659,1610 年来华)、艾儒略(Julius Aleni,意大利,1582—1649,1613 年来华)、邓玉函(Joannes Terrenze,瑞士,1576—1630,1619 年来华)、汤若望(Joan Adam Schall von Bell,德国,1592—1666,1619 年来华)、罗雅各(Jacobus Rho,意大利,1590—1638,1622 年来华)、穆尼阁(Nicolas Smogolenski,波兰,1610—1656,1645 年来华)、南怀仁(Ferdinandus Verbiest,比利时,1623—1688,1658 年来华)。

清初以后,又有由法皇路易十四派来的传教士,其中与科学技术有关的有:

张诚(Joan Franciscus Gerbillon,法国,1654—1707,1687 年来华)、白晋(Joach Bouvet,法国,1656—1730,1687 年来华)、雷孝思(Joan Bapt Regis,法国,1663—1738,1698 年来华)、巴多明(Doinicus Parenin，法国 1665—1741，1698 年来华）、杜德美（Petrus Jartoux，法国，1669—1720，1701 年来华）、戴进贤（Ignatius Kogler，德国，1680—1746，1716 年来华）、蒋有仁（Michael Benoist，法国，1715—1774，1744 年来华）。

由于这些传教士的介绍而传入的西方科学技术知识有很多方面，其中有天文历法、数学、地学和地图学、解剖学、医药学等等。这就是历史上的西方科学知识的第一次传入。

西学的传入和实学思潮的兴起几乎是同时发生的。如果没有实学思潮的兴起，虽然有传教士的努力，西学的传入仍然是不可想象的。正如近代科学家丁文江所说："明政不纲，学风荒陋。贤士大夫在朝者以激烈迂远为忠鲠，在野者以理性道学为高尚，空疏顽固，君子病焉！迨乎晚季，物极而返，先觉之士，舍末求本，弃虚务实，风气之变，实开清初大儒之先声。"其中所说的"舍末""弃虚"，指的就是对宋明理学、陆王心学的批判；"求本""务实"，指的就是实学思潮的兴起。

不久，明朝覆亡，清兵入关，血腥统治，生灵涂炭。亡国之痛，使人们更加认识到理学空谈心性，不务实际，误民误国。因此在清初（1644—1720）一段时期内，实学思潮得以继续发展。在明末清初的实学思潮影响下，产生了大批的杰出人物，其中有思想家、文学家、历史学家、自然科学家、医生等各方面人物（详见葛荣晋等编著《明清实学思潮史》，齐鲁书社 1989 年）。其中：

思想家有：何心隐（1517—1579）、李贽（1527—1602）、吕坤（1536—1618）、朱之瑜（1600—1682）、黄宗羲（1610—1695）、方以智（1611—1671）、顾炎武（1613—1681）、王夫之（1619—1690）、颜元（1635—1704）、李塨（1659—1733）等人。

文学家有：李开先（1501—1568）、吴承恩（1500—1582）、汤显祖（1550—1616）、冯梦龙（1574—1644）、凌濛初（1574—1646）、蒲松龄（1640—1688）、龚升（1645—1704）、孔尚任（1648—1718）、吴敬梓（1701—1754）、曹雪芹（1716—1763）等人。

历史学家、政治家、政论家、考据学家有：张居正（1525—1582）、顾宪成（1550—1621）、高攀龙（1562—1626）、孙奇逢（1585—1675）、张溥（1602—1641）、陈子龙（1608—1647）、万斯大（1633—1683）、万斯同（1638—1702）、全祖望（1705—1755）

等人。

科技方面的代表人物有：李时珍（1518—1593）、潘季驯（1521—1595）、朱载堉（1536—1611）、徐光启（1562—1633）、徐霞客（1587—1641）、宋应星（1587—?）、傅山（1607—1684）、方以智（1611—1671）、王锡阐（1628—1682）、梅文鼎（1633—1721）等人。

在百余年间的短暂时期内就涌现出如此多的杰出人物，真可谓是群星灿烂。这一现象在中国历史上也是十分罕见的。明末清初的实学思潮，在社会的政治思想、经济思想、哲学思想、科学技术、文学艺术思想等各方面都有突出的表现。实学思潮的主要精神体现在：

一、批判精神。主要表现在对陆王心学末流空谈“心”“性”、不务实际的批判，如：顾炎武批判他们是：“不习六艺之文，不考百王之典、不综当代之务，……以明心见性之空言，代修己治人之实学。股肱惰而万事荒，爪牙亡而四国乱，神州荡覆，宗社丘墟。”李塨则批判他们是：“高者谈性天，撰语录；卑者疲精死神于举业，不唯圣道之礼乐兵农不务，即当世之刑名钱谷亦懵然罔识，而搦管呻吟，自矜有学。”陆王心学的末流，对科学技术的发展也是一个阻碍。徐光启批判道：“算术之学特废于近代数百年间耳。废之缘有二。其一为名理之儒士苴天下实事；其一为妖妄之术谬言数有神理。”“明理之儒”指的正是这样一些理学家，而“谬言数有神理”的也正是这样的一些理学家。康熙帝在为其所主持编纂的《数理精蕴》一书的序言中也写道：“天文算术之学，我中土讲明而切究者，代不乏人。自明季空谈性命，不务实学，而此业遂微。”这道理讲得也十分清楚。

二、怀疑精神。黄宗羲认为：“小疑则小悟，大疑则大悟，不疑则不悟。……彼泛然而轻信者，非能信也，乃是不能疑也。”徐光启也说他自己是：“启生平善疑”，“欲求所以然之故……虽先儒所因仍，名流所论述，援征辩证，如云如雨，必不敢轻信所疑，妄书一字。”

三、经世致用的思想。明代中叶，实学思潮的先驱王廷相就认为：“学者读书，当以经国济世为务。”他还说：“君子为学，要之在具夫济世之才。”徐光启则认为：“方今事势，实需真才，真才必须实学。一切用世之事，深宜究心。”陈子龙在整理出版了徐光启的《农政全书》之后，在该书的序言中介绍徐光启时写道："其生平所学，博究天人而皆主于实用。至于农事，尤所用心，盖以为生民率育之源，国家富强之本。"明末宋应星曾著《天工开物》一书，专门记述有关农业生产、农副产品加工、陶瓷、舟车、纺织、冶铸、造纸等各种与国计民生极其关切的技术知识。宋应星在该书序言中说："大业文人弃置案头，此书与功名进取毫不相关。"《天工开物》实际上是一部中国古代技术百科全书，享誉世界。

四、实测、实验、实证的思想。这些思想与那些曾经促进过西方科学技术得以迅速发展的思想极相类似，对中国科学技术由传统转向近代来说，也是必不可少的。同时，这些思想也是对那些坐而论道、空谈性理的理学家们的有力批判。朱载堉研究历法的同时也研究音律，亲自动手作了许多次关于律管的实验。在世界上首次提出十二平均律的理论。他还亲自动手测量过磁偏角。徐霞客毕生进行野外山川等自然地理以及各地人文地理的考察，达数十年之久，对中国熔岩地貌、长江江源等方面提出了自己独到的见解，写出了著名的《徐霞客游记》。徐光启曾经在天津和自己的家乡上海，多次进行过农业生产的试验。他在历法改革工作中也十分注意进行实际的天象观测。他说："谚曰：千闻不如一见，未经目击而以口舌争以书术传，虽唇焦笔秃无益也。……宜详加测候，以求显验。"另一位明末清初的天文学家王锡阐也是："每遇交会，必以所步所测，课教疏密，疾病寒暑无间……于兹三十余年。"

五、对接受西学持积极态度。例如，徐光启在评论传教士时就曾经说："泰西诸君子，以茂德上才，利宾于国，其始至也，人人共异之，乃骤与之言，久与之处，无不意消而中悦服者，其实心、实行、实学，诚信于士大夫也。"徐光启所看重的正是一个"实"字。王徵与传教士邓玉函合作翻译出版了《远西奇器图说》，这是一部介绍西方各种机械知识的书籍。王徵在此书的序言中说："学问不问精粗，总期又用于世焉……所录者虽属技艺末务，而实有益于民生日用，国家兴作甚急也。""国家兴作甚急""实有益于民生日用"正是王徵翻译介绍西方机械知识的真正动机。

六、中学为体　西学为用

任何发生在两种文化之间的传入和吸收两种文化之间的冲击、碰撞、摩擦，甚至是抵制、抗拒和冲突，都可以说是难以避免的。即便是仅就科学和技术的层面而论，也是如此。

这种抗拒和抵制，所采取的表现形式也是各式各样的。“西学中源说”就是表现形式中的一种。持这种看法的人认为，西学虽有其可取之处，但穷究其源，则是起源于中国。由于西学的传入最初是以改革历法所引发的，“西学中源说”便也是以天文历法发起端，又因在中国历、算本是一家，因而也就当然地兼及数学。

最早提出“西学中源说”的有：黄宗羲（1610—1695）、方以智（1611—1671）、王锡阐（1628—1682）；继之而来的有清康熙帝（1662—1722 在位）、梅文鼎（1633—1721）等等。

“西学中源说”，有明末遗民发端于前，又有清帝及其宠幸者倡导、发挥于后，至清中叶其影响逐渐扩大。阮元（1764—1849）可以被看成是清中叶时期“西学中源说”的代表。加上乾嘉时期考求国故的学术空气，清中叶的“西学中源说”一时之间甚嚣尘上，以至清末。

到了清中叶，社会思潮由明清之际的实学思潮转化为以考据国故为中心内容的乾嘉学派思潮。当西方正处在科学革命、产业革命之后，科学技术开始高速发展之时，在中国则是闭关自守（西学的传入几乎停止）、乾嘉学派的发展和“西学中源说”的流行。这使中国又失去了一次推行近代化，赶上世界潮流的机会。

直到林则徐（1785—1850）、龚自珍（1792—1841）、魏源（1794—1857）等人，方才由考据实学转为经世实学的社会思潮。魏源还提出了“师夷之长技以制夷”的方针；加之席卷全国的太平天国农民起义，西方列强对中国的大肆侵略，鸦片战争的失败、各项不平等条约的订立，打开了清王朝封建锁国的大门。自 19 世纪 60 年代开始，清政府在国内、外的压力之下，不得不开始推行“洋务运动”。

洋务运动，虽然不是一个成功的运动，但是它却是中国向西方学习的第一次的近代化运动。它涉及经济、军事、文化教育、政治、外交等方面的近代化。其实近代化问题不仅仅是近四百年来中国历史的中心问题，也是近四百年来全世界人类文明史的中心问题。特别是洋务运动，更应该被看做是清王朝政府在当时的国际国内条件下，由政府自上而下、由中央向全国各地推行的一次力图使国家近代化的尝试，尽管它又是一次不成功的尝试。

我们之所以赞成应从近代化的角度来评论洋务运动，是因为实质上近代化问题乃是中国近代史的核心。从近代化的角度来评论洋务运动才能使人们从世界近代史的角度来认识中国的近代史问题，并使之成为现代史的借鉴。虽然推行洋务运动的是清政府，其直接的动因还是御外侮、平内患，但是军、民用近代工业生产方式方法的引进、大规模的翻译和引进西学、人数众多的近代人才的涌现等等，使得中国的近代化进程进入了一个新的阶段。

但是从洋务运动还在酝酿起步之初，以及在后来二、三十年的推行过程中，中西学之争、体用之辩，无论兴办新型工厂、矿山，还是修筑铁路，或是兴办新式学堂，洋务派和保守派之间的激烈论争几乎一天也没有停止过。清王朝所奉行的政策，正如洋务派的后起之秀张之洞所主张的——“中学为体、西学为用”。

但是，“西学”的内容也在不断地发生变化。开头还只是船坚炮利之类的西方近代的科学和技术，但是到后来，“西学”已经包括西政、西史等等更加广泛的内容。当百日维新失败，为了打倒清政权，中国人不得不走向辛亥革命。

由于时间和篇幅所限，本文就结束在上世纪之初了。时间再越过100年，我们便来到改革开放30年之后的现在——一个旷古未有的、和谐大发展的盛世。但是机遇与挑战同在，我国还存在各种问题，也还会遇到许多更新的问题。参照中国悠久的历史，有些问题似乎并不陌生，真的是“曾似相识燕归来”。以史为鉴，我们就应该认识到“科教兴邦”的提出是来之不易的，也更应该认识到“提倡科技创新”“提倡科学发展、和谐发展、可持续发展”都是来之不易。以史为鉴，我们一定会把我们的事情办得更好，也可以使我们更加愉快、更有信心地走向未来。

启功

永明声律与中印文化交流

中国的诗歌格律从南朝沈约开始，才算有了一个系统的说法。这个系统说法见于《南史》、《南齐书》等书，但不知是它们抄了沈约的说法，还是都运用了同一种理论，现在都无法考证，我也不能详细研究这个问题。我只是想把自己对“四声”以及它和印度文化的关系的认识讲出来，请大家批评。

齐武帝萧赜永明时期，他的一个臣下沈约提出了“四声”（也就是今天说的平上去入）的问题，后人于是就认为“四声”是沈约创造的。后来，还有人把诗歌的“八病说”，也算作沈约的。到了唐朝，又有了“二十八种病说”，《文镜秘府论》就是这样讲的，解释得很琐碎。我们现在看有些并不够一个病，比如同平、同仄，就叫做“同声”，此外，如果从头至尾都押东韵，也叫同声，或者同韵。那它到底指什么呢？二十八病在不久就没有人再提了，最后只剩了八病，算是沈约提出来的。到唐朝皎然《诗式》，也把八病归于沈约。但是，沈约提出了四声的现象，并没有明确的四声概念，他自己的著作里也没有提过八种病。《文镜秘府论》的作者是日本和尚空海，即遍照金刚，他是学密宗的。密宗在中国已经没有了，密宗传入西藏的是藏密，传入日本的叫东密。但在藏密里有没有八病，我不知道。空海所传的东密里，也没有人专门对八病进行研究。

在沈约撰写的《宋书·谢灵运传论》里，对八病的现象倒是有解说。他说了一句很重要的话：“若前有浮声，则后须切响。”“浮声”就是扬调，即平声，“切响”就是抑调，即仄声。他的意思是说，前头要是平声，后头一定是仄声。这个说法我们好理解。但是，究竟这个说法是从印度传来的，还是沈约自己理解的，他推测出来的？不知道。他又举了许多例句，“子建函京之作，仲宣霸岸之篇，子荆零雨之章，正长朔风之句”。但他讲到的也就这么多。

可是，清朝中期以后，又出现了一种说法，说四声不是沈约推测出来的，而是曹子建在鱼山听人做梵呗，就是佛教唱偈语时从中悟出有四声[②]。这种说法就值得我们思考。因为清朝中期以后,出现了一种现象,把什么都说成是从外国传来的,似乎中国人什么都不会,外国的理论传到中国,中国人接受了之后,就成了中国人的一个很特殊的文化发明。我今天在这里说这话,也是冒了天下之大不韪。因为这很容易被人说成是狭隘的民族主义。我们过去曾经认为,凡是外国有的,中国就一定早就有了,看见飞机,就说中国早有飞机,因为我们早已会放风筝。可是,放风筝就能代替飞机吗?这个毛病是中国人自高自大的表现,我们不能讳言。

但是,另一种现象也不好:以为中国什么都是从外国来的,似乎中国人连吃饭都是看某种动物吃东西才学会的。所以四声是曹子建听梵呗而来的说法我同样不能接受。假如四声真是曹子建听鱼山梵呗而来的,那离永明还有一大段时间。在历史上,只有到了永明时期,沈约等人才公开讲究做文章,而且还要在文章里加上四声的韵调,来增加文章的美感。不能说那时大家什么都不会,全都是从印度传来的。清朝中期之所以那么说,是因为那时有人认为中国保守不行,提倡解放思想,认为应该多吸收外国的进步的科学和办法,这个用意其实也不错。但是,他们硬说沈约的永明声律也是吸收了印度的学说,就有些不太合适了。

如果把这个问题往远些说,印度文化也存在同样的情况。亚历山大从希腊打到印度之后,在印度创立了一种希腊化的印度文化,叫犍陀罗(gandhare)。有人就说,印度的文化都是从希腊传来的,印度人对此非常反感,对犍陀罗也非常反对。新中国成立前夕到成立初,我教过几个印度学生,他们就这样说。印度一位讲美术史的学者(音译为“南大拉伯嘶”),写了厚厚的一本书,就彻底地批判犍陀罗。在印度,有好多的佛像都是犍陀罗化的,是按照希腊的风格雕塑出来的,面部的肉很多。北京大学有一位已经故去的学者阎文儒[③],非常博学,他在“文革”前讲美术史,在讲稿里就处处讲,说印度文化就是犍陀罗文化。我对他说不是这样的,印度人很反对别人说印度文化是犍陀罗文化。他还不服,我说你看你用的这个插图就是印度本土的佛像,不是犍陀罗的脸上肉很多的佛像。

改革开放后,思想解放了,我们哪些是学了西方的,哪些不是学西方的,这个都可以说,毋庸讳言。清朝中期西太后等人,就是利用义和团想把东交民巷的西洋人都杀了，义和团打出的口号就是“扶清灭洋”，西太后以为把洋人灭了就天下太平了。但是，靠少数人能灭洋吗？把洋灭了，清朝就能够扶起来吗？像西太后这样的措施，能够使清朝复兴吗？不可能的。有一次，谭延闿去看翰林院掌院大学士、军机大臣徐桐，徐桐问谭延闿知道现在有哪些鬼子吗，谭说不知道。徐桐告诉他说今天来的这几个人中哪几个是葡萄牙的，又有哪几个是西班牙的。其实都是那么几个人，只不过今天穿这样的衣服，冒充这个国家的，明天又穿那样的衣服，冒充那个国家的。谭延闿出来以后，坐在车上大笑不止，感慨万分地说：“吾属为虏。”——我们早晚要完在这帮无知的人手里。谭延闿记载此事的手卷现在就保留在我的手里。当时朝廷真是迂腐、愚昧到了极点，以为把东交民巷里的几个西洋人杀了，就天下太平了。在这种形势下，再怎么说中国的文化都是犍陀罗文化，又有多少用处呢？那时候国家有一定的苦衷，太落后，所以有人就宣传西方文化有什么用处，但中国人当时并没有由此就接受了它。

然而没想到，今天还有人大肆宣讲说中国的诗歌格律是印度的规律，这简直是太没道理了。我们知道，中国的文化属于汉藏语系。有一位从菩提学会调到北师大的深通梵文的学者于敏就曾对我说，汉藏语系跟印欧语系很不一样。汉语是由多少音素构成的，如“东”有三个语素（d—o—ng），合起来组成一个音节，这个音节就是汉字。陆法言编《切韵》，里面都是一个一个的汉字，有 206 个韵部。宋朝《礼部韵略》删到 100 多部，一直到金朝平水郡刘渊刻的《礼部韵略》，还有 106 部，一个字代表一个音，一个字里尽管有几个音素，但写出一个字来，就是几个音素变成一个音节，这就是汉语的特点。《四阿含经》的“阿含”两个字，印度原来读作“啊—啦—干”（agama），可见印度的梵音，拼写一个词汇，要把几个音素都读出来，汉语把它翻译出来，几个音素能融合在一起的，就用一个字表示，把它连起来。两种确实是很不一样的。就算永明声律是沈约吸收了印度语音的发音特点，也不见得就能完全变成“子建函京之作，仲宣霸岸之篇，子荆零雨之章，正长朔风之句”，那是不可能的。

再举一个比较直接的例子，鸠摩罗什翻译佛经的偈，如《金刚经》中的“一切有为法，如梦幻泡影，如露亦如电，应做如是观”，既不合中国的韵，更不合永明声律的韵。鸠摩罗什翻译的这些佛经都在永明声律之前，它是把印度的语言直接变成了汉语。沈约所谓“子建函京之作”，指曹子建《赠丁仪王粲》的“从军度函谷，驱马过西京”，“度函谷”是仄平仄，“过西京”是仄平平。沈约在四个人里，每人举两句，一共八句，八句都是下一句是律句，上一句是配搭。现在外国有人把敦煌的残卷配搭起来，说其中有一种是诗歌，翻译过来叫《律诗变体》，印度哪里有什么律调？还有人说，印度人写过戏曲理论。但他们也没法讲出它与中国的律诗有哪些密切联系的地方。沈约举的王粲《七哀诗》中的“南登霸陵岸，回首望长安”，“霸陵岸”是仄平仄，不合律调，但“望长安”是仄平平，合乎律调，于是沈约认为这首诗也是合乎律调的。孙楚“零雨被秋草”，是仄仄平平仄，合乎律调，王瓒“边马有归心”，是平仄仄平平，也合乎律调。沈约举的这四个人的八句诗，有七句都是合乎律调的。他并没有举来自印度的合乎律调的句子，可见他不是受印度的影响才认识声律的。沈约再往上《诗经》的时代，中国跟印度还没有任何来往，但《关雎》中的“关关雎鸠，在河之洲。窈窕淑女，君子好逑”，就已经完全合韵了。鸠、洲、逑，为一个韵。“参差荇菜，左右流之。窈窕淑女，寤寐求之。求之不得，寤寐思服。悠哉悠哉，辗转反侧。”这些句子也是很押韵的。句子的末尾，也有合乎规律的间隔，菜、之、女、之，是平平仄平，得、服、哉、侧，是仄仄平仄，很注重平仄的搭配。两个平，一个仄，再一个平。或者是两个仄，一个平，再一个仄。诸如此类，还有很多。春秋战国时，印度的文化根本没有进到中国来。现在有人不但讲中国的文化是从印度传来的，还加上一句，说是印度的犍陀罗文化传到了中国来。讲中国的诗、中国的戏剧、中国的四声，是受印度的文化影响而来的，而且还说是受亚历山大传去的希腊化的印度文化影响而来的。这是更不能让人接受的。汉朝初年贾谊有一篇《过秦论》，里面有三组人名字组成的句子："宁越、徐尚、苏秦、杜赫之属为之谋，齐明、周最、陈轸、召滑、楼缓、翟景、苏厉、乐毅之徒通其意，吴起、孙膑、带佗、倪良、王廖、田忌、廉颇、赵奢之伦制其兵。”每半句中末三字都是合律的。人的名字本来是最不容易合律的，但这里却很自然地放在一起，非常合乎韵律。这说明汉朝初年的人，就已经比较有意识地运用韵律了。但它绝不是犍陀罗文化，也不是从印度传来的。

这里还有一个问题，诗歌的韵到底是怎么回事。清朝的《佩文韵府》，宋朝的《礼部韵略》，再往前的《广韵》，都是从陆法言的《切韵》来的。陆法言为什么编《切韵》？后来做诗的为什么都要查里面的韵部？清朝咸丰时有一个叫高心夔的，他是顾命大臣肃顺的心腹，肃顺很想让他中举。不料高心夔做了一首试帖诗，把十三元里的一个韵押成了别的韵，结果犯规了。陆法言编《切韵》，本来就是让大家对读音有一个统一的读法，大家做的诗，做的韵文，不至于念成地方的方音。他的目的不过如此。后来，考举人，考进士，押韵都必须依照这个统一标准。高心夔在考试时，就在十三元这个韵部里出了问题。当时考试的等级划为四等，相当于现在的优、良、中、劣。高心夔押韵错了，就被打到四等。两次复试，结果仍然落了四等。王闿运写了一副对联，说："平生双四等，该死十三元。"[④]进行挖苦。陆法言编《切韵》，指出一个字在各地的不同读音。读音的不统一很常见，比如现在小孩管父亲叫"父亲"，"父"是一个清唇音，叫爸爸的"爸"是重唇音，而重唇音是先起的音，清唇音则是后起的读音。《切韵》就是统一这一类读音问题的。《切韵》的序说："我辈数人，定则定矣。"但《切韵》里还有"又音"，指出一个字又读作什么音，这实在是他没有办法统一。到宋朝又加了许多的韵，成了《广韵》。宋朝用《礼部韵略》来规定科举，清朝康熙时叫做《佩文诗韵》，明确地说是做诗的韵。现在说诗的韵都与印度传来的文化有关，这就差得太远了。所以，《切韵》是统一文字读音的，并不是规定做诗的韵，沈约当初所说的四声，则连诗的韵都不是，只是诗句中的平仄搭配。现在的人不了解古音的发展情况，把什么都往沈约头上加，说《切韵》也是他编的。民间的人都知道沈约是浙江湖州人，于是有人就说《切韵》也是湖州佬编的。这些说法都非常渺茫。

沈约说出了曹子建等人做诗的四声情况，有人说四声是受印度文化影响才产生的，而且还说是受印度的犍陀罗文化影响；又说《切韵》也是沈约编的，这可见沈约确实是蒙受了许多的不白之冤。

注释：

①本文是根据启功先生 2001 年 10 月 28 日在国家图书馆的演讲录音整理

而成,曾被收入《启功讲学录》,先后由北京师范大学出版社(2004年7月)和中华书局(香港)有限公司(2005年6月)出版。现对原整理稿中的个别讹误进行修正,重新辑入《中国典籍与文化》第三辑中,以表达对启功先生的崇高敬意和深切怀念。

②整理者按:杭世骏《三国志补注》卷三注《三国志》“曹植传”“初植登鱼山,临东阿,喟然有终焉之心”一句,引《异苑》云:“陈思王尝登鱼山,临东阿,忽闻岩岫里有诵经声,清遒深亮,远谷流响,肃然有灵气,不觉敛衿祗敬,便有终焉之志,即效而则之,今之梵唱,皆植依拟所造。”

③整理者按:阎文儒(1912—1994),北京大学考古系教授,著有《中国石窟艺术总论》、《中国雕塑艺术纲要》等著作。

④整理者按:一说是“二年双四等,该死十三元”。

原载《中国典籍与文化》第三辑

荣新江

敦煌学与中外关系史研究

我今天向大家讲的题目是“敦煌学与中外关系史研究”，主办方希望我把这个作为敦煌讲座的最后一讲，又是中外关系史学术讲座的第一讲。当然这是很好的主意，但大家可以想象也是很难的题目。我虽然在北京大学开敦煌学和中外关系史的课，但是两个学期的课程，让我把这两个学期的课合成两个小时的课来讲，对我来说确实是一个难题。不过这促使我思考敦煌学与中外关系史研究的关联问题，近期我的主要工作就是从敦煌学向中外关系史研究领域迈进，所以我也在考虑这样的问题。我在这里想把这些不成熟的想法跟大家谈谈。

一、敦煌学

在原来整个敦煌学系列讲座的计划里，我讲的题目是“明日的敦煌学”。当然不可能规范明天的敦煌学会是怎么样的走向，但是从自己对敦煌学二十多年的研究思考来讲，我确实觉得现在的敦煌学界应该思考明日的敦煌学应该如何走。因为有些学术是有它自然发展规律，有些也有主观的主导作用。

大家知道，陈寅恪先生在1930年《敦煌劫余录序》里有一个著名的论断：“一时代之学术，必有其新材料与新问题。取用此材料，以研求问题，则为此时代学术之新潮流。”这里说了三个新字，一个是“新材料”，一个是“新问题”，新材料加新问题等于“新潮流”，一个时代学术的新潮流。他又说“敦煌学者，今日世界学术之新潮流也”。这在1930年是看得非常准、非常有眼光的。现在过了一个世纪，这个新潮流还没过去，所以陈寅恪先生对学术敏锐的洞察力非常之深刻。

敦煌学一直是作为学术新潮的一支，可以说是长久不衰。其中一个重要的原因就是许多敦煌材料的收藏单位不断地推出新的材料。从前面的讲座我们可以知道敦煌卷子流散在全世界，英法俄日都有。这些材料不是一次性公布出来的，50年代英国公布了一大批，大家研究的差不多了，法国的又公布出来，这些研究的差不多的时候，俄国的又公布出来了，所以现在大量的俄藏敦煌文献摆在我们面前。新材料不断地刺激着学科往前进步，特别是20世纪90年代以来，不仅俄藏，而且国家图书馆收藏的大量的未刊敦煌文书，还有中国、日本各个小收藏单位，如中国历史博物馆、北京大学、天津艺术博物馆、上海图书馆、上海博物馆纷纷把自己的收藏印成非常漂亮的图录，这和现代科学的出版技术有关系。所以这一代的敦煌学研究者是非常幸福的，不断有新的材料刺激着我们。

我这里实际要强调的是陈寅恪先生所说的"新材料"与"新问题"这个定律的后一半，因为整个敦煌学界按百分比来讲我觉得太过于追求新材料，而没有思考新问题。当然我不是批评整个敦煌学界，只是感觉到敦煌学界一个非常重要的走向是追求新材料。这不错，但如果不考虑新问题的话，就总是在敦煌学的老问题里转圈子，比如均田制、归义军、经变画之类的几个圈子里，跳不出来，也不能够太深入，只不过给前人的研究修修补补。大的经变画我们都知道了，如《维摩变》、《法华变》、《涅槃变》，再找到几个《天请问经变》、《宝雨经变》，都是一些小的经变，有些很难代表敦煌佛教发展脉络，在壁画里也是在边边角角的地方。当然《宝雨经变》是另外一回事，代表着一个时代的佛教思潮。我们如果总在旧的题目上转圈子，我们的敦煌学则慢慢会走进死胡同。比如说均田制，原来我们都不知道均田制是怎么实行的，到底是唐朝规定一个丁受田百亩，二十亩是自己的永业，就是永远传下去的，八十亩是口分。但是我们算算敦煌吐鲁番绿洲盆地面积，一个城市拥有多少人口，一个人能够拥有的地哪有这么多，怎么实行这均田制。而且老百姓已经占了地，把那个占用120亩的人家让出20亩的人家，这可能吗？这不可能。所以我们过去不知道唐朝法令中的均田制是怎么实行的，等到发现吐鲁番敦煌的户籍，一家一共多少人，多少地，我们一算才知道唐朝的均田制在西北边境地区是怎么实行的，根据老百姓有多少田来均分之。具体的细节我在这里不讲了，因为已经有四五本利用敦煌吐鲁番文书研究均田制的著作出版。所以我指导研究生，我再不会让他们研究均田制，因为照老的路子研究均田制就等于走到死胡同里。当然在细节上可以有所进步，但不可能做出那种刚接触到敦煌材料来研究均田制的那代先生所作出的成就来，所以我们必须思考新问题，才能有敦煌学的明天。敦煌是个三教九流无所不包的材料库，所以几乎什么角度都可以得到所需要的材料。比如研究现在学术界很重要的一些新课题，如女性史、两性关系，敦煌材料里就有大量的女性材料，特别是地方女性的材料，这可以做出很多学问。所以我这里根据我讲课的课本《敦煌学十八讲》里曾提到的四个方面作为例证，从四个方面谈谈敦煌学的新问题。

我们如何去思考敦煌学的新问题，我觉得从整个敦煌学研究来讲这四个方面特别值得用力。

第一、中古时代的宗教史。因为宗教的研究在 20 世纪 50 年代以后受到了一些影响，所以对于宗教的研究是很不够的，但这是整个学术新潮流，不会停步，你不研究就把这一领域让给其他人。中国学者不研究就让给日本人去研究，世界上的人都一样的聪明，你不研究欧洲人就去研究了，等我们明白过来的时候已经落后了。在这方面我们已经走在日本人的后边，走在西方人的后边，已经晚了许多年。所以 50 年代以来我们搞政治运动的深痛教训，造成宗教史的研究这样的一个局面，日本学者、欧洲学者在佛教、道教的研究，尤其是日本学者对于禅宗、净土宗的研究已经深入发展到今天，那么我们应该怎么办？

我们现在都知道禅宗的六祖是慧能，是广东一个偏僻地方的和尚。但他的禅法修行方式很方便，所以很快被中国大众所接受，慧能所代表的禅宗南宗成为唐以后中国的主要宗派。但是唐朝的禅宗不是这样的，唐朝的禅宗分南北宗，而且中唐以前北宗的势力是最强。因为安史之乱把北宗的大庙都给烧了，北宗的经济根基被动摇了，因此北宗慢慢衰落，南方的慧能为首的禅宗兴起。所以现在我们看到的禅宗的典籍主要都是南方禅宗的系统，比如了解禅宗历史时候要读它的传灯历史，《景德传灯录》完全是南宗和尚编的一部禅宗历史，很多部分是假历史，不是真的。因为宗教历史可以由后人不断地累积，我们了解的禅宗历史，在敦煌卷子发现之前可以说是一部伪史，唐朝的禅宗历史到底是怎么回事，我们不是很清楚。而敦煌保留了大量的属于唐朝时期的北宗灯史、语录、著作，各种各样的禅宗典籍。这些文献一出来，我们可以重新写唐代的禅宗史。实际上最早去写唐代禅宗史的一个重要人物是中国的胡适。胡适 1926 年去参加“庚子赔款”

的会议到了伦敦和巴黎，把禅宗典籍一下抄了很多，尤其是他最喜欢的神会和尚的文献，编了《神会和尚遗集》和《神会传》。这个成果是无法逾越的，所以日本学者给胡适编了《胡适禅学案》，有关胡适禅学的研究都编在一起。今天我们再研究唐代的禅宗史，我们迈不过柳田圣山、迈不过田中良昭、迈不过石井修道，因为我们从 20 世纪 50 年代以来没有进步，我们把这个领地扔给别人了。但是，日本学者研究禅宗有他们自身宗派的影响，所以中国学者仍然有中国学者的出发点和视角，仍然有我们自己的优势，至少我们读汉文典籍应该占优势。

我觉得无论是禅宗也好，净土宗也好，以及其他敦煌材料里保留的佛教典籍，我们应该放到历史的层面来做具体的深入研究。比如，研究各个宗派之间的关系、宗派与世俗社会的关系、佛教教团与统治集团或者下层民众之间的关联等等，实际上有很多可做的。郝春文先生写了一本很好的书——《唐后期五代宋初敦煌僧尼的社会生活》，根据戒律，我们知道和尚受戒，不能吃酒，住在庙里，这样国家才让你出家，不劳动去念经。这是国家规定和僧团教规双方规定的，但从敦煌发现的大量材料看，和尚住在家里，又吃肉又喝酒，这是怎么回事？这就是实际生活中的敦煌佛教的情况，因为敦煌佛教徒的比例太高了，如果政府不收税，还像内地和尚一样只念经不干活的话，政府就很难维持，归义军政府无法存续下去。敦煌当时大概有百分之十的人是僧尼，如果这些人不纳税不干活，那这个政权支撑不下去，所以必须把他们世俗化，像现代日本僧人一样，干活交税，这是一样的道理，没有贬义在里面。这个研究就是非常优秀的研究，根据敦煌材料的实际出发，研究敦煌佛教社会本身，把敦煌的佛教材料和世俗材料结合在一起，郝教授作了僧尼生活的层面，其实还有很多层面值得我们去深入研究。

道教也一样，道教刚开始被汉末农民起义所利用，所以在中国的正统王朝眼里是“三张伪法”，是张角组织民众发动起义的一个团体。到了唐朝，我们知道李唐王朝自认为是老子的后裔，老子在魏晋南北朝发展过程中，变成了道教最高神、祖师爷了。所以李唐的皇室反过来扶持道教成为国家正统宗教，因此我们说从“三张伪法”到国家宗教，这是从汉末以来经过魏晋南北朝到隋唐的重要的道教发展的脉络。

魏晋南北朝的道教典籍丢失了许多,有些我们只看到了名字,甚至名字都不知道,东西都不在了,不知道道教在魏晋南北朝到唐初整个的发展过程。又是敦煌供给了我们大量的魏晋南北朝道教的经典,许多是过去丢失的典籍,这些材料的出现才使得我们能够深入地认识道教是怎么发展的,道教与国家的关系如何。但是道教在中国的研究起步更晚,新材料和新问题是非常难得,因为过去的道书不像佛经一样多,到 20 世纪 20 年代中国才把白云观的道藏影印出版,而 20 年代能够买得起道藏的不是中国人,是西方人和日本人。所以真正的道教研究西方人和日本人起步较早,主要原因是道藏他们容易阅读,放在图书馆里随便翻,而中国学者往往没有这样的机会。所以中国的道教研究真正起步仍然是 20 世纪 80 年代以后。

因为日本没有道教,日本学者研究道教的视点大部分是从佛教的角度去看道教,所以必然有些偏见。而法国学者是从传教士的系统下来,很早就注意中国的民间宗教,民间宗教跟道教有密切的结合点。他们要把道教和中国民间宗教极力排开,他们认为中国人或者日本学者所认为的道教概念太宽了,很多东西不是道教的。这是国际道教学界一直争论的,什么是道教,什么是中国民间宗教,他们一直要区分开。在这种主导观念的指导下,中国道教的研究往往走入误区,因为中国的社会本来有些东西是分不清的,什么是道教,什么是民间宗教,什么是佛教,在老百姓脑子里一塌糊涂,只要是神他就信。从这样的出发点去研究敦煌道教与中国社会,是一个很好的出发点。

敦煌的道教文献跟道藏对比很多地方是不一样的,它是代表着一种地方道教的写本系统或者地方宗教发展的一种特性。另外,说到中外关系史,学者一直追寻一个问题,中国的宗教或者中国的思想到底向西方传了多远。比如说唐太宗让玄奘把老子《道德经》翻译成梵文,但除了这段记载之外没有其他信息了。道教到底向西方传了多远,这是我们所关注的。我们知道《老子化胡经》是道教徒写的书,书里说老子化胡走得很远,一直到波斯胡都教化,不仅释迦牟尼,把摩尼教的祖师爷都教化了,而且教化了九十六个胡国。但是真正的历史,道教传了多远,这是我们关心的问题,这需要我们根据吐鲁番敦煌文书去研究,根据传世的典籍我们走不了多远。所以在敦煌的道教典籍里,从社会史的角度去看，我们可以看到它的边缘性、民间性，从这个角度去探讨敦煌道教文献所反映的道教和民间社会的历史以及唐代的历史，这一方面可以有所进步。

中古时代的宗教史是非常值得研究的一个课题，在唐朝各个阶层的社会与文化这个视角里，敦煌文献可以看出很多问题。

第二、应该说敦煌莫高窟是今天我们能够最集中看到的最丰富的唐朝文化景观。换一个地方，比如我们到大唐的首都长安，或者东京洛阳，我们睁眼一看，当然有龙门石窟、巩县石窟、大明宫的遗址，但是我们得不到敦煌莫高窟492个窟，再加上洞窟那么丰富的壁画雕像，在任何一个现在我们所能站住的地点，比如历史博物馆或者某一个博物馆，哪怕它收藏再好，都无法如此集中看到这么丰富的唐朝文化景观。我想敦煌是唯一的点。

另外，敦煌莫高窟藏经洞所出土的五万多个卷子也是我们最集中看到的唐朝最丰富的图书馆，我们在任何一个其他地方都看不到的。我们在国家图书馆或者其他地方不能够看到这么集中的唐朝的东西，在两京地区有很多唐代的墓志、造像碑，但它们是分散的，在一个洞窟里的一下子发现这么多文献是我们今天的运气，我们看到了这么多集中的唐朝的图书。但是我们从大唐王朝的整个情形来看，敦煌不论是它的石窟，还是藏经洞的写本文献，都不算什么。写本可能是敦煌地区十七个寺院里最小的三界寺的藏书，这在唐朝时候不算什么。举个例子，唐朝京城长安集贤院有个学士叫韦述，他编过唐朝史书，也写过唐朝制度的著作，写过很多书，也编写过两京就是长安和洛阳的书，是个大学问家。他可以看到当时国家图书馆——集贤院的书，皇帝一高兴经常把自己搜集到的古书画让人临好了发给这些学士。韦述自己的藏书两万卷，而且是完整的两万卷。我们知道敦煌五万个号是不完整的，真正卷成唐朝那样一卷一卷的东西大概也就两万多卷。可是韦述家的书都是好书，是代表中国传统文化最集中的书。而且韦述家不仅藏两万卷书，还有古书画、古贤人图、古代的碑板石刻、古代文物等等，什么都有，琳琅满目，不知道他怎么会收藏这么多东西。他并不出自一个藏书的家庭，可是一生中能集中这么多书。他在唐朝京城里也不属于最高层次的文化人，却能收集这么多东西。所以我们可以想象唐朝的文化多么辉煌，敦煌藏经洞的文献在当时来讲可能算不了什么。

我们现在看不到唐朝地面上的建筑，所有寺庙里的壁画都看不到了，但是我们看看《历代名画记》里记载的千福寺，它整个就是唐朝的博物馆，走进去以后它的匾额是唐玄宗、武则天、高力士题的，敦煌庙里没有这样的匾。它的碑不是颜真卿的就是褚遂良的字，还有张旭、怀素的草书，李阳冰的篆书，颜真卿的真书，要什么样的书法都有。再看它的壁画，有吴道子的，有卢棱伽的，有各派的画，有各派的雕塑，就是这么一个长安城西北角的千福寺，要什么有什么。而且它非常集中的是盛唐时代的东西，可惜的是除了颜真卿的《玄秘塔碑》在碑林里保存下来外，其他东西全部荡然无存，特别是那些漂亮的画，可以画上眼睛就能飞走的龙的壁画，我们现在见不到了，我们只能在台北的故宫看到一点卢棱伽的画，在美国的大都会看到一点韩幹的画。盛唐时期的整个千福寺已经没有了，所以我们才会在敦煌莫高窟壁画前说这东西真好。敦煌有些画面可能摹写唐朝京城大画家的底本而画上去的，而且摹的人也非常有水平，所以代表唐朝最高水平的画，但大部分敦煌的画是画工画的，和唐朝京城大画家画的《维摩变》、《法华变》、《三圣图》可以说是没法比的。所以话说回来，只要你认为敦煌有这么辉煌、有这么伟大，那可以乘上若干倍地去说代表唐朝文化的长安有多么辉煌、多么伟大，大家去看看法门寺，看看何家村的金银器，就可以想象了。何家村窖藏里有很多钱币，从战国一直到唐朝用的开元通宝，什么都有，而且它不多，就一两枚，它里面竟然有高昌吉利钱，是高昌国当时使用的，到现在为止吐鲁番挖了那么久，可全世界就有那么几枚，但是长安城的一个大收藏家居然有高昌吉利这样非常罕见的钱币，所以长安城的情况真是不可想象。但是长安的东西没了，洛阳的东西也没了，我们现在还是要看敦煌的东西。

现在长安的东西不是全都没了，留下的是那些在长安生活最有名的李白、杜甫、白居易等人的诗歌集、文集，那些大的经史著作，如《尚书》、《论语》的注释，还有那些像玄奘一样的高僧法师翻译的佛经。但是这些只能代表唐朝上层文化，不能代表唐朝下层文化。我们知道唐朝京城考科举的考生兜里都揣着《文选》，他们揣着的《切韵》一类的书在敦煌也有，敦煌也有李白的诗、白居易的诗，也有《切韵》和《文选》，因为敦煌的人也要考试。但是唐朝没有那么丰富的敦煌所拥有的下层百姓的文化，没有学郎抄写《论语》的那些练习本，没有农夫乡人所唱的那些民间小曲，没有画工照猫画虎画的那些壁画，也没有高僧讲给老百姓的那些讲经文和变文。唐朝长安的佛经留下来了，我们从历史记载可以知道长安很多庙的和尚给老百姓讲经，因为老百姓听不懂那些佛经，要把它变成故事，去讲经，去说故事和变文，拿着画边看画边讲故事。这只是很简略的记载，但在敦煌却发现了大量的讲经文的文本，而且竟然发现了一面是图另一面是文的《降魔变文》，这是因为僧人怕忘了，这边把画展开给大家看，这边自己看文字，画的一面给观众看，非常漂亮。我要强调的是唐朝各个阶层的社会文化只有敦煌给了我们一个立体的层面，在敦煌可以看到唐朝社会文化的一个立面。唐朝既有很高的官人、各个阶层的文人，也有不知名的乡村教师，也有最底层的农夫民众。从文化水平上来讲，也有经师所念的《尚书》或者高僧所讲的唯识学经典。敦煌也有下层百姓所用所看所听所学的下层文化。所以敦煌给我们一个立体的层面，给我们一个非常丰富的立体层面。这一立体层面在敦煌之外的其他地方很难见到，所以我说敦煌的材料是我们今后研究唐朝社会各个阶层的文化的一个非常好的材料来源，不仅应该研究中国文化水平最高的李白、杜甫，还应该研究整个社会文化发展的脉络。

第三、我想强调的是吐蕃王朝对敦煌的统治和汉藏文化交流。安史之乱以后唐朝把西北的重兵都调到中原来跟安禄山、史思明的部队打仗，所以河西走廊整个都空虚了，使得在青藏高原建立的吐蕃王朝乘虚而入，从东到西把整个河西走廊和塔里木盆地的南缘都占领了，大概统治了七八十年。所以一直讲吐蕃是从河西走廊的东部由东向西一步一步地打，最后把敦煌包围起来，包围了十年，没有打。按照吐蕃的兵力很容易打下一个沙州城，为什么不打呢？吐蕃要和平解放沙州城目的是对敦煌佛教文化的一种保护，因为敦煌跟其他的地方不一样，吐蕃从东向西打的时候，河西的高僧、文人、官僚带着他们的书，带着他们的画一步步地退。比如我们知道在凉州（今天的武威）统治整个河西（比现在的河西范围还大）的最高军事首脑——河西节度使跑到敦煌，所以随着他能跑得动的可以说都跑到敦煌，龟缩到那里，比如昙旷，原来是在长安学成的，结果回到老家凉州一带讲经时，吐蕃来了，他就跟着跑到沙州城，他也不是敦煌人，但是他也在敦煌城中。吐蕃最后和沙州百姓循盟而降,设立盟誓,盟誓有四个字,要求吐蕃“勿徙他境”,就是不要让这里的人搬走。因为我们知道,中国传统的王朝以及吐蕃王朝都有个重要的措施,他们打下一个地方就把这里的文化精英和有势力的人给搬走,搬走了以后他们就不容易在这里闹事了。比如说最明显的例子就是秦始皇,他灭六国之后把六国的精英全都弄到咸阳周围去住了。这样他就好控制,另外他把咸阳的文化、经济实力都聚合在一起。又比如北魏439年打下北凉的首都时,不仅把北凉的高层文化首脑弄到平城,就是山西大同,而且把它的工匠、商人全部掠走,所以我们才能看到北魏刚从游牧骑马射猎的民族跑到平城没有多少年就建出云冈石窟这么漂亮的造像。这不是拓跋鲜卑建的,是凉州来的大和尚昙曜建的,有昙曜五窟,到今天都是全世界的瑰宝。所以吐蕃这样的一种攻击方式使得沙州城里保存了唐朝的文化,昙旷就是一个最重要的因素。吐蕃同意沙州百姓不迁走,然后沙州百姓投降,吐蕃进入沙州城的第一件事情大概就是请这位七十多岁的昙旷到拉萨讲经。昙旷说自己太老了,无法去拉萨,这样吐蕃赞普提了二十二个问题由昙旷来回答,这就是留存在敦煌卷子里的《大乘二十二问本》。

敦煌当时聚合的文化是非常了不起的,特别是汉藏文化交流的结果在这里体现出来。当时虽然有战争的一面,但战争也是文化交流的一种形式。以前我们完全不清楚通过敦煌这个地方所进行的汉藏文化交流,不仅在中原的历史里不清楚,在西藏典籍里也不清楚。因为西藏的典籍大部分是后弘期即十二、十三世纪以后的佛教经典,它没有这么多的世俗文献。据说有的西藏僧人到伦敦,看到英国图书馆藏的那些敦煌藏文典籍就说这都是假的,西藏人怎么会写这样与佛教无关的东西呢。因为敦煌卷子里有很多吐蕃人还没有信佛时代的东西,所以现在西藏的僧人眼里简直是无法想象的,可是它是现实存在,是斯坦因从敦煌藏经洞弄到英国的。这些文书是真实的,而且真实地反映了吐蕃早期的历史,而这早期历史最重要的交流对象是汉地。从汉地学官制,从汉地学医药,从汉地学各种各样的知识。我们在敦煌文书里看到了《尚书》的藏文翻译,这是很了不起的,因为《尚书》是非常难译的,我们看到了《春秋后语》,就是春秋战国时期历史的藏文翻译,当然还看到很多《千字文》、《九九歌》、《寒食诗》,特别是大量的早期禅宗的经典翻译成藏文。我们知道当时有个僧人叫摩诃衍,从敦煌被吐蕃赞普请到拉萨和印度法师斗法,印度僧人主张渐悟,而汉地禅僧主张顿悟,两派在赞普面前举行过很多次辩论会,被称为"拉萨僧诤",其实不仅在拉萨一个地方,赞普走到哪儿他们就跟到哪儿争论。现在的藏文典籍里都说汉地和尚打败了,扔下一只鞋就跑了,所以我们现在看到禅宗的画像里有不穿鞋的一个和尚坐在那里,这都有关联的。可是我们在敦煌发现了一个《大乘顿悟正理决》,是一个被吐蕃俘虏的汉地官员跟着摩诃衍入藏传法的人,回敦煌后写了这本《大乘顿悟正理决》,讲摩诃衍在那里传法,而且大胜。这个文献被法国学者戴密微翻译成法文,他的《拉萨僧诤记》是一个汉藏交流或者禅宗研究上的奠基之作。可是意大利的图齐(Giuseppe Tucci)根据藏文史料不断地和他争论,就是辩论到底谁胜了,到现在学者之间还在争论。但是通过这件事,通过大量的敦煌藏文典籍,我们可以知道敦煌材料里有大量反映早期汉藏文化交流的典籍,而不是我们从今天西藏典籍里找到的大部分是印藏文化交流,甚至是把藏族祖先追溯到印度去,这是受佛教影响的结果。

第四、用本民族的史料研究西北民族的历史。我们知道中国的西北是很大的,甚至包括西域,有中国新疆的民族,也有域外的民族。对于这些西北民族过去我们只能通过其周围大的民族的记录来研究。我们研究西域焉耆、龟兹、于阗,甚至研究吐火罗斯坦、粟特,我们只能根据它周边的阿拉伯、印度、汉文文献的记录,特别是利用汉文的记录来研究这些民族的发展历史。但是汉文的记录有目的性,我们看中国正史的西域传都像是个调查报告,如胜兵多少,打它的时候应该派多少兵,有多少人口,有多少城市,道路状况如何,这就是中国正史西域传里最重要的,它的物产是什么,能向我们天朝贡什么等。中国传统王朝天下独尊的这种思想,实际上是对其他民族的一种蔑视的看法,在这种心态下编撰出来的历史文本不是这个民族真实的历史。

那么怎么去研究这个民族的真实历史,我们过去没有办法,我们必然是带有封建史家的色彩去看待周边民族,无形中有一些大汉族主义,无形中有一些不好的观点。敦煌、吐鲁番、田和、库车等地出土了本民族所写的本民族历史文献,用这些历史文献去研究本民族历史,那就完全不一样了,包括研究西藏历史、研究维吾尔族的历史、研究原来在新疆操伊朗语的于阗和操吐火罗语的焉耆、龟兹这些民族的历史,我们都可以研究,我们都有新的看法。这些看法并不是说它们的历史和中原的历史完全相对立的,而很多是反映着民族之间的密切交往。比如于阗,五代时他的国王叫李圣天,就是跟唐朝一个姓,但我们看到敦煌于阗文卷子,他真名不叫李圣天,本名叫 Visa Sambhava,我们就更能知道他和中原王朝打交道时就叫李圣天,我们就加深了对民族的认识。我觉得这些民族语言文献经过一百年的研究已经逐渐的发表出来了,我们可以通过这些文献去研究他们本民族历史。

我是研究历史的,所以往往强调的是历史层面,举了四个例子来说明历史层面的研究。其实从其他层面,如女性学、佛教道教学术本身的脉络等方面我相信仍然有很多新的课题可做。我这里只是从我自己所熟悉的中古历史的角度,当然跨越到民族史和宗教史的内容来谈谈我对敦煌学走向的看法。

二、敦煌学与中外关系史

1、敦煌学对中外关系史的贡献

中外关系史研究的主题是非常散的,因为受资料的局限,所以我们有材料就研究,比如汉代我们就研究"张骞出使西域",唐朝研究"唐代经营西域史",明清又大量地说"耶稣会士"。因为各个时代有各个时代的交流主题,同时也受到了一些资料的限制,就是我们想说的那方面有时没有资料去说。我常常觉得中外关系史的研究脉络很奇怪,我们很多想知道的东西它没有。

可是敦煌材料出土后,我们有了很多以前不知道的新的认识。一个是对粟特人东迁史的认识。粟特人就是中亚乌兹别克斯坦、塔吉克斯坦生活的古代居民,他们是中古时代重要的商业民族,只要哪里能赚钱就要去哪儿,多远都不管。所以他们是中古时代丝绸之路贸易的垄断者,他们不仅做粟特本土到中国的买卖,还要做中国和印度之间的贸易,也做中原王朝和北方游牧民族之间的买卖。他们西边的波斯人也会做买卖,可是粟特商人占据了陆路后,波斯人打不进来,于是他们只能走海路,从海路上发展跟中国的贸易,陆路的贸易在中古时代大致从 4 世纪到 10 世纪基本上被粟特人垄断着。

粟特人最初信仰波斯的琐罗亚斯特教，中国叫袄教，也叫拜火教，随着商业的扩张，他们也把这个宗教传播开了。可是过去我们知道的粟特人东迁的历史主要还是从汉文典籍里一段一段找到的，不是特别清楚。今天通过敦煌文献，了解许多新的知识。最早伯希和发现敦煌的地志里记载在罗布泊地区有粟特人聚落，而且清楚地记载着贞观初年有一些康国大首领，就是撒马尔干这个国家的大首领率着老百姓跑到罗布泊地区，在石城镇这个地方建立了一个殖民聚落，而且不够住，来的人太多，就建了葡萄城和其他几个城市来居住。中亚的粟特人是会种葡萄和酿葡萄酒的，所以他们建立的城市也叫葡萄城。这是非常好的材料，伯希和1908年发现了这个材料后写了篇文章《蒲昌海地区(罗布泊地区)的粟特聚落》。等到大量的敦煌卷子发表之后，学者们发现敦煌有更大的一个粟特聚落，这个聚落后来变成敦煌十三乡之一，叫“从化乡”，就是遵从王化的意思，他们是从外国来的，所以要遵从我的王化。把粟特人的聚落点变成唐朝敦煌县的下属十三个乡之一，就管它叫“从化乡”。敦煌保存了一件天宝十载的差科簿，就是派役的文书，记录了派这乡的人去当什么劳役，这些人的姓都是“康、安、曹、史、米”之类的粟特人的姓，名字也有不少是胡人的名字。见长于研究户籍的池田温先生写了一篇《8世纪中叶敦煌的粟特聚落》。他本不是研究粟特专行的人，可是做得非常透彻，它给我们分析了从化乡所在的位置，在敦煌城东500米的地方，那里有个袄庙，因为敦煌卷子里有个《安城袄咏》，唱的就是这个庙的袄神；在750年(天宝十载)时有户三百人，人口1400人，大部分是来自康、安、石、曹、罗、何、米、贺、史等姓的中亚昭武九姓王国，而且居民不太从事农业，而从事其他行业，特别是经营管理市场方面。所以这篇文章做得非常好，使我们认识了敦煌乃至中古时代其他粟特聚落的五脏俱全的典型形态。敦煌有这么丰富的材料可以让我们了解粟特聚落的整个从生产生活到宗教信仰的各个层面，池田温先生这篇文章由于有敦煌文献的支撑，所以他做到家了。那么，现在可以补充吐蕃统治时期还有很多粟特人在那里从事买卖、皈依佛教等等方面，当然这只是池田温先生研究的后续。

2、敦煌学对三夷教研究的贡献

刚才我提到三夷教，就是我们所说的中古时代外来的拜火教、基督教和摩尼教。

基督教的一个分支叫聂斯托利派，中国叫景教，在西安有《大秦景教流行中国碑》。摩尼教在波斯受到迫害转成地下组织，结果到了中国却被武则天看好，在武则天时代曾经流行一时。但这个宗教认为现实世界是黑暗的，要把它拯救成光明社会，它是否定现实世界的，所以唐朝统治者很快觉得这个宗教非常危险，容易引起民间起义，开元二十年就禁止了，所以它就转到地下了。安史之乱时，摩尼教徒把率兵进入洛阳城的回鹘可汗说服了，所以把他们带到了漠北的回鹘，变成了回鹘汗国的国教，以后又带到了吐鲁番，带到了西域。我们知道这三个教留存的资料非常少，特别是摩尼教和景教。景教我们所知道的几乎全部都在《大秦景教流行中国碑》，不过这个碑是非常了不起的文献，它从唐初景教的到来一直到建中二年景教发展的历史，全部都告诉了我们，但是其他我们几乎都不知道。

敦煌卷子里发现了祆教一些资料。祆教本身是不译经的，它是口头相传的一种宗教，公元前六七世纪时创立，在粟特本土它也是以偶像崇拜和拜火仪式这种方式来传教，它在中国不翻译经典，所以在敦煌从来没见过祆教的经典，这是学者一直希望得到的。因为祆教的经典在萨珊波斯时代曾经整理过，随着阿拉伯势力占领波斯中亚之后，这种宗教经典基本全部毁掉，而一部分信仰拜火教的人不愿受伊斯兰教的统治迁到了印度的西海岸，就是今天印度的帕尔西人。帕尔西人的宗教团体里有口口相传的很多祆教的经典，所以法国的一些研究者在 19 世纪深入到帕尔西人领地去记录。我们知道的完整的祆教经典都是在帕尔西人那里记录下来的，都是口头传承的，但是古代的《阿维斯塔经》我们不知道是什么样，所以学者在发现敦煌吐鲁番文书时一直希望看到祆教经典的原样。现在可以说只是在敦煌的一个摩尼教经典里找到了两行字的祆教的发愿文献，不过这也是很好了，对于伊朗学研究来说，它保存着很早年代的祆教经典的模式，可以比对现在的祆教经典是否正确。我们在敦煌的文献里发现了大量的当地民众“赛祆”，就是祭祀祆神的记载，还有关于祆教寺庙的记载，对于我们了解祆教在中国流行的历史非常有帮助的。

敦煌发现了三个摩尼教的文献，这三个文献是非常伟大的。摩尼教在公元 2 世纪时只是在沙普尔一世时候被波斯立为国教，但是很快发现这个宗教是否定现实社会的,就把它教禁止,把摩尼给杀了。摩尼教徒四散逃跑,有的向西方,有的向东方,一直跑到中国,不过到中国是7世纪的时候了,武则天延载元年摩尼教徒跑到了中国。

摩尼本人很聪明,他认为这个教是很危险,所以叫他的教徒只要能传教用任何语言都可以,所以摩尼教经典的语言是最复杂的。像基督教到现在拉丁文还是它的教会语言,现在唱诗班还在唱拉丁文。景教的宗教语言是叙利亚文,所以吐鲁番出土的文献先是叙利亚文,后来不会写了,只能写粟特文或者突厥文,因为它的宗教语言已经是死语言,讲到发愿的时候就不会写了。所以吐鲁番经常发现这种情况,先写叙利亚文,写着写着就变成了粟特文,又变成突厥文。可是摩尼教不一样,摩尼教徒可以用任何一个语言来宣讲他的宗教,所以一进中国就翻译经典。最重要的是敦煌发现了《摩尼光佛教法仪略》,是开元十九年在唐朝的国家科学院(集贤院)里由摩尼教大法师和其他人编写的。这个文献不是一个翻译,而是对摩尼教的教法、仪轨作的解释性的概要,它什么都包括,但什么都很简略。比如它的教义怎么讲的、它的创世论是什么、宗教的基本思想是什么、寺庙组织是什么等,可惜它前后丢了,不过大致让我们完整地看到摩尼教的整个面貌。所以这个文献可以说是20世纪赐给学者的一份最重要的经典文献。这是开元十九年向皇帝解释摩尼教是什么,唐玄宗一看就知道是否定现实的,所以开元二十年就禁了。这个经典非常重要,是研究摩尼教其他断片的时候判断它们到底是什么内容的最重要的根据,早就被翻译成了英文、法文、德文,全世界研究摩尼教的人都离不开这件《摩尼光佛教法仪略》。

敦煌卷子里还有一个《下部赞》,500多行,都是诗歌,前面开头是音译,是用汉音记的一种波斯语或者粟特语的诗歌,后边是用非常流利的非常汉化的甚至佛教化的语言记录摩尼教各种各样的赞美诗。有很多诗歌在里面,可惜的是它翻译太到家了,所以学界重要的一个工作就是拿别的语言的文献去对它,看它到底是从什么地方翻译过来的。我们作为一个研究者,如果在吐鲁番的粟特文或者中古波斯文残卷的赞美诗里能找到一首跟《下部赞》建立关系的,能说出《下部赞》的这个八行是译自吐鲁番某个断片的哪个八行,那么就是国际叫绝的一项研究成果。摩尼教文献的另一个大的来源，即北非的科普特文资料，一个摩尼教教团在那里生存了很长时间，现在从北非埃及发现了大量的科普特文的摩尼教经典。

敦煌发现的摩尼教经典以及吐鲁番发现的各种语言的摩尼教的断片可以说是研究中古宗教历史和中古中外关系史非常重要的贡献，是我们在研究宗教交往历史时几乎无法脱离的文献，每天都放在手头的文献。这包括《下部赞》、《摩尼光佛教法仪略》，还有在国家图书馆的《摩尼教残经》，这个《摩尼教残经》很可能就是摩尼亲手写的七个经书之一，可以说是更重要，可惜是前面残了。正因为它前面残了，伯希和翻检敦煌卷子的时候以为是佛教的残经，留在那里，现在保存在中国国家图书馆。这三部敦煌的摩尼教经典是我们研究中外关系史无法脱离的文献。景教也是一样，除了西安的《景教碑》，敦煌文献为我们补充了《大秦景教三威蒙度赞》、《尊经》以及《宣元本经》、《志玄安乐经》等景教的经典。《尊经》记录了一些法王的名字和唐朝景教僧人翻译的基督教经典名录，如果我们能对出这些经典是什么，就知道唐朝的基督教真正的已经翻译了什么，这些经典对唐代的基督教徒有什么影响。这是第二个方面，就是三夷教的贡献。

3、中外关系史有个重要的课题，就是研究中印文化交流

我们过去研究中印文化交流一个重要方面是根据求法僧的记录。法显、宋云、玄奘、义净、悟空等高僧到西天取经回来写的记录，这里面最重要的是玄奘的《大唐西域记》。敦煌也有《大唐西域记》，吐鲁番也有《大唐西域记》的抄本，而且《大唐西域记》编成不久就传抄到吐鲁番。前面提到的《下部赞》是一个有意思的卷子，其反面抄的是《大唐西域记》，根据它的题记我们可以知道五代时一个陕西的佛教僧人带着《大唐西域记》去西天取经，把《大唐西域记》作为指南书。不知什么缘故，到了敦煌就把《大唐西域记》留下了。这一留不仅留了一个《大唐西域记》，还使我们知道五代僧人去西天取经，是拿《大唐西域记》作为指南的。同时，我们也知道五代僧人根本不把摩尼教放在眼里，所以把摩尼教的《下部赞》当做废纸来抄写《大唐西域记》，正因为有这样的因缘，敦煌不仅拥有《大唐西域记》，还拥有《下部赞》，而且《下部赞》不是敦煌人写的，很可能是关内的摩尼教徒写的。

有关中印关系的最重要的资料是《慧超传》。敦煌发现了一

个没头没尾的西天取经的和尚的记录,根据里面的专有名词在《一切经音义》里的排列顺序,可以判定这个卷子是开元年间从长安出发到西天取经的新罗和尚慧超写的,他也是长安的一个僧人。他留下的500多行的记录正好填补了从玄奘、义净到悟空之间开元最盛期的西行求法的记录,非常重要。

另外还有很多其他记录,比如人们一般讲中印佛教交流历史的时候,都认为在780年以后由于吐蕃和唐朝的敌对关系,求法僧的旅行路线断绝了。其实僧人并不受政治影响,僧人是无党无派的,他可以到处跑,即使是唐朝和吐蕃对立的时候,僧人仍然可以往来,所以作为外交人员的往往是僧人。我们在敦煌文献里不仅看到吐蕃统治时期有僧人继续从内地出发向西天取经,而且看到晚唐五代一直没有断绝求法僧的记录。

我这里提到了三个方面,实际上敦煌文献里还有很多各种各样的文献为中外文化交流史研究提供大量的材料。比如现在我们很注重的一个方面是物质文化交流的层面,金银玉器各种各样的东西的交流。这种文化交流的研究过去我们是从史书的四夷传里辑录,其实敦煌寺庙有大量的什物历,就是他庙里有什么东西,有个记录。这些记录都由我们国家图书馆的唐耕耦先生把它辛辛苦苦抄出来,收集在《敦煌社会经济文献真迹释录》里了。这样的账单是我们进一步分析敦煌地区所拥有的外来物品的重要材料来源。所以敦煌对于中外关系史的贡献并不仅仅是我所说的这三个方面,姜伯勤先生有一本很好的书——《敦煌吐鲁番文书与丝绸之路》,分门别类做了一些辑录和研究。但实际上要是从自己的研究角度出发,一定会发现对自己有用的研究素材,研究中国和波斯、中国和印度、中国和中亚的某一方面,如研究摩尼教、研究景教、研究祆教、研究佛教,都会有自己取材的东西。这是我说的敦煌学对于中外关系史的贡献。

三、汉唐时期的中外关系史

这些年我从敦煌学转向汉唐时期的中外关系史研究,我想从一些新的材料出发谈谈汉唐期间的中外关系史有什么新问题。而宋代以后的中外关系史是更重要的中外关系层面,特别是明清以来，我一直认为是主流，对我们今天的影响更重大，但这方面我是外行，所以不能够多说。

汉、唐应该说是中国的盛期，叫“汉唐盛世”，它不受西方影响。宋代以后中国的理学家越来越让中国人封闭，新儒学我不是很喜欢，让中国人自己修炼，不管外部世界，所以对于外部持有一种拒绝的态度，我们现在看到的八达岭长城是明朝修的，汉朝的长城很远。明朝在嘉峪关设了一个关口，把那么漂亮的敦煌不要了，敦煌算是明朝边外之地，所以变成了维吾尔族老百姓放牧的地方，整个不要了，所以我不是很喜欢明朝。而汉唐时候勇于接受外来文化，所以大到佛教、基督教、摩尼教的思想，小到音乐舞蹈、穿戴服装都接受，但是并没有动摇中国文化主体东西，把好的东西吸收过来了。这个时段里有很多新的课题，只是给大家提醒一下。

汉简和帛书方面现在出土了大量的新材料。对中外关系史最重要的是敦煌东边的一个驿站叫悬泉置，是汉代的一个驿站，出土了悬泉汉简两万多枚。过去斯坦因和其他人在敦煌也发现过一些的汉简，在居延也有汉简，但没有这么集中的，因为西方的使者进敦煌和玉门关以后第一个休息的站就是悬泉。大家在悬泉这里落脚，所以悬泉的汉简里记录了大量的外国使臣。我们简直无法想象多到一个使团有一千多人，住敦煌，吃敦煌，用敦煌。因为汉代是个很大气的国家，来的人一进关就包了，供给使者吃鸡，我想敦煌地方养鸡没有太发达，但在悬泉汉简里看到供这些使臣吃很多鸡，一天供应的量非常大，很难想象。这批材料还没有完全公布，从已经公布的材料来讲我们就觉得不得了了。有接待大月氏，有接待乌孙的材料，几乎《汉书·西域传》记录的所有国家都在这简牍里有，接待他们的记录非常细致。

另外一个是楼兰、尼雅这些地方出土了很多佉卢文的文献，这些文献里也包含了很多中外关系的材料。包括楼兰、尼雅地区出土的汉文文献里也有不少传统的和中外关系史有关的文献。

其实简牍帛书最重要的还是属于最近二十年来江淮地区出土的资料，马王堆、银雀山、长沙走马楼吴简，湖北荆门的楚简，都是不得了的发现。这些简牍抄写的是中国文化最重要的文献，像《老子》、《周易》这些中国文化根基的部分都在这一带发现了。所以李学勤先生说敦煌的汉简没有重要的典籍，只是一些世俗文书，对于我们研究史学当然很重要，要研究中国传统文化我们看得更多的是江淮地区的简牍。但是饶宗颐先生给我们一些提示，在江淮地区出土的汉简里，比如在尹湾汉简里提到了“象林候长”；在王家台秦简的《归藏》里提到周穆王西行；这样的片段记载，使得我们对于早期不论从陆路，特别是海路，即海上丝绸之路的早期传播有新的认识。我们知道孙吴也曾派使者去东南亚，开拓自己的新领地。吴简里有没有这方面的材料，吴简的量太大了，有二十万，不知道什么时候整理出来，我们拭目以待。所以这些新的材料必然提示给我们一些新的认识，比如对于汉代中外关系史的认识，我们应该睁大眼睛去发现新的问题，我们也强烈地期待着海路的中外关系史的新资料。

另外一个是石刻碑志，这里面有大量的材料。金石学在中国很发达，拓片等很流行，但是过去大部分拓片没有印出来，很难大量地翻检。研究的手段和速度很制约研究的结果，但是近年各个出版社出版了大量的唐代墓志。唐的墓志、造像碑使得我们发现了很多零零散散的中外关系史史料，特别是外族来华的人物的一些材料。前面提到了粟特人，根据我的收集，入华的粟特人的墓志已经有一百多方了。研究粟特人的迁徙，我们把这墓志的出土地连上一条线，再根据它记载的老家在哪里，怎么迁徙的，他祖父在哪儿做官，把它点到地图上就是一幅很好的粟特人迁徙图。

另外，我曾经研究过波斯人李素的一个墓志，1980 年在西安发现，这个墓志是非常了不起的，“李素，字文贞，西国波斯人也”。他的父亲任广州地方官，他年轻时候生活在广州，到了大历年间唐朝把他从广州调到长安的司天台里任职，就是做翰林待诏，皇帝身边备顾问的人。唐朝有各种占卜师会告诉皇帝现在有什么天象，要怎么做之类。但是皇帝不能完全信一家的，所以身边放一个李素，用西国的占法，用波斯的占法，看天象是不是对自己有利。所以他是翰林待诏，像李白、司马承祯、吴筠等一样，是唐朝皇帝身边的高级幕僚。李素在司天台里一干就干了四十年，最后当了司天台最高首脑——司天监。这是一件非常了不起的事情，他在当政的时候，有一部西天竺传来的天文占卜的书，叫《都利聿斯》或者《都利聿斯四门经》，被译成中文。《四门经》又见于景教《尊经》的名表里。那么，到底什么是《都利聿斯四门经》？书已经丢了，只有一些佚文保留下来，知道是波斯系统的占法。一位日本先生叫矢野道雄非常聪明，他认为这个“都利聿斯”就是希腊的托勒密，《四门经》就是托勒密的一本占卜书叫Tetrabiblos。这就证明李素当政的时候曾经把波斯传承的希腊的天文占卜书翻译成中文。敦煌的一个卷子《康遵批命课》、明朝的《星相大全》里都有《都利聿斯经》的佚文，这些佚文可以和波斯的占卜书对比，可以肯定是波斯的占法，而李素生活的时代也流行这种占法。最明显的一个例子，是杜牧用一种占法发现他到哪年就要死了，所以自己写了个墓志铭，叫《自撰墓志铭》，过去搞古典文献的人读不懂《自撰墓志铭》为什么说哪年生病哪年死。他用什么理论来说自己是这样的呢？现在我们根据《都利聿斯经》的佚文发现杜牧用的是波斯的占法，说自己的命运，说自己哪年走到哪个命宫会出现什么事，都知道。所以，李素的任职司天台并不是一个简单的事情，是一个非常有意思的事情，如果没有这方墓志我们根本就不清楚李素的整个历史。还有，“李素，字文贞”，这个文贞就刻在《景教碑》的名表里。我们知道《大秦景教流行中国碑》在明朝末年发现后，很多人觉得怎么这么巧，耶稣会士跑来了，那时候刚好就发现《大秦景教流行中国碑》，怎么不早发现也不晚发现。所以很多人怀疑这是耶稣会士伪造的，因为世俗文献里没有落实，只有在一个宗教文献里提到景净，没有其他文献落实这个《大秦景教流行中国碑》。庆幸的是我找到了一个李素，即文贞，应该说这是世俗文献里对《大秦景教流行中国碑》的一个非常重要的印证。但是，如果没有李素这个墓志，我们完全不知道李素是何许人也，唐朝曾经还有个波斯人当司天监，而这个司天监还组织过翻译，并且是个唐朝景教的家族。新的墓志、碑志、新的造像题名，都给我们提供新的研究课题、新的研究视角。

还有一个是传统的古籍。现在的出版业为学术做了非常多的好事。而且现在人的观念也变了，把很多秘藏的文献发表出来，如《四库全书》、《四库全书存目丛书》等书。这些书里当然有好书，如《续修四库全书》把很多《四库全书》里没有收的书全部收进来了。而这些书正是前辈学者不能够看到的，有的是密藏在私家，有的密藏在图书馆，多少年我们都看不到的书，这些书的发表必然会得到很多新的材料。还有《永乐大典》，当然印过很多，但现在还有新的发现，像伦敦、爱尔兰有新发现的《永乐大典》，在山东、日本都找到了新的《永乐大典》，现在国家图书馆正在印，将来这里面一定有大量的新的中外关系史的材料。即使是传世的典籍，被大家用过的实际上也有很多东西值得大家去发掘。

还有不断出土的文物考古资料。这主要是反映物质文化，其实图像材料不仅反映物质文化，也能反映精神文化。最重要的发现是1999年山西太原发现的虞弘墓，2000年西安发现安伽墓，2003年西安又发现史君墓，这些都是中亚或者粟特聚落的领导人，就是萨宝，大首领的墓葬。他们很有意思，用中国的墓葬形式埋的，但他们墓葬里只有一个石棺床，而这石棺床屏风的上面刻了极其丰富的画像。这画像完全不是中国的，完全是他们的生活或者上了天堂以后的情形，这个图像给我们带来了很多课题，而且很多东西现在都是解释不出来的。因为我们在粟特地区，在中亚地区没有这么完整的图像发现，我们没有一个对比物，而祆教经典不像佛教经典那么丰富，我们搞不清楚这墓葬里讲的是什么，所以给我们留下的课题是非常多的。国家图书馆在4月份举办一个"粟特人在中国——历史考古语言的新探索国际学术研讨会"，这些新的墓葬的发现吸引了全世界研究粟特宗教、语言、考古、美术等各种各样的一流学者全部集中到国家图书馆来探讨这些东西，这个会议将是极富成果的会议。

上面我从敦煌学到中外关系史给大家谈了一些自己的感想。实际上，现代学术的发展特别是人文学术发展，确实是界限越来越模糊，什么叫敦煌学，什么叫中外关系史，不是绝对的。比如说，汉代研究中国和大月氏的关系，后来大月氏没有了，所以我们研究中外关系史不可能像研究中国历史一样一脉相承下来，我们一会儿换一个主题，它界限本来就是不清楚的。而且过去人文科学受科技学科的影响专业分得很清楚，特别是历史，我们搞隋唐史的不管宋代，宋史的不管魏晋南北朝，就是我们的学科划分得非常严，其实随着学术的发展，这些学科不能按照传统的学科划分走下去了，应该把这些学科的界限模糊起来，去进行跨学科的研究。中外关系里有敦煌学，敦煌学里面有中外关系史，我们可以利用敦煌吐鲁番资料研究中外关系史，也可以用中外关系史的视角去研究敦煌学，没有一个谁属于哪个学科的问题。这是我最后强调的问题，敦煌学也好，中外关系史也好，将来的研究脉络一定是个跨学科的研究。不仅仅是这两个学科可以跨，而且是和很多其他学科进行跨学科的研究。

原载《敦煌与丝路文化学术讲座》第二辑

金圣华

探索傅雷的精神世界

非常荣幸有机会来到北京，跟大家一起缅怀傅雷先生的生平、他的为人、他的作风以及他的作品等等，最要紧的就是傅雷先生的精神世界。相信各位已经在楼下看过了傅雷先生百年诞辰生平展，相信各位看了以后一定会有很多的感触，也有很多的启发，并且受到了很大的感动，这也是我个人的感觉。今天我要跟各位谈的题目就叫做“探索傅雷的精神世界”。我相信在座的各位有很多都已经读过了傅雷最有名的那些译作，包括他翻译的罗曼·罗兰的《约翰·克利斯朵夫》，他翻译的巴尔扎克的《高老头》等等。另外，我相信在座的大部分朋友也都已经看过了《傅雷家书》。那么我今天所说的这一切，相信各位都是耳熟能详的。但是，除了这一点之外，我个人有一个比较特殊的经历，这个经历就是我下面要跟大家报告的。

最开始的时候，我是研究傅雷的，从研究傅雷的翻译开始。我自己也是做翻译的，从做翻译、改翻译、谈翻译、教翻译、推广翻译，多年来跟翻译结下了不解之缘。在我们中国近年来翻译的历史当中，一个真正令人瞩目的、令大家历久而不忘的伟大的翻译家就是傅雷先生。那时，我对傅雷先生还只是远距离的欣赏，并且从研究傅雷开始，经过了很多年以后，才逐步慢慢地接近了傅雷的精神世界。然后，就从傅译到了另外的一个境界，这个是什么呢？这叫做译傅，就是翻译傅雷。我相信很少有人有我这种机缘，我觉得这是我最大的幸运。

傅雷先生是那么的严谨、认真、执着，所以如果他还能再生的话，如果我还能有幸跟他谈论这个翻译的话，一定会发觉他的翻译就像高山仰止，我们怎么能够达到他的那种境界呢！但是，我自己居然有这个机缘翻译起傅雷的文章来，所以我是从傅译一直到译傅，是一个很长的过程，经过了差不多 30 年。我就在这个过程当中一步一步地进入了傅雷先生的精神世界。

我先谈一下这个机缘的开始吧。在 1979 年的时候，有一次特别的机会，我参加了香港翻译学会的一个演讲，讲者叫做宋淇。

宋淇先生是傅雷先生的好朋友。宋淇先生的父亲叫宋春舫，他是我国近代著名的戏剧家。宋淇先生在之后的午餐例会上就谈到了傅雷跟他的作品。他在那个会上也特别谈到了傅雷先生的两位公子，傅聪跟傅敏。在那个午餐会上，我感觉非常强烈，我从小念的《约翰·克利斯朵夫》这本书的译者背后原来有这么动人的一个故事，而且经过了"文革"，发生了那么多事情。出于一种好奇，我就开始对傅雷先生有了进一步的认识。我事后看了很多文章以后，才知道傅雷先生当年写了很多信给宋淇先生，鼓励他去从事翻译工作。后来宋淇先生来到香港以后，傅雷先生就住在宋家，一直到 1966 年 9 月 3 日为止。

始于这段机缘，1979 年我到巴黎第四大学法国文学研究中心进修博士学位。那个时候，我心里在想，要以什么作为题目呢？我的题目就是"巴尔扎克在中国流传的情况"。但是，要研究巴尔扎克在中国研究的情况，就必须涉及傅雷先生的译作。大家都知道，傅雷先生这一辈子翻译了很多的作品，超过 500 万言。其中最重要的，一般人心目当中都以为是罗曼·罗兰的《约翰·克利斯朵夫》，其实呢，真正的最要紧的那个部分是巴尔扎克的作品。而且当你去了法国、去了巴黎以后，你就会发觉原来所谓的巴尔扎克，在当地、在法国人的心目当中，他的文学地位是远远超过罗曼·罗兰的。法国还有一个"巴学"，这是学习巴尔扎克的一个专门的学会。这个"巴学"跟我国的"红学"差不多，我们大家都知道《红楼梦》，有个"红学"，那么研究巴尔扎克就有个"巴学"。不但是有个"巴学"，还有一个巴尔扎克馆，这个馆里是巴尔扎克的故居。当年巴尔扎克写作的时候，欠了很多的债，为了逃债，必须赶紧写完之后拿稿费去还债。但是债主要上门了怎么办呢？就必须去找个地方躲起来。他那个故居是个很好的地方，前面有个门，后面还有个门，那个门沿着往下走就跑到河边，所以债主一上门他就溜到后门逃掉了，每次都可以逃之夭夭。那个地方现在是巴尔扎克故居。在故居里头，你可以看到他的东西，还有他的那些书。当年巴尔扎克写作的时候，写了很多，叫做《人间喜剧》系列，现在也有 90 多本，所有的书都陈列在那儿。进去以后是个图书馆，在下面门口就能看到很多各地的巴尔扎克译本，translations，翻译本。我记得我 1979 年去的时候，陈列的译本当中没有傅雷的译本。傅雷已经翻译了那么多，但是那个巴尔扎克馆里头没有。当时，我在心中就有一个触动，我就说，不行！我们一定要把傅雷先生的译作，他那么多努力的成果，介绍过去。我在法国进修的时候，研究的题目就是“巴尔扎克在中国流传的情况”，把傅雷的译作作为主要的题目，作为例子。*L'Accueil de barzac en chine—à travels des traductions de Fou Lai*，就是我当时的题目。我开始研究巴尔扎克的著作，就成为进入傅雷精神世界的第一步。

傅雷是怎么进行翻译的呢？他的《高老头》是怎么翻呢？他翻译其他的作品是怎么回事呢？你越进入就越感动，然后就觉得像一座大山。进去了以后，会觉得有奇花、有异草，就会觉得就在此山中，简直是好像云深不知处，感觉有那么多东西可以学习。这是我当初在巴黎进修时候的一种初步的感觉。

我记得在1980年的大年初一，我从巴黎越过英法海峡，去伦敦拜访傅雷先生的两位公子——傅聪和傅敏。那个时候正好傅敏先生也到了伦敦，在傅聪先生那个地方，他们两个兄弟都在。所以在1980年的春节，我记得经过的时候，还看见唐人街，很热闹，舞狮舞龙，非常高兴。大家会不会有这个感觉，你在国内的时候，有的时候你还嫌俗气，怎么这么吵。一到外国在这个不同的氛围当中，忽然看见我们的龙、我们的狮，还有那个锣鼓，那个感觉，我差不多热泪就要出来，这感觉就是民族的那种感觉。

春节初一的时候，我就拜访了傅聪跟傅敏。在英国承蒙他们两位的大力帮助。我记得傅聪家有三层楼，那个时候还在装修，院子里都杂七杂八的，他们刚刚搬进去没多久。各位设想吧，在这个情况之下，有客来了，而这个客人你还不认识，就是说宋淇先生介绍了，说有一个学人他要研究傅雷先生的作品，那么现在他从巴黎来探访，可以想象，如果你很忙，如果你正在搬家，在这个情况之下，你会怎么样呢？可能你就会很随随便便或者是客客气气地见一面。这可不是当时的情况，当时的情况是令人非常感动的，这两兄弟是我第一次见，他们身上就体现了傅雷先生的那种热情、好客，对凡事非常地认真、执着，对文化、艺术非常热爱。

他们两位在当时就给我提供了大量的资料，他们手上所有一切有关傅雷翻译的各种版本，甚至于手稿，好多好多的资料，或者是书信等等，尤其是傅雷翻译的《高老头》*Le Père Goviot*，那本书是很有名的，《高老头》重译过三次，翻过三次，三个不同的版本，手稿，各种稿，*Jean christophe*《约翰·克利斯朵夫》的两次不同的版本，他们都交给我了，对我给予无比的信任，就让我从这些宝贵的资料当中开始研究。这就是1980年的情况。但是有了手稿，有了原稿，去研究这些作品还是需要很多辅助资料的。当时我是多么的幸运。我回到香港以后，就给傅雷先生的好朋友宋淇先生打了个电话，结果他把傅雷跟宋淇的通信原作，一共12封信全部都送给我，其中还有两封是傅雷送给宋淇的弟弟宋溪的，一共14封。如今大家如果有兴趣去研究的话会发现，有一本书叫做《傅雷谈翻译》，几乎前面所有主要的翻译理论，除了《高老头》重译本里头说的"要神似不要形似"那个理论外，太多太宝贵的资料都在这14封信里头，每封信谈的都是翻译的问题。当时对我来说，就有种茅塞顿开的感觉。原来他是这么伟大的一个大翻译家，而巴尔扎克的作品在经过了他那么多年的努力，他的认真、他的专注，都是在那些信里头显示出来的。那些信也讲到了中西文化的不同、中西文字的不同、翻译的困难、翻译的要求、翻译的准则、翻译的标准等等。这批信其实最早到了我的手里，直到我写完论文，一切都用完以后才还给了傅敏先生。

我在1983年拿到了巴黎大学的博士学位，在那个时候，又有一个机缘特别宝贵。怎么样宝贵呢？各位在座的一定都看过《傅雷家书》，但是很多人也许看的时候不太觉得，《傅雷家书》里头，是按着年月日这么排列的，有些信的后面有个小小的括弧，里头就会写着"译自英文"，或者是"译自法文"，是说从英文翻过来，还是从法文翻过来，这些就是我翻译的。

那么我说一下这个情况，所有的《傅雷家书》的来历都是非常动人的。大家都知道，当时主要是傅雷先生写给傅聪先生的一些家书，当年写的时候并没有想到将来会出版，更没有想到会风行一时，也没有想到这么严肃的一本书会成为内地、港、台的一个历久不衰的畅销书，这是很动人的事情。尤其在今日，一些很恶劣的译作或著作充斥着世界，这么一本书就像一条清流一样，变成了一部长销的畅销书。

在1981年的时候，傅聪写给爸爸的信因为"文革"很多在抄家的时候就不见了。幸亏傅雷写给傅聪的信全部几乎都保留得完整无缺。我记得我在1980年去的时候，已经知道了那么多的宝贵信件，傅敏先生就说要编一个家书集。这个家书集第一版出版后，一直到1984年，就有了《家书》的增补本。那个时候收了英文跟法文的信件，就是把我当时翻译的这些收在里头。

我想跟各位说一下，为什么傅雷先生要写英文信跟法文信呢？相信大家都知道，因为当时傅聪在海外，娶了一个非常有名的小提琴家梅纽因的女儿弥拉。做公公的要写信给儿媳妇，他认为要公平，写给儿子一封，同时也要给媳妇一封。媳妇不能念中文怎么办呢？于是有时候就写法文，有时候就写英文。这些信的内容，很多时候是跟中文相同或是相似。也有很特殊的地方，因为必须说在他的心目中，我们每个人要活到老，学到老，我们是永远不会停止、永远不会停息的。就是说，大家看见傅夫人的照片，朱梅馥夫人她是那么优雅，那么柔美。我们说傅夫人是一个菩萨，当时如果傅雷先生火气很大的时候，这两个孩子就受苦，都要靠妈妈出来救。这是一个像菩萨一样的妈妈，你会发觉，这个妈妈在后期她的字写得越来越美，到了最后，傅雷先生跟傅夫人的字你几乎分不出来。人家说夫妻日子过久了，表情、样子都会很像，这叫做夫妻相对不对？这是外貌的夫妻相。傅雷夫妇的夫妻相是个更高的层次，它是内心世界的、精神世界的夫妻相，他们对于文学、文化、艺术的爱好，到后来越来越接近，写的文字也接近，连字体也很接近，真是让我觉得非常地惊讶。由于这个原因，所以傅雷先生说傅聪你娶了太太了，好！不是娶了太太过日子，你要慢慢地去熏陶，也要好像他自己跟夫人一样。所以，他每一次写什么东西，这个内容是非常丰富的。写一封给儿子也要写一封给媳妇，而且是用另外一种文字写，用英文或者是用法文写。这些信也是非常宝贵的，当时承蒙傅聪跟傅敏他们两位让我去翻译成中文。我就把它翻出来了，就放在《傅雷家书》里头。从1984年版以后，大家会看到里面的“译自英文”、“译自法文”，那就是我翻译的。

曾经有个很有名的翻译家叫做林文月，《源氏物语》就是由她翻译的，她是台湾非常有名的日文翻译大家。她说过一句话，我觉得这句话很有道理。她说：你要看一个作品，你要知道这个作品最好的读者就是译者，因为你做了它的翻译，你得真正地去了解它的内容，你要了解它的原意，你要了解它的深邃，你还得跟这个原作者做朋友，要了解他背后要怎么用，怎么写，为什么要这么写，他的用字、他的用词等等，这些你必须进入他的精神世界，你才可以跟他有心灵的交流，这就是我开始翻译傅雷作品的感觉。那个时候我觉得最荣幸，也最高兴的就是信翻完了以后，会忐忑不安地想：我何德何能，我要去翻译傅雷！傅雷对翻译的要求是多么的严格，我居然要去翻译傅雷！那么在翻译十几封、二十封信的时候，我得通读全书，把所有的《傅雷家书》的每一篇的内容都读出来，傅雷的行文，傅雷的用字、用词是怎么样，因为我翻出来不能愧对原主。在这个时候，我就真正很用心地去了解傅雷，进入了傅雷的内心世界。

翻完这些信以后，让我感到很欣慰、也是很荣幸的就是，傅聪跟我说了一句话，傅聪说："我看了你这个翻译以后，我都分不清哪一封是原来的，哪一封是翻译的。"这对我来说是最大的鼓舞、最大的安慰、最大的鼓励。这些信就放在《傅雷家书》里头。这是再进一步地进入傅雷的精神世界。

到了1986年，又有进一步的发展。《傅雷家书》排第三版，这个时候，因为《傅雷家书》是风行海峡两岸的，有很多的读者提出他们的一些要求，其中的一个要求就是，《傅雷家书》里头有很多外文的字眼，包括很多英文字、法文字、德文字，那么对国内的这些读者来说，有的时候造成不便了。那么怎么办呢？我们是否需要去做一些事情，例如去做些注解。傅敏就说，我们不如来做一个注译本吧。这个时候，我就应邀去把全书做一个注解，把所有的外文字都翻成中文，然后注出来。我当初想，他的外文信，英文、法文信我都翻过了，这个倒是很简单，一个字一个字把它注出来好了。但是接受了这个任务之后，才发觉原来不是那么回事。因为《傅雷家书》里面包括的外文字为数不少，有七八百处他用外文字，没有用中文字。这些字包括单字、片语，就是idiom，长的句子。他用的文字包括英语、法语、意大利语，有的时候有点德文，还有英国、法国、德国、奥地利、意大利、苏联、波兰的人名跟地名，这些都要翻出来。我们翻译界翻译人名、地名叫做专有名词，翻的时候有两个原则。第一个是名从主人，就是说你翻译这个名字要从主人。什么叫主人？就是他那个国家的发音。举一个简单的例子，各位知道巴黎，这个字用英文念叫Paris，那我们如果翻成中文的话，为什么不叫"巴黎斯"，为什么叫巴黎？因为它的法文原音是['Pæris]，没有s的发音，所以我们要翻成这个音，要直接从法文翻过来，这个原则就叫做名从主人。还有一个就叫做约定俗成,就是已经成了,就不要去改了。举个简单的例子,比如说 Leonardo da Vinci,列昂纳多·达·芬奇是个很有名的大画家,我们现在叫做达沃奇呢,还是叫做达·芬奇?我不知道国内怎么翻,达·芬奇是不是?以前叫做达文希,那个时候不会念[tʃi],以为是[φi],其实是 Leonardo da Vinci,所以就变成达·芬奇。

刚才我说的《傅雷家书》里头,人名、地名,包括那么多国家,英国、法国、德国、意大利、奥地利、苏联、波兰,这些名字你就要照原文的发音把它翻过来,因为你一定不能愧对傅雷。堂堂傅雷的作品怎么能够把它乱翻成中文呢!还有许多音乐术语,《傅雷家书》丰富得不得了,什么都有,尤其是谈音乐,里头那些音乐术语,包括乐器、乐曲、乐评等等,这些都得去研究才能够把正确的中文翻出来。还有最难的地方,就是有些词明明可以用中文写,但是写到那个地方却用个英文字写出来了。例如他写了一封信给傅聪,说爸爸、妈妈送给你太太弥拉一个东西,不是我在乎她要不要这个回答,但是她应该有基本的礼节,如果她不回答的话,她就不是很 kind,你要提醒她要 kind。那么这个字怎么翻?说不出来。他在行文写到那个字的时候,脑筋里蹦出来就是 kind 这个字。你要把它翻成中文,要卡在前文后语中,还得像傅雷的文辞。那么怎么办呢?当时,我的感觉是一个非常重要的古董收藏家,他有一件非常珍贵的古董,交托在我的手里,然后他说,这个原貌你不能动。这个古董上头,我要把所有的玉一颗一颗的拆下来,每一个地方一定要镶嵌一颗红宝石,弄完红宝石以后,这个古董还是价值连城,这感觉就是说把傅雷所有的外文字一个一个拿下来,再把中文字一个一个嵌进去,然后还是这么价值连城的一个古董,再交回到他们的手里。这个就是我当时的感觉。

在这当中,我更进一步进入了傅雷的精神世界,我知道他为什么要写 kind,我知道他为什么要用 dramatic 这个词,我要知道他到那个地方为什么这么做,为什么这么写。这就是再进一步地了解。

1991 年,傅雷逝世 25 周年,我们非常荣幸地请到傅聪,在香港举办了一场音乐会,非常地成功,座无虚席。当时音乐会是募款,所得的一切就成立了一个傅雷纪念基金,可以说是海内外第一个以傅雷命名的基金会。成立了基金会以后,所做的第一件事情就是出版了一本书,叫做《傅雷与他的世界》,这本书国内也出了,是由三联出版社出的。因为我当主编,在这本书里头,我开始收集内地、港、台所有的名家,包括傅雷的朋友,研究傅雷的学者,甚至他的后辈所写的有关傅雷的文章,并把它们都收集在这本书里。

我们先说一下他的朋友,傅雷先生这一辈子大部分时间都消磨在他的书斋里头,他总是与文字为伍,每天要花很多时间看书、读书、写字、写信、翻译,你要以为他没什么朋友,那是错的,他是一个交友遍天下的人,而且所交的朋友都是各行各业非常杰出的人士,包括杨绛、楼适夷。他音乐界和艺术界的朋友像刘海粟、庞薰琹等,这些名人或名家都有纪念他的文章。还有就是和他同时期的后辈,甚至他的小辈,其中有一位大家都熟悉的就是萧芳芳,一个很有名的电影界的明星。萧芳芳也受到了傅雷先生的鼓励。芳芳年纪小的时候,她的母亲跟傅雷先生是好朋友。傅雷先生那么忙,居然有时间特地写了一封信给芳芳,然后跟芳芳说,芳芳,听说你要练大字,大字该怎么练,要怎么样进入这个门槛,等等,循循善诱。芳芳说,她把这封信镶起来挂在墙上,每次看到都有种热泪盈眶的感觉。

可见,在编《傅雷与他的世界》这本书的时候,材料都很丰富了。但是,最主要的、最缺少的是谁的文章呢,那当然就是他的两位公子,傅聪跟傅敏的了。于是我们第一件事情就是跑去跟傅聪说:"傅聪,我要编《傅雷与他的世界》了,您写一篇文章可以吗?纪念您的父亲。"傅聪一听,第一个反应是不可以,绝对不可以。我说为什么不可以。他说:每一个人都有他不同的使命,不同的禀赋,我的话就是我的音乐,我在我的音乐里头已经表现了我所有的对艺术、文化的理解了,我不是用文字来表达,我是用我的音乐、音符来表达的。我说:"这个《傅雷与他的世界》它是一本书啊,那我们要知道您对父亲的感觉怎么办呢?"他说:"那怎么呢?我正在想。"然后又就去问傅敏,傅敏说:"我感触太多,而且我想起父亲来,我真的不知道从何说起,点点滴滴都在心头,我怕我写不成。"那么怎么办呢?在这个情况之下,我说,好吧,你们两位都甭写,我来做一个访谈录,我来访问你们两位,然后你们把心里头的感觉,对父亲的思念,当年父亲对你们栽培,这些熏陶,这一点一滴、一切的一切,你们说出来,我记下来行吗?这个就是后来的两篇访谈录。第一篇就是傅聪的访谈录,它的名字叫做《父亲是我的一面镜子》;第二篇就是傅敏的访谈录,名字就是《心如水晶一般的透明》。这两篇访谈录是非常动人的。

我先说一下《父亲是我的一面镜子》。记得我去访问傅聪的时候,傅聪一开始讲就滔滔不绝,好像从小开始所有的事情、过去所有的点点滴滴完全都回来了。我们一开始就说:当初父亲对你非常严厉,那你怎么办呢,你有没有怀恨在心?你记不记仇?他说:“没有,绝对的没有。”我记得他当时第一件事就告诉我:你看我鼻子上头有个疤,我5岁的时候,不知道说了句什么话,父亲一听就发火了,一个碟子就摔过来,就摔在我鼻子上,流血不止。他说:“父亲对我的这些所有的严厉,我都不记得了。父亲对我的教育、对我的熏陶,对我的一切的一切,现在在我身上成长,成为自己的一部分,父亲是我的一面镜子。”

我看《家书》的时候赫然看到傅雷先生对傅聪说:“傅聪,你是我的一面镜子。”那么,他们父子俩就像两面镜子,彼此照映。傅聪在傅雷的身上看到了自己,傅雷在傅聪的身上也看到了自己。如果进入一个地方两边都是镜子,你一望这个镜子是无限的,一直望下去,就好像把这个世界拓展到浩瀚无穷的境界。这就是我的感觉,我觉得傅雷跟傅聪两个人之间除了父子之情之外,最要紧的是两个真正艺术家的人格对话,也是艺术的对话,精神的对话。所以,我从傅聪的访谈录当中得到了很多的启发。

傅聪告诉我父亲当年教训他的东西,他说:我这个手该怎么放啊、我这个大衣该怎么放啊、我这个领巾该怎么放啊,他说这些对我一点都不管用,他怎么教我,我才不管,他教的是我内在的、内心的东西,不是外在的这些东西。

所以傅聪对我说,我的父亲是众人皆醉我独醒,是一个先知性的人物,就像Cassandra,什么叫Cassandra?大家知道Helen of Troy,木马屠城这个故事。木马进去的时候,所有人都觉得好高兴,只有一个人先知性的人物,他叫做Cassandra,披头散发,痛哭流涕,出来跟大家说,不行了,我们这个城要灭亡了,他就是众人皆醉我独醒。这就是傅雷先生的为人。傅聪更看到了傅雷先生的中国传统知识分子的死谏精神,就是抬了棺材去见皇帝的这种精神。个人区区的几十年生命不太重要,重要的是对国家、对民族、对整个人类的精神升华,那种感觉他才重视。所以,他说到在“文革”的时候,很多傅雷的好朋友都已经开始担心了:“老傅,你怎么办呢?”他说:我要走了,我要走了,我要走了。很多人不知道他说的意思,其实在他的心目当中就是中国传统知识分子这种死谏,抬着棺材见皇帝这种气魄、这种胸襟,在傅聪跟我说的时候,实在让我感动。这种气魄、这种胸襟、这种感觉,个人的什么都不重要,日常生活都不重要,重要的是这些超越生命的东西。

最近傅聪先生在香港有一次钢琴演出,使我又感受到了这个感觉。在去年的12月2日,傅聪先生来到香港演奏。演前,傅敏先生给我打了电话说,不得了,我哥摔了一跤,肋骨断了两根。他说,我劝他不要来,他就一定要来,那么你多照顾他一下。那天我们就去看了,傅聪先生还是如常演出,而且演出精彩得不得了,当时所有的观众都非常感动。他的演奏简直是完美,一点瑕疵都没有,他完全地投入演出,只是他坐下去、站起来的行动慢了一点。那个时候你会觉得傅聪先生都过了七十岁了,当然他的行动就慢一点。其实不是的,他忍受着身体上极大的痛苦,精神上战胜了一切。因为这是艺术,他的生命。他承诺了要来演出,不管自己身体怎么样,他一定要演出。那个时候他曾经在我的访问录中跟我说:就像《论语》所说的,人不知而不愠。人家不知道的话,没关系的,我知道,我自己对艺术负责,我自己做到了我该做的。所以在父子两个人身上,他们完全一样,太像了。有其父必有其子,这是我的感觉。

在傅敏先生的访谈当中,他就说:“父亲的心就像水晶一样地透明,一点杂质都没有。”他对儿子的教育是启发性的,完全让他有独立的思考。他的心是这么样的纯洁,所以,世俗上很多的事情他都不能够接受。世界上有太多的事情,一些功利、争名逐利,一切世俗的物质的东西他都看不惯。他是视富贵如浮云的一个人,他“心如水晶一样透明”。他做事情这么认真、这么执着、这么一丝不苟,从他的为人处世当中就能体现出来。我们在下面看了展览之后就能了解。我觉得这个展览做得很成功,这背后需要多少人同心协力地推动!傅雷先生他的这些手稿遗失了要找回来,要重新整理,谁在做?傅聪是有他的音乐、有他的艺术,他在海外。这背后除了朋友们的帮忙之外,做得最多的就是傅敏跟他的夫人了。我认识他们很多年,忽然想起有人说傅氏父子是一门双杰,指傅雷和傅聪两位。我觉得不对,应该是一门三杰,傅聪、傅敏跟傅雷先生。要不是有傅敏这么多年的努力,我相信傅雷先生所有的手迹、手稿，他的一切的一切已经四散在世界的角落了。

到了 1994 年，我和傅雷先生又有了新的机缘。傅雷先生当年写了很多信给傅聪先生的老师，波兰人杰维茨基，信是用法文写的，从 1954 年傅聪到波兰开始学习钢琴开始，一直到 1962 年，一共有 14 封。这些信也交在我手里让我去翻译。翻译这 14 封信特别有意思，傅雷要写给傅聪的老师，语气要非常的尊敬，而且他是一个老人家了。那么，他那个信该怎么写？他用法文写，法文后面就有很多的问候语，跟我们中国传统文言的信件很相近，我翻译的时候，不但要知道它的内容，而且要知道它的笔法和写的方式。我记得余光中先生说：任何一个译者或者一个作者，不论你写作或者翻译，你得有很多把不同的刷子，有的是大的，有的是小的。傅雷先生擅长于文字的操作，他写给很多朋友的信，有的是文言，有的是白话，有的是半文半白。那么傅雷先生写给傅聪的业师杰维茨基应该用什么文字？当然是要用文言文。可傅雷先生是一个文言文高手，我怎么去模仿他呢？我就想了一下，我要去通读傅雷致黄宾虹的信件。傅雷跟黄宾虹是忘年之交，他们通信一百多封，我就找来通读，了解傅雷问候人的时候怎么讲、跟人客气的时候怎么讲、跟人谈心的时候怎么说，这一切的一切都在傅雷致黄宾虹的信件中去琢磨、去学习、去模仿、去努力地追寻，这就是我后来翻译的这 14 封傅雷致杰维茨基的信。由于这种用心，我就进一步地又走近了傅雷的精神世界。

到了 1999 年，傅雷的亲家、小提琴家梅纽因去世了，他的夫人叫狄阿娜，她有一次看见了傅聪，就把傅雷当年写给梅纽因的信，有 15 封，是用法文写的，全部交还给傅聪。这 15 封信就又让我来翻译成中文，这已经是我第三次翻译傅雷书信了。

我翻译《傅雷家书》的时候是用白话；翻给他儿子的老师呢，完全是文言文，就像写给黄宾虹。那么写给自己的亲家该怎么办？梅纽因和傅雷都是大艺术家，一个是翻译家，一个是小提琴家，而他们两个共同的儿子就是傅聪，一个钢琴家，这两个亲家交谈的范围非常广。但是，有的时候要说一说这对小儿女，要说他们的媳妇，或者是对方女婿傅聪的情况，这些该怎么写？那么我就琢磨，应该在文跟白之间。写出来的这些信既有文言的简洁，但是也不能那么文言化，因为彼此之间都是亲戚，有的时候是闲话家常,那么我们一定要选取在当中的语调。翻译这个语调的时候就要看看傅雷写给他的朋友,像刘抗这些好朋友的信件了。不是写给黄宾虹的那种了。在我翻译的三种不同类型的傅雷书信当中,我采取了三种不同的翻译方式。

在2003年的时候,我发现了一篇文章,是一个非常有名的诺贝尔文学奖得主黑塞写的。大概是1960年,他在电台里头忽然听见有人在演奏肖邦的音乐,演奏者好像是一个中国人,叫做傅聪。他说他听了以后非常感动。然后写了一篇优美的文章,题目是《致一位音乐家》。多年之后,傅聪看到了这篇文章。傅聪就让我来翻译。因为当时傅聪快七十岁了,那时我们要纪念他的50年演奏生涯,我们就把这个文章翻译出来。

在翻译了黑塞这篇文章之后,又偶然发现了一封信,这封信就是《傅雷家书》中傅雷最后的一封家书。写于1966年8月12日,大家知道傅雷先生是哪天过世的吗?是1966年9月3日,这封信写完之后还不到一个月他就去世了。这封信是他最后一封信,写给傅聪的。除了傅雷先生的遗书之外,他最后的家书,也是我翻的。

到了2006年傅雷先生过世40周年的时候,我应邀编了一本《江声浩荡话傅雷》,这本书就把《傅雷与他的世界》扩编了,里面加入了一些新的资料。同年,大家都去了上海附近的南汇,王树华先生主办了一个非常好的研讨会,也叫做"江声浩荡话傅雷"。在那个会上,就有很多的名家、翻译家、傅雷研究的专家和我们在一起缅怀、纪念傅雷先生。

这就是我从研究傅雷,一直到翻译傅雷作品的一个过程,是怎么样在差不多30年间一步一步进入傅雷世界的。因为我这个经验非常独特,所以我先要跟大家说一下前面的情况。

由于我有机会逐步探索傅雷浩瀚的精神世界,我就发觉《傅雷全集》是一个取之不尽、用之不竭的宝藏。以下我再从几方面来探索、讨论一下傅雷精神,我大概是分了三方面。第一方面就是从傅雷的翻译,从他翻译的成品、译作。译作有两方面,一方面是傅雷翻译的作品,一方面是傅雷的译论。很多人都说过,傅雷的翻译实在是很好,不过他没有什么理论,所以不是一个理论家。我觉得是错的。我们要看看傅雷本身是一个作品、理论交叉进行,一步又一步从早期趋向成熟的,他的译论跟译作是相辅相成的，这是他的特色。第二部分就要看一下他对傅聪的培育，跟傅聪之间的交流，傅雷花了多少心血，怎么样培养出一个真正的音乐大家出来，我们要看看那方面的关系。最后就想特别说一下，我对傅译的一些心得。

我刚说了，傅雷是个翻译家、作家、艺术评论家、教育家和政论家，其实你们大概都很清楚傅雷的生平，他在中学才念过两年法语，然后他很年轻的时候就到了法国，一共在法国待过4年，仅仅是4年。他在1929年21岁的夏天到了莱芒湖畔的一个避暑胜地，这个地方叫圣扬乔而夫，在那个时候他就开始翻译了。我要让大家看一下傅雷最初的翻译，他跟很多初手差不多，翻译的标点符号、造句遣词等等，都有很明显的欧化痕迹，他是不断地自我磨炼、不断地学习、不断地求进才有今天的。比如："她机械地首肯着……直到灯火摇落，报告安息的时间已经来到的时分。"这句子好像有点倒装的语法，我们现在翻译的时候常常这么说。傅雷先生后期的文章作品，绝对不是这个样子的。这是他第一个，可以说是处女作时期的作品。

但是在这之前，傅雷19岁的时候就坐船到法国，当时船行时间很长，一路上他写了15篇文章，叫做《法行通信》，文字就相当好。他翻译的时候就有欧化的语法，因为他还没有进入状况态。他在法国一共只有4年，这4年他除了学习法语之外，还在法国学法文、口语、文学，然后他跟刘抗和刘海粟都很熟悉，他们在一块参加了很多的活动，包括参观博物馆、艺术馆、美术馆，他们游历了瑞士、比利时、意大利等地。而且在那么年轻的时候，傅雷就有一种特殊的禀赋，他有很强的分辨的能力，什么是高层次的格调他都知道。他在那么年轻的时候，居然去拜访马蒂斯，那个是很不得了的，马蒂斯这么有名，他竟然去拜访！他也开始接触到罗曼·罗兰，也开始尝试翻译《贝多芬传》。他去游历、参观、学习，然后从事翻译。这是他在法国4年的一些情况。

傅雷对自己的翻译有三个要求，他说是翻译的指标。他说，翻译的译文第一必须行文流畅，第二就是用字丰富，第三就是色彩变化。这个翻译的指标对我来说是非常重要的。后来我自己从事翻译的时候，尤其是要译傅雷的作品的时候，时时刻刻都以这三个指标为念。

先说行文流畅吧。傅雷对自己文字的技巧的要求实在是太严格了。他这一辈子都在悉心地研究改进,刻意求工。刚才说的他的处女作,并不是像我们今日今时看到的傅雷的译作。在当时,他一直在磨炼它。他说:"磨炼文字那个部分的工作使我常年感到非常的苦闷。中国人的思想方式和西方人有很大的距离,所以你不在精神上彻底地熔化,光是硬生生地照字面搬过来,不但原文完全就没有了美感,而且连意义都很难解了。这个时候,你就叫读者莫名其妙。"

这是傅雷先生的亲身的体会。他翻译的 15 本巴尔扎克作品,翻译罗曼·罗兰的《约翰·克利斯朵夫》,他是重译的。重译的时候很有意思,他说,自己看了非常生气,改得体无完肤,改完了以后,他说这个第一次译本见不得人。打电话给宋淇先生,他说:"你手上还有没有我的第一次的译本?你有的话,拜托,帮我一个忙好不好?"他说:"请你把我这个初译本烧掉,我不要看,我自己觉得初译本太差了,这个简直是不行,我现在的文字已经改进了,你把第一本去烧掉。"他对自己刻意求工,永远在求进步当中,而且他就觉得很苦闷。他觉得翻译是一个完美的境界。

各位朋友有没有念过柏拉图(Plato)的《理想国》(*Imaginist*)?真正的完美是个境界,不存在人世上。我们每个人都要向着完美主义者这个方向走,傅聪、傅敏、傅雷都是这样的人物。这样的人物有个特点就是他很苦闷。他每一次做完一件事情的时候,你问他好不好,他都说不好。傅聪每次弹完琴后,我一定要去后台看他,我说:"傅聪啊,你今天演奏得很好吧!"他就在那儿摇头叹气:"不好不好!不行不行!"他觉得自己很差。一个这样的人他才会求进,如果你每一次都沾沾自喜、自命不凡的话,你就在原地踏步、永远不会进步了。

傅雷长年累月都是在刻意求工,他每翻一部书就要找一些资料去研究一下。在翻译当中我们把那个叫做定调。傅雷先生翻译不同的作品,都有定调的问题。而且对其中的文字一定要想办法,一定要研究。比如说他翻译巴尔扎克,他就要找很多的参考资料,当时在国内可不容易,他要拜托所有的朋友从四面八方把所有参考资料都找过来研究。早期傅雷翻译罗丹《艺术论》的时候,还有文白夹杂的感觉,到了后期就没有了,炉火纯青。所以,傅译的特色就是"流畅"两个字,是傅译之所以经过了这么多年,还在流传,还脍炙人口的原因所在。

第二个就是用字丰富。傅雷从1929年开始，开始翻译丹纳《艺术哲学》的第一编第一章。到了1959年，他才将全书翻译完毕。翻译完毕以后没有发表。在1961年，他花了整整一个月的时间，用毛笔抄了6万字的第四编《希腊的雕塑》寄给傅聪。因为他知道傅聪在国外需要这些精神上的、文化上的素养。现在的父母也许因为子女在外，他会寄吃的东西给他，这是现代一般的父母做的。当初傅雷寄给傅聪的不是这些，他是寄给他这些精神、文化的素养。《希腊的雕塑》非常重要。希腊精神，也就是傅聪后来经常提到的希腊的精神，因为这些活泼的、健康的、完美的精神都体现在了傅聪的音乐里。

《希腊的精神》中有一段文字很有意思，他说：一般来说，一个作家要花15年的工夫才能学会写作，要写得清楚、连贯、恰当、精密。他要把这些辞藻、每一个字的来龙去脉消化了，注意它的来源，它的关系，然后把自己的观念跟思想，用别出心裁的方案重新来建造。傅雷抄了以后就寄给傅聪。傅雷的手抄本已出版，大家有兴趣的话看看，傅雷每一个字都写得那么整齐，那么美丽。用毛笔字抄了一个月，为了他孩子的精神教育。

下面讲一下《傅雷家书》里傅雷写给傅聪的一封信。这封信注明"译自英文"，原文是英文，这是我翻译出来的中文本。傅聪曾经告诉我说，我其实不太敢写信给我爸爸，因为我已经很忙，弹奏弹得很忙，爸爸写了信，我写了几行，他就滔滔不绝地像泉水一样的就汹涌而来，如果我写多了那还了得。那么爸爸就跟傅聪说了，他说：聪啊，你在写、讲英文的时候你得小心一点，我是不在乎你的文法错误。但是，你的日常会话当中要多用多样化，多说一些形容词、名词、句法等等，你别毫无变化地说。多妙啊，多了不起啊，那英文就说wonderful，你大可选用一些字吧，譬如，宏伟、堂皇、神奇、神圣、超凡、至高、圣洁、辉煌、卓越、灿烂、精妙、令人赞赏、好、佳、美，那么你就多用一些字了，你怎么老用那么少的字呢。

有关傅聪演奏音乐方面，傅雷曾写道，"你的表达方式要多姿多彩，要能表现出感情、感觉、感受跟思想的各种层次，就好像演奏音乐一般，你要是不好好地选择那个字眼，长此以往，你的思想就变得很混沌、很单调、很呆滞，没有色彩，没有生命，再没有什么比我们的语言更能够影响思想的方式了。"

我相信这是非常正确的，如果你的语言很懒惰，你说什么都是那几个词的话，你的思想就变成很迟钝。你不用语言的话，你的思想就没有层次，没有变化。所以，傅雷就说用字要很丰富，层次要很分明。这就是傅雷翻译时候的译论，翻译的理论。

色彩的变化很有意思。大家知道傅雷35岁的时候已经做了很多事情来推动文化工作了。当时，他跟黄宾虹成了忘年之交。他为黄宾虹办一个书画展，出了一本刊物，叫做“黄宾虹书画展特刊”，里面还特别写了一篇文章，完全是文言文。他写的是《观画答客问》，什么叫做“答客问”？就是说有很多人来看黄宾虹的画，可能有很多的问题，他就替黄老去回答了。他是黄老的知音，可以说，黄宾虹的画几乎是傅雷发掘的，我的感觉就是说，他最早发掘出了黄宾虹绘画的价值，他们成了真正的忘年之交。

《答客问》中有些很重要的理论，他说色彩变化，先说“笔者点也、线也，墨者色彩也”。笔就像骨头，墨就像皮肉。然后下面说，“干、黑、浓、淡、湿，谓为墨之五彩”，不要以为用墨就没有彩色，有五彩，色彩可以变化。“是墨之为用宽广，效果无穷，不让丹青”。用墨也要有色彩变化，何况我们要写文章，要翻译呢。他这个理论可以用在翻译之中。

我们再看傅雷最有名的译论，要“重神似而不重形似”，这也是出自他当时的文章《答客问》。很多人认为黄宾虹画的山水好像有点杂乱，他就说：山水最要紧的是自然之气。他说：“画不写万物之貌，乃传其内涵之神。若以形似为贵，则名山大川观览无遑，真本具在，何劳图写？”他指出，我们主要的就是把神抓住了，要神似，不在乎形似。这是35岁的时候说的，说的是黄宾虹的画。后来就变成了傅雷最重要的译论。所以傅雷所有的学问都是相通的。如果用英文来讲的话，就有个词叫做 Renaissance man，就好像文艺复兴时代真正的大学问家，艺术、文学、音乐、雕塑、建筑、戏剧等等，全都是相通的。从这儿就看出，他说的是画，其实就运用在了他的翻译理论当中。

艺术观跟翻译观是一脉相承的。他说：“取貌遗神，心劳日拙，尚得谓为艺术乎？”就是说任何艺术，如果我们要的只是外貌，我们要把神都忘掉的话，那我们从事艺术工作是为了什么？所以，他把这些思想贯穿起来，表现在他的翻译当中，然后再熏陶傅聪，就表现在傅聪的音乐当中，都是一脉相承的。

我举一个简单的例子:傅雷曾经多次重译《高老头》,第一次的翻译是1946年,到了1951年他又再译一次,到了1963年又译一次,前后译过3次。很多不懂翻译的人就说,怎么有的时候原著写的是一只苍蝇,翻出来变成一只蚊子,等等,这个傅雷怎么搞的,他连原著都看不懂吗?翻译的时候最注意的是隐喻,叫做metaphor,这是有关动物的隐喻。我们说的这个是巴尔扎克的名著《高老头》,这个里头有个句子,sa personne dodue coome un nat dêglize,翻译当中说有一个伏盖公寓的主人,叫伏盖太太,她的身材很胖,要比喻一下,就用了她的身材就跟教堂的一只老鼠那么胖。原文就这样子,就是教堂耗子。傅雷第一次翻时说"肥胖如教堂执事般的身材",这是1946年;1951年他说不行,我要改,"如老虔婆一样胖胖的身材";第三次翻"如教堂的耗子一般胖胖的身材"。这你说傅雷在干吗,三次完全不一样,他搞错了吧?他总有一次是错的吧。再看另外一个穆木天的翻译本就是说,sa personne dodue coome un nat d' èglize,它"像教堂老鼠似的肥大的身体",就说不太顺。为什么有这个情况呢?原来法文dêglize,是一个成语,这个成语有两重的意思:第一个意思就是,教堂耗子就是指有贬义的虔诚的教徒;第二个意思是指教区当中入世的职员。那就是说可能在教区里头做警卫或者唱诗班的,或者那些工作人员。

我们来看一下,傅雷第一次翻译的时候,他就翻译成刚才说的那个idiom的第二个意思,因为他说"肥胖如教堂执事般的身材",就是工作人员。第二次重译的时候,他说不对啊,应该把它翻译成第一个意思"像个老虔婆","像虔婆一般胖胖的身材"吧。到了第三次的时候,他又进一步地再考虑了,他说不行,巴尔扎克最有名的就是以动物比人,动物的隐喻是巴尔扎克原文的特点。他的用意在《高老头》这本书里表现得特别地明显,因为这样,他还写了一个注,傅雷说,因为这个缘故,所以我改按字面译,照字面译出来。就变成"像教堂的耗子一般胖胖的身材",因为他一定要把动物的形象说出来。可是他最初为什么不这么翻呢?大家都知道英文有个成语,as poor as a church mouse,英文就说一贫如洗的意思,那么那个教堂的耗子一定是没吃的,教堂耗子一定是很瘦。为什么到法文的时候教堂的耗子就变得很胖?傅雷又会英文,又会法文,所以他当初不能够翻成是个教堂的耗子,他怕人家以为说这个老虔婆身材很瘦,其实是很胖。所以,到第三次他才翻成"像教堂的耗子一般的身材",但是他加了一点点,翻译当中有的时候要加一点意思,就是"一般胖胖的身材",他把"胖胖的"加上去。

我举这个例子,就是让大家知道傅雷的用心所在。他翻译的时候一个字、一个句子都是用心所在,那么一个简单的成语翻三次。而且每一次背后都有一个故事,有个道理,不是说普普通通的翻译。《高老头》也是改得体无完肤,改了三次。我每一次看都觉得它的文字是越来越好,越来越精彩,有的时候,在第三次可能改回第一次了,有的时候第二次又怎么样怎么样,这是非常值得我们研究的一个题材。

我再说一下傅雷对于傅聪的培育。我特别要提出的就是 Hermann Hesse,1946 年的诺贝尔奖得主的一篇文章。他说,有一次在听收音机的时候,忽然听见一个晚间音乐节目,演奏者是位中国钢琴家,叫做傅聪,一个我从来没有听过的名字,对他的年龄、他的教育背景或他本人一无所知。但是,我对这个美妙的节目深感兴趣,因而觉得非常地好奇。然后他就说,我听过很多很多的肖邦、帕德莱斯基(Paderewski)、费歇尔(Edwin Fisher)、利巴蒂(Lipatti)、科尔托(Cortet)的演奏曲,每个人都有自己的特色,但是极少演奏合乎我心目中的肖邦,我常以为弹奏肖邦的理想方式,一定得像肖邦本人再演奏一般。这就是黑塞当年写下的文章。然后他好奇了,对这个中国的钢琴家就充满了欣赏,由衷地喜爱。他觉得这个演奏是完美得不得了。可是他想,中国人是很勤劳的,他一定是苦练练出来的,他的技巧一定是这样。他说他的表现比鲁宾斯坦也不逊色。那个时候傅聪还很年轻。

下面的话很有意思:"但是我听到的不仅是完美的演奏,而是真正的肖邦。那是当年华沙和巴黎的肖邦,是海涅及年轻的李斯特所处的巴黎,可以感受到紫罗兰的清香,马略卡岛的甘霖,以及艺术沙龙的气息。乐声悠扬、高雅脱俗,这完全是一个奇迹。"他认为是个奇迹,黑塞听到了傅聪的音乐觉得是个奇迹,他觉得傅聪的音乐把他带到李斯特、肖邦当年的巴黎。黑塞,一个德国的诺贝尔奖的得主,听到一个中国人演奏肖邦,然后把他带回肖邦当年在巴黎跟华沙的年代,带到有紫罗兰清香的一个沙龙里,这是多么美丽的一个境界,他认为这个是奇迹。

后来他想,我要看看这个中国人,我很好奇,我有很多的问题。他说:这个才华过人的音乐家,我不知道他是因为练出来的,还是他的内心深处真正地领略了欧洲、波兰以及巴黎文化当中蕴含的忧郁及怀疑主义。他是刻意去模仿一个老师,是这样的吗?还是说他从心底里发出来的?如果他是从心里发出来的话,那么我相信他在每一个细节上都是独特的、崭新的、与别的不同的,那么绝对不是旧调重弹,他以后每一次演奏都是不一样的。

原来这个从来没见过傅聪的黑塞,是傅聪这一辈子真正的知己。傅聪跟我说,这是从来没有见过面的知己。傅聪后来每一次演奏,我问他你的演奏怎么样,他说我每一次演奏都不一样,永远不会重复,每一次演奏都是与众不同,就是崭新的体验,绝对不是旧调重弹。对傅聪来说,每一个音符他要好好地去琢磨,他是不断在进步,不断在演进。在傅聪的身上,我看见的是一个音符一个音符在演奏。在傅雷的身上我看见的是一个字一个字琢磨,他们两个实在太像了,真的像一个镜子。这就是黑塞当年说的,原来黑塞没有见过傅聪,从他的音乐他已经了解他了,不但了解当年的傅聪,还了解几十年后已经七十几岁的傅聪。

然后,黑塞又说了最后的一段话,这段话就跟傅雷的培养,息息相关。他说:当我听傅聪的时候,我就想象了一个人物出来,一个来自东方的人物。当然不是他,因为他没见过他,是我幻想出来的,这个人物像出自《庄子》跟《今古奇观》的。黑塞这么说:他的演奏如魅如幻,在道的精神的引领之下,有一只非常稳健的、很沉着的手去操纵,就好像古老中国的画家一般。他怎么会在音乐里头就看到了画呢?这是很奇怪的。傅聪很早就在父亲的熏陶之下看了所有的重要的画作。黑塞觉得这是个画家一样的人物,用毛笔挥洒自如,迹近吾人在极乐时刻所经历的感觉吗?这个时候黑塞听见了傅聪的音乐,心有所悟,自觉正进入一个了解宇宙真谛及生命意义的境界。你看傅聪先生他所弹奏出来的,不就是傅雷先生灌输给他的一切吗?而在一个从未谋面的真正的大文学家的心灵当中得到了启悟、互通、交流,这是一个非常美丽的事情。

这件事情当时傅聪是完全不知道的。黑塞在1960年写下这篇文章,1962年已经去世。黑塞在写文章的时候没有影印机,不像今日今时那么方便。黑塞就把他自己的文章印了100多份分发给他所有的好朋友，让他们帮忙散发出去，他希望传出去以后有一天可以见到这位来自东方的朋友——傅聪。傅聪到了1970年，就在黑塞过世八年以后，他回到波兰，在一个乐评家的口中知道了这件事情，才拿到了这篇文章。然后，这篇文章在2003年交到我的手里，我把它翻译出来了。

我们看一下傅聪小的时候，他接受的是什么样的教育。小的时候傅聪已经接触过《论语》、《孟子》、《国策》、《左传》、《史记》、《汉书》等所有的经典名著，他爸爸自己亲自教。长大了以后，通过每一封的家书，父亲跟儿子继续谈《世说新语》、《人间词话》、《古诗源》、《唐五代宋词选》、《元明散曲选》等等。父子交流的时候，又说起诗词、歌赋、园林建筑、绘画、舞蹈、书法篆刻、古典音乐、西方艺术、文学翻译、人生的哲学等等，这都在《傅雷家书》当中看得出来。

傅雷教育儿子，除了这些，最要紧的是人格的培养，就是我们常说的赤子之心。他说，必须先为人、次为艺术家，再为音乐家，最后才是钢琴家。人格的培养、艺术的涵养是先于音乐的重要原则。在家书上不停地提到赤子之心。他说，赤子是永远不会孤独的，到老也不会落伍，因为他的心就像水晶一样的纯洁，所以纯洁到像明镜一样，艺术表现的动人，一定是从人心灵的纯洁而来的！不是纯洁到明镜一样，怎么能够体会到前人的心灵呢？所以艺术家永远不孤独。他孤独时他必须孤独，在创作的过程当中。但是，他又是赤子，因此他又是永远不会孤独的。因为，他可以跟全世界所有的人都神交。黑塞跟傅聪没有见过面，但是多年后，傅聪看到黑塞的这篇文章，他会觉得孤独吗？不会，他知道这世上有他的超越时空的知音。

父亲用胸襟跟气魄来教育儿子。傅聪1955年在波兰参赛以后，傅雷马上去鼓励他。他说，音乐学院的院长说你的演奏像流水、像河、像莱茵，江山浩荡……钟声复起，天已黎明……，这个时候，希望你的音乐就像新中国的一个钟声响遍世界，像闻名世界的扬子江和黄河。父亲的诗情画意都来了，他说：这比莱茵的气势还要大，“黄河之水天上来，奔流到海不复回，无边落木萧萧下，不尽长江滚滚来”，是这种黄河、长江的气魄，是充满了热情，充满了诗意，澎湃的、奔流不息的河。就是因为这种气息，我觉得傅雷先生的一生能够将艺术的气息弥漫在两岸，这个两岸不仅仅是中国的两岸，是世界文明的两岸，他把文化的种子布满了四野。

然后，我们看一下他非常人性的地方。刚才我不是说傅雷先生也写信给他的老师嘛。傅雷先生给他老师写的第一封信中说，多谢你对小儿的悉心的教导，不胜感激等等。那个时候有个波兰人来了，就叫齐安卡小姐，“带上薄礼一份，此乃一现代画家之旧作一幅，菲薄之礼，实不足道，而对先生的隆情高谊，区区小礼不足以言谢，聊表寸心”。这是1954年11月2日写的。很有趣，把一幅画送给傅聪的老师，这是很人性的。

然后，再看给黄宾虹的信，1954年11月8日，傅雷先生很有意思，他把这个跟黄宾虹先生去禀告了一下。他说：“宾虹老先生道席……上周波兰文化代表团过沪”，就是来了上海，“内有团员二人，一为女钢琴家”，就是刚才说的，“副团长一人过访，特以旧藏大作山水及花卉扇面分赠”，就是说把黄宾虹送给他的一幅画就送了这个杰维茨基。“让我国的艺术的精华能够播扬西土，想亦为吾公所乐闻也”。这很有趣，你看他的书信，把画送给傅聪的老师，然后又跟黄宾虹先生去报告一下。傅雷先生非常有意思。

我在翻译他的书信中，常常看到他同一天、同一个日期写的书信，我想他太忙了。写了封很很长的信给傅聪，写完以后再用一个多钟头写了一封给他的儿媳妇弥拉，同一天又写了一封信给傅聪的老师，同一天又写了一封信给他亲家。我们从他的精神世界，他的生活当中就发觉，他有很人性化的一面，又有人格很高洁的、非常超越的那一面。

刚才我说的最后翻的这封信，我心里就觉得非常的感动，也比较难过。他最后的一封信，1966年8月20日。这封信中说，你们看见自己的孩子一天天长大，真是好高兴，想象我们的孙子在你们的厨房里看到我们的照片，又是多么的感动等等。尽管如此，对于能否有一天亲眼看见他，拥抱他，把他搂在怀里，我可一点都不抱希望啊！妈妈相信有这种可能，我可不信。

最后就是傅聪所说的，很多的老朋友已经在担心了，说老傅他一直在说：我要走了，我要走了。差不多是到了这个时期了，所以他说，我不抱希望。大家记得我刚才所说的吗？傅聪说：我父亲就是传统知识分子那种死谏，有那种决心的人物。所以他在这封信中说：我不抱希望了。因为他已经知道了，他已经预感到了。

他生活中经历了很多的矛盾，那封信是写给他的亲家梅纽因的。他说，一个人有太多的事情要做，太多的知识要追寻，太多的资讯要知道。一天 24 小时都嫌不够，这是现代人的病根。他说艺术若在吾人身上加重这个负担了，徒增疲劳，而非带来平安，赋予喜乐，岂非有违原则？这是生活的矛盾，现代生活的紧张已剥夺人类简朴自然、合乎健康的乐趣了。所以他觉得人在今日今时应该注意的是一个平衡。所谓的平衡，就是健康、和谐，就是希腊精神，要体现希腊的精神。

下一个也是给他亲家的，他说：我时常为现代文明而叹息，假如这些文明将艺术变为工业社会极度紧张的产物的话，那么太没有意思了，艺术家不好好地去沉思，那是进步吗？他觉得梅纽因可以做到根据自己的意愿来调节他演出的次数，但是傅聪当时刚刚出道，不能做到这一点，做父亲的常常为这个担忧。

我们再看下面，这也是从英文翻过来，他说：我的头脑每天要保持活跃十一二个小时，连休息的时间都没有，星期天也是挺忙碌的，有很多的信要写，很多的事要清理。大家都知道他翻译了 500 多万言，又写了那么多文章，还有写信，有的时候写给傅聪的信要写六个钟头。还要写给他的儿媳妇，还要写给种种朋友。他说，我并非不想去公园里散散步，或者是逛逛古董铺，实在是没有这种闲暇，工作对我来说是一种激情，一种狂热，只有拼命工作才能够对我有所裨益，在我临睡之前，多少还有点自我满足的感觉。弥拉，就是他的儿媳妇，也许会说“有其父，必有其子”。因此，他的两位公子跟他实在是很像，他们是做起来认真、执着、不眠不休的。

下面的一封信，他很高兴地谈到东西文化之间的鸿沟。他是 1961 年 6 月给傅聪写的。1961 年的时候，黑塞在想这个傅聪到底是真正地了解西方的精神呢，还是练出来的。我们看看他对傅聪的培育是怎么样。“最高兴的是，你对民族的性格和特征保持得这么完整，居然还不忘记。”这说的是颜回。“一瓢饮，回也不改其乐”，“唯有如此，才不会被西方的物质文明去湮没”。他说：“你屡次来信说，我的信给你看到的是另一个世界，理想的气息是那么浓厚、豪迈的、真诚的、光明正大的、慈悲的、无我的。”然后他又用英文写下来：“我知道东西之间的鸿沟，只有真正的豪杰之士才能够领悟跟体会。”

他对生命有这些忧郁的同时，也有一种怀疑。这是给梅纽因的一封信："虽然我对所有崇高美丽的事物都十分热爱，却无法使我自己的梦想完整无损。反之，太多的事情令我震惊不已，令我疲劳不堪，直到虚无寂灭。"我们可以想象，他刚才说的西方的忧郁，怀疑主义，这些傅雷全部都感受得到，但是他自己所坚持的就是希腊的那些乐观、和谐的精神。他一方面有这个感觉，一方面有另外一种来教导傅聪。因此，傅聪在弹奏音乐、弹奏肖邦的时候，不是仅仅学习，他已经在心底里得到了他父亲对他所有的教诲。

傅雷又说，艺术家的孤寂，刚才我们说"人类有史以来，理想主义者永远属于少数，永远不会真正的快乐。艺术家固然可怜，但是没有他们的努力和痛苦，人类也许会变得更渺小、更可悲。"他说："新的巴尔扎克就翻了一半，约旧历年底就完成了。近一个月天气奇好，看看窗外真是诱惑很大，恨不得出门一次，但是因为工作的进展太慢了，就硬压下去。"我想跟大家说一下，我在巴黎进修写论文的时候，在巴尔扎克馆，他的故居，那是个夏天，巴黎的夏天天气奇好，外面阳光灿烂，也不太热。在故居的图书馆里头，我就想起这四壁都是巴尔扎克的作品，巴尔扎克的作品当初就是傅雷去翻的，然后我就研究傅雷怎么去翻译巴尔扎克的作品。当时外面都是太阳，那个时候我很想出去走一走，但是忽然想起傅雷这些话我也硬压下去，思潮起浮。深深地体会到，人类有史以来，古今中外所有艺术家的孤寂跟他的奉献，这种感受就在今天，就流露到我翻译《傅雷家书》的字里行间。所以，我说你要翻译一个东西，你要真正地进入他的精神世界，你才能够跟他沟通，你翻出来的文字才有他的那种感觉。这是我当初曾经经历过的。

翻译的时候他是追求完美的。傅雷说："我的风格令我深以为苦，永远达不到完美的程度。我翻译的都是惨不忍睹。翻译之难，比起演奏家的演出，往昔大师的杰作，实在是不遑多让。"这个感觉就是在所有爱好艺术、追求完美的人身上都可以体现出来。他怎么样去塑造一个大师级的演奏家呢？在1963年，傅聪已经成熟了，更有进步了，这封信就是傅雷给梅纽因的。他说：傅聪为自己在演奏当中处于一种精神抽离的状态，就是英文的detachiment，抽离的状态，对于观众、对物质的世界就感到既遥远又接近,接近的是他们的心灵,遥远的是这些名、利,这些无关重要的东西。他说:这个时候,一个艺术家在自己的领域当中不断求进,每隔五六年就能够迈一大步,这实在是十分重要的。当时,傅聪已经成为一个国际级的演奏大家了。

最后,我讲讲我自己从研究傅雷的翻译到翻译傅雷的一点心得吧。所谓的翻译,译者有的时候要有个地缘。什么叫地缘呢?白先勇先生曾经说过,小说里头的人跟地要有个缘分,这个缘分有的时就你就可以写得很成功。他认为鲁迅写绍兴就写得很好,老舍写北京、张爱玲写上海,都特别地得心应手,这是对的。因为对一个作者来说有历史象征上的意义,也有地理上的这些意义,有这些缘分。人物、故事、山水、景色等等,这是创作的原乡,两者是息息相关的。最近差不多一个月前才过世的一个翻译家,在国外非常有名的 George Kao,就是乔治高(高克毅)先生,他翻译的《大亨小传》比所有的人都翻译的好,有什么原因吗?就是因为他翻的那本小说里头所有的故事情节他是耳熟能详的,他也在那个地方住过,他根本就是那个地方的人。

我自己的感觉就是,傅雷在 1927 年来到巴黎,他 19 岁,他在《法行通信》上说,我们住的是第五区,有名的学生区,巴黎大学的文科、理科都在这儿。到的第二天,就是星期天,饭后他就去游了一次 Garden Luxembourg,就是卢森堡公园,他说以后每逢饭后,没有到大学上课的时候,他们就去那儿散步。我就跟着他们绕了一圈,在静默当中有些思想、思索的机会,观察的机会,不知不觉之间受到了很多的感触。傅雷翻译巴尔扎克,巴尔扎克常常去卢森堡公园去逛。巴尔扎克小说中的主要人物每一次有什么事情,就到卢森堡公园去逛一逛。后来我去了巴黎,就在巴黎大学学习,学习之余我也到卢森堡公园去逛一逛,这种感觉是有些地缘。傅雷说的这些,傅雷笔下的这些,巴尔扎克笔下的这一些,在我的学习过程当中也就一脉相承。原作者跟译者、译者跟他的研究者、日后的译者就凭着冥冥之中的有缘的这一线牵引,就结下了这一代又一代的文缘跟译缘了。这就是我的感觉。

那么最后再看我翻译的《傅雷家书》里头最后的一篇。这篇文章就是当初傅雷先生回到他心怀的巴黎,心怀的法国,他的魂魄都寄托在儿子跟儿媳妇的身上,所以他好像就在那儿。他说:我看到你描绘罗浮宫的片段,为之激动不已。因为他自己当年在里头消磨过无数的时光的。他想起了蒙娜丽莎像,当初是怎么样,现在怎么样。然后他就说:我多么喜爱从香榭丽舍大道一端的协和广场一直到凯旋门的这段全景!我也永远不能够忘记桥上的夜色,尤其是电灯跟煤气灯光相互地交织,在塞纳河上形成瑰丽的倒影,水中波光粼粼,白色和瑰色相间。我每次坐公共汽车经过桥上,绝不会不尽情浏览。他说:告诉我,孩子,当地是否风光依旧?因为他不能再出去了,他的魂魄都寄托在他的孩子的身上。那么我翻译那一段的时候,我觉得我自己也真正地进入了傅雷先生的精神世界了。

附录一

“中国典籍与文化”系列讲座一览表

讲次	主讲人	讲座题目	讲座时间
第 1 讲	（俄）李福清（Борис Львович Рифтин）	俄罗斯汉学研究 50 年	2001 年 5 月 17 日
第 2 讲	史金波	西夏文献探秘	2001 年 5 月 27 日
第 3 讲	李致忠	中国古籍装帧形式的演变	2001 年 6 月 3 日
第 4 讲	金维诺	敦煌艺术	2001 年 6 月 7 日
第 5 讲	柴剑虹	敦煌与西部开发	2001 年 6 月 17 日
第 6 讲	王尧	西藏宗教文化漫谈	2001 年 6 月 24 日
第 7 讲	郎绍君	林风眠和他的艺术	2001 年 7 月 1 日
第 8 讲	朱家溍	清代南府与昇平署	2001 年 7 月 8 日
第 9 讲	戴逸	论乾隆	2001 年 7 月 15 日
第 10 讲	程毅中	明代小说的盗版与伪托	2001 年 7 月 22 日
第 11 讲	聂鸿音	国学的传统与创新——以汉语音韵学为例	2001 年 8 月 5 日
第 12 讲	舒乙	老舍作品中的人文特质	2001 年 8 月 12 日
第 13 讲	张国风	古典小说中的人间百态	2001 年 8 月 19 日
第 14 讲	邓文宽	中国古代历日文化	2001 年 9 月 2 日

讲次	主讲人	讲座题目	讲座时间
		及其影响	
第 15 讲	王春瑜	中国历代反贪史	2001 年 9 月 9 日
第 16 讲	吴哲夫	海外汉籍存藏现状	2001 年 9 月 16 日
第 17 讲	赵其昌	风雪定陵——定陵发掘纪实	2001 年 9 月 23 日
第 18 讲	冯其庸	红楼梦思想及其版本	2001 年 10 月 21 日
第 19 讲	启功	永明声律与中印文化交流	2001 年 10 月 28 日
第 20 讲	徐苹芳	丝绸之路上的外国遗物	2001 年 11 月 11 日
第 21 讲	吴梦麟	北京地区的基督教史迹	2001 年 11 月 18 日
第 22 讲	王其亨	清代建筑工程的传世绝响	2001 年 11 月 25 日
第 23 讲	邓伟	世纪之约——我为世界名人拍照	2001 年 12 月 2 日
第 24 讲	谢继胜	慈悲之舟与智慧之岸：藏传佛教艺术	2001 年 12 月 9 日
第 25 讲	王尧	汉藏文化的双向交流	2001 年 12 月 16 日
第 26 讲	张公瑾	南传佛教与傣文贝叶经	2001 年 12 月 23 日
第 27 讲	马大正	向着太阳升起的地方——吐尔扈特蒙古人东归记	2002 年 1 月 6 日
第 28 讲	杨成凯	汉语语法学发展历程和展望	2002 年 1 月 13 日
第 29 讲	李零	中国古代方术文化漫谈	2002 年 1 月 20 日
第 30 讲	荣新江	丝绸之路上的文化	2002 年 2 月 3 日

讲次	主讲人	讲座题目	讲座时间
		交流	
第 31 讲	邓文宽	敦煌历日文化与社会	2002 年 2 月 10 日
第 32 讲	吴小如	古籍整理中的点校注译问题	2002 年 2 月 24 日
第 33 讲	赵超	考古发现中的二十四孝壁画砖雕与二十四孝起源	2002 年 3 月 3 日
第 34 讲	孙文泱	《水浒》漫谈：黑道与官场之间	2002 年 3 月 10 日
第 35 讲	白化文	不问苍生问鬼神	2002 年 3 月 17 日
第 36 讲	赵和平	唐五代书仪中的社会文化生活	2002 年 3 月 31 日
第 37 讲	栾贵明	伟大的文化长城：永乐大典	2002 年 4 月 7 日
第 38 讲	黄永年	古籍版本漫谈	2002 年 4 月 14 日
第 39 讲	齐东方	近年来唐代考古新发现	2002 年 4 月 28 日
第 40 讲	刘涛	古代写本中的“搭笔形式”——兼谈写本的鉴定方法	2002 年 5 月 12 日
第 41 讲	（法）侯北特·哈马雍（Roberte hamayon）	西伯利亚的萨满教	2002 年 5 月 19 日
第 42 讲	黄正建	敦煌资料与唐朝人的衣食住行	2002 年 5 月 26 日
第 43 讲	徐自强	长江三峡地区古人类与长江的形成	2002 年 6 月 9 日
第 44 讲	杨泓	中国古代家具的发展演变	2002 年 6 月 16 日

讲次	主讲人	讲座题目	讲座时间
第 45 讲	孙机	从物质文化背景看《李自成》	2002 年 6 月 23 日
第 46 讲	王其亨	“样式雷”与清代皇家建筑设计	2002 年 6 月 30 日
第 47 讲	王学泰	游民文化与中国社会	2002 年 7 月 7 日
第 48 讲	信立祥	汉画所见汉代人的宇宙观	2002 年 7 月 14 日
第 49 讲	罗世平	青州北齐佛教造像及其样式——中国美术文化交流上的一个实例分析	2002 年 7 月 21 日
第 50 讲	施安昌	6 世纪中国祆教艺术遗迹探索	2002 年 8 月 4 日
第 51 讲	阎步克	品位与职位——略述秦汉魏晋南北朝官阶制变迁	2002 年 8 月 11 日
第 52 讲	鞠德源	破解日本“南西诸岛”之谜	2002 年 8 月 24 日
第 53 讲	吴荣曾	中国古代的商品经济	2002 年 9 月 8 日
第 54 讲	罗哲文	中国的古塔	2002 年 9 月 15 日
第 55 讲	廖育群	传统医学与传统文化	2002 年 9 月 29 日
第 56 讲	聂鸿音	汉字文化圈漫谈	2002 年 10 月 20 日
第 57 讲	王仁湘	昨日盛宴——考古学见证的中国饮食文化传统	2002 年 10 月 27 日
第 58 讲	冯其庸	怎样读《红楼梦》	2002 年 11 月 3 日

讲次	主讲人	讲座题目	讲座时间
第 59 讲	杜春耕	《红楼梦》版本研究	2002 年 11 月 10 日
第 60 讲	蔡义江	《红楼梦》中的“真”与“假”	2002 年 11 月 16 日
第 61 讲	胡文彬	《红楼梦》在国外的流传与研究	2002 年 11 月 24 日
第 62 讲	来新夏	藏书·读书·治学	2002 年 12 月 15 日
第 63 讲	尹吉男	文化与历史的电视写作	2002 年 12 月 22 日
第 64 讲	刘祯	昆曲及其在中国戏曲文化史的地位	2003 年 1 月 19 日
第 65 讲	宁欣	唐宋城市风貌说略	2003 年 1 月 26 日
第 66 讲	白奚	儒道互补与中国传统文化	2003 年 2 月 16 日
第 67 讲	杨镰	寻找失落的西域文明——楼兰探险发现一世纪	2003 年 3 月 9 日
第 68 讲	陈明	从出土文献看汉唐西域中外医学交流	2003 年 3 月 16 日
第 69 讲	张总	由青州半跏思惟菩萨像引发之思惟	2003 年 3 月 30 日
第 70 讲	白化文	封建士子的白日梦	2004 年 6 月 19 日
第 71 讲	严绍璗	汉籍东传日本的轨迹与形式	2004 年 7 月 31 日
第 72 讲	扬之水	古诗文中的艺术与生活（上）	2004 年 8 月 14 日
第 73 讲	扬之水	古诗文中的艺术与生活（下）	2004 年 8 月 21 日
第 74 讲	杨忠	日本宫内厅书陵部	2004 年 9 月 18

讲次	主讲人	讲座题目	讲座时间
		藏宋元善本	日
第 75 讲	朱庆之	汉译佛经与佛教汉语的形成	2004 年 10 月 30 日
第 76 讲	吴钊	古琴与中国文化	2004 年 11 月 6 日
第 77 讲	赵丽明	神秘的女性文字——中国女书专题报告	2004 年 12 月 11 日
第 78 讲	张志和	《三国演义》研究	2005 年 1 月 8 日
第 79 讲	（日）桥本秀美	古籍整理中的存真标准问题	2005 年 1 月 15 日
第 80 讲	李铎	境界说与王国维审美理想	2005 年 3 月 12 日
第 81 讲	李祥霆	古琴重要文献评述	2005 年 4 月 9 日
第 82 讲	戴建兵	中国货币文化浅议	2005 年 5 月 21 日
第 83 讲	（日）尾崎康	《资治通鉴》的宋元刊本——版本学入门	2005 年 6 月 5 日
第 84 讲	杨镰	探索黑戈壁	2005 年 7 月 9 日
第 85 讲	谢继胜	吐蕃美术与敦煌壁画	2005 年 8 月 27 日
第 86 讲	伍跃	日本的中国文化教育研究	2005 年 9 月 10 日
第 87 讲	李致忠	依据版印的风格特点初步鉴定版本	2005 年 10 月 12 日
第 88 讲	李致忠	依据原书序跋、书牌、木记、后人题跋识语鉴定版本	2005 年 10 月 21 日
第 89 讲	萧东发	一百年来中国书籍史和出版史研究综述	2005 年 11 月 9 日

讲次	主讲人	讲座题目	讲座时间
第90讲	李致忠	依据原书刊工刻手、书中讳字鉴定版本	2005年11月16日
第91讲	李致忠	依据地理建制、历代机构职官沿革鉴定版本	2005年12月7日
第92讲	李致忠	依据衔名、尊称、谥号、目录著录等七方面鉴定版本	2005年12月14日
第93讲	李致忠	雕版印本、活字排印、抄写本的鉴定	2006年1月11日
第94讲	萧东发	中国古代政府刻书	2006年3月11日
第95讲	萧东发	中国古代私家藏书与刻书的历史贡献	2006年4月8日
第96讲	萧东发	中国古代书坊刻书评析	2006年5月13日
第97讲	陈力、陆行素、周德明、戴龙基	图书馆馆长谈古籍保护	2006年5月27日
第98讲	陈红彦	文明的足迹——灿烂辉煌的中国典籍与文化	2006年6月3日
第99讲	罗哲文	万里长城与大运河	2006年6月4日
第100讲	萧东发	中国印刷术的外传	2006年6月10日
第101讲	方广锠、杜伟生、李际宁	专家谈敦煌遗书的修复	2006年6月11日
第102讲	李致忠	古籍定级与保护	2006年6月17日
第103讲	郭黛姮	样式雷与清代皇家园林	2006年6月18日
第104讲	杜石然	科学·历史·文化·社会：中国科技通史的若干问题	2006年9月16日

讲次	主讲人	讲座题目	讲座时间
第 105 讲	郭书春	评戴震对《九章算术》的整理	2006 年 9 月 23 日
第 106 讲	廖育群	“古董”的价值——中医经典面面观	2006 年 10 月 14 日
第 107 讲	孙小淳	天人之际：中国古代的天文学	2006 年 10 月 21 日
第 108 讲	张柏春	《远西奇器图说录最》版本流变	2006 年 10 月 28 日
第 109 讲	苏荣誉	技艺双绝：中国古代的青铜技术和艺术	2006 年 11 月 4 日
第 110 讲	曾雄生	较晴量雨：中国古代对雨水的认识及影响——以熙宁七年和雨量器为中心的讨论	2006 年 11 月 18 日
第 111 讲	汪前进	中国古地图欣赏与鉴定	2006 年 11 月 25 日
第 112 讲	韩琦	知识与权力——康熙时代的科学传播	2006 年 12 月 16 日
第 113 讲	聂鸿音	回归考据学：西夏佛教文献研究的新动向	2007 年 1 月 13 日
第 114 讲	韩昇	日本正仓院与中国出土文物	2007 年 1 月 21 日
第 115 讲	赵珩	春节礼俗变迁	2007 年 2 月 10 日
第 116 讲	梁永宣	日朝医学笔谈交流与中国医学	2007 年 3 月 3 日
第 117 讲	郝万山	《黄帝内经》中的阴阳五行学说及养生保健	2007 年 3 月 18 日
第 118 讲	刘大新	求中医辨证之本、论治耳鸣耳聋之源	2007 年 3 月 31 日
第 119 讲	温长路	论中医治“未病”	2007 年 4 月 7 日
第 120 讲	欧阳英	生机饮食与养生保健	2007 年 4 月 8 日

讲次	主讲人	讲座题目	讲座时间
第121讲	陈生	中医治疗前列腺增生与保健	2007年4月21日
第122讲	刘宁	从古代医学技术的发明看中医学的历史成就	2007年5月12日
第123讲	楼宇烈	道家与中国文化	2007年5月19日
第124讲	许抗生	老子与道家思想	2007年5月20日
第125讲	郝万山	健康掌握在您手中——心理与健康	2007年5月26日
第126讲	王宜峨	道教与文化艺术	2007年5月27日
第127讲	施仲源	中医对颈椎病的防治	2007年6月9日
第128讲	潘吉星	中国古代造纸术	2007年6月10日
第129讲	罗琳	民国时期日本在华文化侵略机构	2007年6月16日
第130讲	韩琦	中国古代印刷史	2007年6月17日
第131讲	钱超尘	宋本《伤寒论》版本流传史	2007年6月23日
第132讲	施仲源	面相与中医望诊	2007年7月8日
第133讲	孙燕峰	中医基础理论与发展	2007年7月21日
第134讲	（日）真柳诚	日朝越三国中医古籍受容论	2007年8月18日
第135讲	谷晓红	中医健康文化与养生之道	2007年8月25日

讲次	主讲人	讲座题目	讲座时间
第136讲	柴剑虹	胡适选：每天一首诗	2007年9月8日
第137讲	廖育群	日本汉方研究概说	2007年9月22日
第138讲	杨宝玉	敦煌本佛家灵验故事	2007年10月13日
第139讲	李致忠	国家图书馆古籍收藏史话	2007年10月25日
第140讲	孙伯君	十九、二十世纪之交的西夏学研究	2007年10月27日
第141讲	朱玉麒	清代西北史地学与徐松《西域水道记》	2007年11月3日
第142讲	朱赛虹	天禄琳琅与天禄继鉴	2007年11月15日
第143讲	伏俊琏	敦煌赋赏析	2007年11月24日
第144讲	刘蔷	“海外嫏嬛，史部撷英”——美国哈佛大学哈佛燕京图书馆藏中文古籍史部精华述略	2007年12月6日
第145讲	黄征	古籍整理的规范问题——以敦煌文献为中心	2007年12月14日
第146讲	李华瑞	酒与宋代社会	2007年12月15日
第147讲	杨镰	探险发现的新视角——新疆绿洲文明	2007年12月23日
第148讲	吴元丰	满文与满文古籍文献	2008年1月10日
第149讲	杨忠	整理研究古籍　传承古代文明——全	2008年1月24日

讲次	主讲人	讲座题目	讲座时间
		国高校古籍整理研究现状与展望	
第150讲	赵声良	敦煌早期石窟与中西文化交流	2008年1月25日
第151讲	施安昌	故宫博物院藏碑帖历史价值例谈	2008年2月21日
第152讲	许逸民	古籍与古籍整理	2008年2月28日
第153讲	沈乃文	北京大学图书馆藏古籍善本	2008年3月27日
第154讲	（日）荒见泰史	转型期的敦煌变文	2008年3月29日
第155讲	傅敏	纪念父亲	2008年4月2日
第156讲	金圣华	探索傅雷的精神世界	2008年4月9日
第157讲	许钧	阅读傅雷　理解傅雷	2008年4月9日
第158讲	傅敏	永恒的傅雷精神	2008年4月12日
第159讲	聂鸿音	契丹小字的解读	2008年4月26日
第160讲	陈先行	古籍稿本鉴定	2008年6月2日
第161讲	陈先行	古籍抄本鉴定	2008年6月2日
第162讲	陈先行	古籍校本鉴定	2008年6月3日
第163讲	陈先行	顾廷龙与图书馆古籍工作	2008年6月3日
第164讲	孟宪钧	浅谈碑帖鉴定的几个问题	2008年6月25日
第165讲	白化文	敦煌遗书中的印刷	2008年6月27

讲次	主讲人	讲座题目	讲座时间
		史料	日
第166讲	杨成凯	古籍鉴赏与收藏	2008年6月28日
第167讲	史金波	少数民族文字文献	2008年7月5日
第168讲	郑金生	草本文献的历史与现状概说	2008年11月20日
第169讲	陈福康	我与郑振铎研究	2008年12月20日
第170讲	王世民	郑振铎与文物考古工作	2008年12月21日
第171讲	李致忠	郑振铎与国家图书馆	2008年12月22日
第172讲	王国良	台湾古籍整理与保护	2009年2月4日
第173讲	王克迪	牛顿的《原理》与生平	2009年4月11日
第174讲	李醒民	彭加勒和他的四本科学哲学经典著作	2009年4月18日
第175讲	吴国盛	《天球运行论》与哥白尼革命	2009年4月25日
第176讲	袁江洋	怀疑的化学家所不怀疑的：波义耳化学纲领的构建及其影响	2009年5月9日
第177讲	杨镰	重返丝绸之路	2009年5月30日
第178讲	方在庆	爱因斯坦：站在巨人和侏儒的肩上——作为局外人的爱因斯坦如何能掀起一	2009年6月13日

讲次	主讲人	讲座题目	讲座时间
		场物理学革命？	
第179讲	史金波、黄润华	入选《国家珍贵古籍名录》的少数民族文字漫谈	2009年6月19日
第180讲	林世田、史睿、刘波	跨越千年的对话——敦煌吐鲁番文书解读	2009年6月20日
第181讲	冀亚平、卢芳玉、袁玉红	碑帖拓本简介，石刻传拓和甲骨传拓	2009年6月21日
第182讲	赵前	入选第二批《名录》的明清刻本特色	2009年6月23日
第183讲	史睿	特展明清稿抄本赏析	2009年6月24日
第184讲	李红英	日溺书城，不复问人间岁月——袁克文后百宋一廛概述	2009年6月25日
第185讲	谢冬荣	郑振铎的西谛藏书	2009年6月26日
第186讲	张大庆	希波克拉底与古代西方医学传统	2009年6月27日
第187讲	杨成凯、孟宪钧、彭震尧、艾俊川、陈红彦	古籍赏析与收藏	2009年6月27日
第188讲	杜伟生、张平、周崇润、苏品红	古籍修复、保护和装帧	2009年6月28日
第189讲	杨印民	国家图书馆的地方志收藏	2009年7月2日
第190讲	苏品红、王荟、史睿、赵大莹	国家图书馆珍贵古籍数字化的实践	2009年7月5日

讲次	主讲人	讲座题目	讲座时间
第191讲	李致忠	古籍普查与两次珍贵古籍特展	2009年7月7日
第192讲	杨成凯	古籍版本的价值观	2009年7月8日
第193讲	白化文	浅谈类书——以特展中类书为中心	2009年7月9日
第194讲	刘钝	欧几里德、阿基米德和中国	2009年7月11日
第195讲	胡新和	波动力学创世纪——Erwin Schrödinger的创新之路	2009年7月25日
第196讲	任定成	拉瓦锡：化学革命与断头台	2009年8月8日
第197讲	宣方	二十世纪人间佛教运动的回顾与反思——以太虚和印顺为中心	2009年11月7日
第198讲	刘蔷	德格印经院——中国雕版印刷的活化石	2009年11月21日
第199讲	学诚	中国佛教文化的现代意义	2009年12月12日
第200讲	（日）高桥智	日本汉籍的收藏源流	2009年12月16日
第201讲	王菡	寄情于青灯黄卷中——著名学者傅增湘的藏书与校勘	2010年2月27日
第202讲	张大可	《史记》的民族凝聚力与研究现状（《史记》十五讲之一）	2010年3月13日

讲次	主讲人	讲座题目	讲座时间
第203讲	杨讷	四库系列丛书及其使用	2010年3月20日
第204讲	张大可	《史记》是一部继往开来的百科全书（《史记》十五讲之二）	2010年3月27日
第205讲	张大可	《史记》对中国历史学的贡献（《史记》十五讲之三）	2010年4月3日
第206讲	张大可	《史记》对中国文学的贡献（《史记》十五讲之四）	2010年4月10日
第207讲	张大可	司马迁怎样写历史人物（《史记》十五讲之五）	2010年4月27日
第208讲	杨镰	新疆探险发现与环境变迁	2010年5月29日
第209讲	李致忠	第三批国家珍贵古籍名录与特展	2010年6月12日
第210讲	王尧	藏传佛教与藏文典籍	2010年6月14日
第211讲	冀亚平、卢芳玉、袁玉红	中国的传拓术	2010年6月18日
第212讲	杨成凯	古书的版本和印本	2010年6月19日
第213讲	史金波、黄润华、萨仁高娃	民族文字古籍——中华古籍的瑰宝	2010年6月22日
第214讲	（韩）朴在渊、（日）住吉朋彦	朝鲜汉籍与日本汉籍的刊刻	2010年6月24日

讲次	主讲人	讲座题目	讲座时间
第215讲	林世田、史睿、刘波	敦煌——一个永恒的话题	2010年6月26日
第216讲	李际宁	三批国家珍贵名录入选佛教文献评述	2010年7月2日
第217讲	孙俊	稿抄本鉴赏	2010年7月2日
第218讲	苏品红	珍贵舆图与避暑山庄	2010年7月6日
第219讲	陈红彦	宋元古籍之美	2010年7月6日
第220讲	张大可	司马迁的写人艺术（《史记》十五讲之六）	2010年8月7日
第221讲	张大可	秦汉之际天下三嬗——司马迁笔下的陈胜、项羽、刘邦（《史记》十五讲之七）	2010年8月14日
第222讲	张大可	长风呼啸，马蹄声碎——司马迁笔下的楚汉相争（《史记》十五讲之八）	2010年8月21日
第223讲	张大可	西汉盛世时期的三大冤案——司马迁笔下的政治斗争（《史记》十五讲之九）	2010年8月28日
第224讲	张大可	秦皇汉武千秋评说——司马迁笔下的雄主（《史记》十五讲之十）	2010年8月29日

讲次	主讲人	讲座题目	讲座时间
第 225 讲	张大可	选贤任能未了情——司马迁笔下的明君贤臣（《史记》十五讲之十一）	2010 年 9 月 11 日
第 226 讲	张大可	能屈能伸大丈夫——司马迁笔下的雪耻故事（《史记》十五讲之十二）	2010 年 9 月 12 日
第 227 讲	张大可	桃之夭夭，灼灼其华（《史记》十五讲之十三）	2010 年 9 月 18 日
第 228 讲	张大可	司马迁的进步思想（《史记》十五讲之十四）	2010 年 10 月 23 日
第 229 讲	张大可	司马迁——大一统时代的文化巨人（《史记》十五讲之十五）	2010 年 10 月 30 日
第 230 讲	扬之水	诗中“物”与“物”中诗	2011 年 1 月 8 日
第 231 讲	赵莉	龟兹石窟	2011 年 4 月 23 日
第 232 讲	白化文	敬惜字纸	2011 年 7 月 23 日
第 233 讲	白化文	泰山、阎魔与地狱、酆都城	2011 年 8 月 13 日
第 234 讲	白化文	佛寺对佛经装帧的特殊要求	2011 年 9 月 10 日
第 235 讲	陈海涛、陈琦	敦煌艺术经典的数字影片阐释——以莫高窟第 254 窟短片序列为例	2011 年 10 月 23 日

讲次	主讲人	讲座题目	讲座时间
第236讲	（韩）崔溶澈	《红楼梦》在韩国	2011年11月26日

附录二

“敦煌与丝路学术讲座”一览表

讲次	主讲人	讲座题目	讲座时间
第 1 讲	宁可	敦煌的历史与文化	2002 年 8 月 3 日
第 2 讲	郝春文	敦煌文书学	2002 年 8 月 10 日
第 3 讲	(日)荒见泰史	敦煌文学文献与日本说话文学——关于北京八四〇七号的重要性	2002 年 8 月 17 日
第 4 讲	郑阿财	敦煌蒙书研究	2002 年 8 月 25 日
第 5 讲	湛如	敦煌佛教	2002 年 9 月 7 日
第 6 讲	郝春文	敦煌寺院经济文书	2002 年 9 月 14 日
第 7 讲	王邦维	玄奘与《大唐西域记》	2002 年 9 月 21 日
第 8 讲	白化文	敦煌目录学导论	2002 年 10 月 12 日
第 9 讲	荣新江	敦煌学学术史与方法论	2002 年 10 月 19 日
第 10 讲	(法)华澜(Alain Arrault)	敦煌历法	2002 年 10 月 26 日
第 11 讲	王克芬	图说敦煌舞蹈壁画(1)	2002 年 11 月 2 日
第 12 讲	(法)葛乐耐(Grenet Frantz)	伊斯兰之前的伊朗文明	2002 年 11 月 17 日
第 13 讲	王克芬	图说敦煌舞蹈壁画(2)	2002 年 11 月 23 日
第 14 讲	柴剑虹	关于敦煌学与敦煌文化的思考	2002 年 11 月 30 日
第 15 讲	赵和平	敦煌书仪研究	2002 年 12 月 7 日
第 16 讲	邓文宽	敦煌本《六祖坛经》整理与研究	2002 年 12 月 21 日
第 17 讲	张惠明	有关敦煌绘画“底本”的研究	2002 年 12 月 28 日
第 18 讲	吴丽娱	敦煌的礼书	2002 年 12 月 29 日
第 19 讲	赵声良	敦煌飞天	2003 年 1 月 11 日
第 20 讲	徐自强	中国的石刻与石窟	2003 年 1 月 18 日
第 21 讲	荣新江	海外敦煌吐鲁番文献收	2003 年 1 月 25 日

讲次	主讲人	讲座题目	讲座时间
		藏概况	
第 22 讲	杜伟生	敦煌遗书装帧与敦煌文书修复	2003 年 2 月 15 日
第 23 讲	李际宁	敦煌写本学	2003 年 2 月 22 日
第 24 讲	金维诺	敦煌彩塑艺术	2003 年 3 月 1 日
第 25 讲	沙知	英藏敦煌文献	2003 年 3 月 8 日
第 26 讲	郑汝中	敦煌壁画中的乐器	2003 年 3 月 15 日
第 27 讲	郑炳林	敦煌梦书研究	2003 年 3 月 22 日
第 28 讲	王素	吐鲁番文书与高昌历史研究	2003 年 4 月 5 日
第 29 讲	白滨	敦煌西夏佛教	2003 年 4 月 12 日
第 30 讲	李凇	敦煌壁画	2003 年 8 月 30 日
第 31 讲	柴剑虹	敦煌古小说浅谈	2003 年 9 月 13 日
第 32 讲	（英）吴芳思(Frances Wood)	马可•波罗与中国	2003 年 9 月 20 日
第 33 讲	杨曾文	敦煌本神会语录	2003 年 9 月 27 日
第 34 讲	李致忠	敦煌文书的装帧形式	2003 年 10 月 11 日
第 35 讲	王卡	敦煌道教	2003 年 10 月 25 日
第 36 讲	段晴	新疆出土于阗文文书研究	2003 年 11 月 15 日
第 37 讲	孟宪实	敦煌民间结社的特点和意义	2003 年 11 月 29 日
第 38 讲	徐俊	敦煌诗歌写本性质及内容的分类考查	2003 年 12 月 13 日